Dirk Kruse

Tod im Botanischen Garten

Frank Beauforts dritter Fall

Kriminalroman

ars vivendi

Originalausgabe

2. Auflage Dezember 2012
1. Auflage November 2012
© 2012 by ars vivendi verlag
GmbH & Co. KG, Cadolzburg
Alle Rechte vorbehalten
www.arsvivendi.com
Lektorat: Dr. Felicitas Igel
Umschlagsgestaltung: ars vivendi verlag unter Verwendung
eines Bildes von Maria Sibylla Merian
SLUB S.B.3088 - Pineapple with Surinam insects
(Aufn.: SLUB / Dt. Fotothek)
Druck: Appel & Klinger, Druck und Medien GmbH

Printed in Germany

ISBN 978-3-86913-170-2

*Für meine Eltern,
für Nuta und für Heinz*

Dem, der dieses Buch von seinem Eigentümer stiehlt oder sich aus-
borgt und nicht wiederbringt: Lass es sich in seiner Hand in eine
Schlange verwandeln und ihn zerreißen. Lass ihn von Krämpfen
geschüttelt werden und all seine Organe vernichtet sein. Lass ihn in
Schmerzen sich krümmen und laut um Erbarmen flehen, und lass
seine Qualen nicht versiegen, bis er geständig ist. Lass die Bücher-
würmer an seinen Eingeweiden nagen, und wenn er sich zu seiner
letzten Strafe auf den Weg macht, lass die Flammen der Hölle ihn
auf ewig verzehren.

Fluch gegen Buchdiebe aus der Klosterbibliothek von San
Pedro in Barcelona

Vielleicht lässt sich das verborgenste Motiv des Sammelnden so
umschreiben: Er nimmt den Kampf gegen die Zerstreuung auf. Der
große Sammler wird ganz ursprünglich von der Verworrenheit, von
der Zerstreuung angerührt, in dem die Dinge sich in der Welt vor-
finden.

Walter Benjamin

1. En garde – Dienstag, 12. Juli

Schweiß rann Frank Beaufort über die Stirn. Er atmete heftig. Sein ganzer Körper fühlte sich unendlich schwer an. Die müden Beine spürte er kaum noch – sie bestanden aus einer Mischung von Blei und Gummi. Unverwandt starrte er den Mann an, der keine drei Meter vor ihm die Waffe gezückt hatte. Jeden Moment musste sein Angriff erfolgen. Die Klinge blitzte auf, als sein Widersacher pfeilschnell auf ihn zupreschte. Mit letzter Kraft wich Beaufort zur Seite aus, sodass die Attacke ins Leere ging. Gleichzeitig stieß er reflexartig den rechten Arm vor und ließ den Angreifer in seinen Degen laufen. Als die Spitze der Klinge dessen Oberkörper berührte, ertönte ein lautes Summen, und die Lampe des Melders leuchtete grün auf. Mit einem Ruck riss sich Beaufort die Maske vom Gesicht, reckte seinen Degen zur Hallendecke und sank vor Erschöpfung auf der Planche in die Knie. Er hatte gesiegt! Das erste Mal hatte er ein Gefecht gegen einen der besten Kämpfer des Vereins gewonnen.

*

Mit hartem Strahl prasselte das heiße Wasser auf Beauforts nackten Körper. Tat das gut! Er liebte diesen Moment, wenn er, physisch völlig verausgabt, unter der Dusche stand. Wieso hatte er das all die Jahre nicht vermisst, in denen er kaum mehr Sport getrieben hatte? Zum Glück war es Anne gelungen, ihn schließlich doch noch zu einer kleinen Fitnessoffensive zu überreden. Anfangs musste er sich noch dazu zwingen, und es dauerte ein wenig, bis er den richtigen Sport gefunden oder besser gesagt bei seinem alten Verein wiedergefunden hatte. Aber mittlerweile freute er sich richtig auf seine wöchentlichen Trainingseinheiten in Erlangen.

»Gibst du mir was von deinem Shampoo ab, Frank? Meins ist alle.«

Daniel Kempf, ehrenamtlicher Trainer in der Fechtabteilung der Sportgemeinschaft Siemens und ehemaliger Studienkollege von Beaufort, stellte sich unter die Dusche daneben und streckte den Arm aus. Wortlos reichte Beaufort ihm die Flasche, aus der Daniel sich Shampoo in die Handfläche drückte und sie dann mit einem Nicken zurückgab.

»Du hast in der kurzen Zeit ganz schön Fortschritte gemacht, wenn man bedenkt, dass du seit über zehn Jahren keinen Degen mehr in der Hand hattest. Aber ich sage ja immer: Fechten ist wie Radfahren. Wenn man das mal richtig gelernt hat, dann vergisst man es nie mehr.« Daniel shampoonierte sich die Haare.

»Ich bin selbst erstaunt, wie gut es klappt. Meine Paraden beherrsche ich alle noch. Nur die Beinarbeit könnte besser sein. Da hapert's halt noch mit der Kondition.«

»Fechten ist eben nichts für Couch-Potatoes. Aber auch da hat sich bei dir ja schon ein bisschen was getan in den letzten Monaten. Weißt du noch, wie du in deiner ersten Stunde hier gehechelt hast?« Daniel grinste.

Beaufort erinnerte sich nur ungern daran zurück. Das erste Training im Mai war so anstrengend für ihn gewesen, dass er sich vor Erschöpfung auf der Toilette übergeben hatte. Gefolgt von dem wohl schlimmsten Muskelkater seines Lebens. Ihm hatten Stellen im Körper wehgetan, von denen er noch nicht einmal wusste, dass es dort überhaupt Muskeln gab. Gemessen an diesem Tiefpunkt seiner körperlichen Leistungsfähigkeit war er jetzt geradezu in Topform. Was auch daran lag, dass er in den vergangenen Wochen seine Kalorienzufuhr drastisch eingeschränkt hatte, besonders die durch Alkohol und Schokolade. So war es ihm gelungen, ein paar Wohlstandskilos abzuspecken und sich langsam wieder seinem Normalgewicht anzunähern.

»Aber heute habe ich das erste Mal ein Gefecht gegen Christoph gewonnen!«, sagte Beaufort nicht ohne Stolz. Er drehte das Wasser ab und begann sich mit einem großen Badetuch, in das sein Familienwappen eingestickt war, abzutrocknen. Auch Daniel beendete seine Dusche.

»Das hast du wirklich nicht schlecht gemacht. Deine Defensivtaktik ist einwandfrei. Wenn du den Gegner kommen lässt, hast du bei deiner Körpergröße und deiner Reichweite einen echten Vorteil bei der Riposte. Aber zu einem wirklich guten Fechter fehlt dir noch der richtige Offensivgeist. Nächsten Dienstag üben wir mal gezielt die schnellen Angriffe erster und zweiter Intention.«

»Zweiter Intention?«

»Die mit Finten und Scheinangriffen.«

»Dieser Sport ist aber auch wirklich kompliziert.«

»Wenn Fechten einfach wäre, würde es Fußball heißen.«

»Würdest du diesen Satz auch in der Nordkurve im Frankenstadion wiederholen?«

»Sehe ich aus wie ein Masochist?«

In der Gemeinschaftsumkleide föhnte Beaufort sein Haar trocken und zog sich an. Als er seine Fechtausrüstung in der großen Sporttasche verstaut hatte, fragte ihn Daniel: »Kommst du noch mit auf ein Bier?«

»Warum nicht? Man muss ja auch an seinen Elektrolythaushalt denken. Ein leichtes Hefeweizen kann ich mir schon mal gönnen.«

»Ob du das allerdings bei Professor Harsdörffer bekommen wirst, wage ich zu bezweifeln. Als Vollfranke hält der nichts von halben Bieren. Ich weiß aus sicherer Quelle, dass er für heute ein Fass *Storchenbier* bestellt hat. Das wirst du dir doch nicht entgehen lassen.«

»Hält der alte Harsdörffer noch immer seinen Jour fixe ab? Ich habe ihn schon eine Ewigkeit nicht mehr gesehen.«

»Regelmäßig jeden zweiten Dienstag im Monat, außer es sind gerade Semesterferien. Daran wird sich wohl auch nach seiner Emeritierung nichts ändern, schätze ich. Unser geschätzter Doktorvater hat mich vorhin extra angerufen und mir aufgetragen, dich auf jeden Fall mitzubringen. Er will dich dringend wiedersehen.«

»Ich dachte zwar, wir gehen nur kurz auf ein Bier in die Kneipe, aber wenn Harsdörffer so insistiert, kann ich ja schlecht Nein sagen.« Beaufort zog sein Mobiltelefon aus der Tasche. »Ich geb nur kurz Anne Bescheid. Wir wollten eventuell ins Kino. Aber der Film, den sie sehen will, ist sowieso nicht mein Fall. Irgend so ein Tanzstreifen mit Antonio Banderas.«

Während sie am Pförtner vorbeigingen und auf den Parkplatz vorm Sportzentrum in der Komotauer Straße traten, versuchte Beaufort zweimal, seine Freundin zu erreichen.

»Besetzt«, sagte er, als sie bei Daniels Auto ankamen.

»Dann schick ihr doch schnell eine SMS.«

»Schnell geht das bei mir schon gar nicht. Es macht mich wahnsinnig, dass jede Taste mit mindestens drei Buchstaben belegt ist. In der Zeit, die ich fürs Schreiben einer sogenannten Kurzmitteilung brauche, erledige ich spielend vier Telefonate.«

»Eigentlich wundere ich mich, dass du überhaupt ein Handy besitzt. Mit der modernen Technik hattest du es ja noch nie so. Harsdörffer gibt noch heute gern zum Besten, dass du deine Doktorarbeit auf der mechanischen Schreibmaschine geschrieben hast, während wir anderen alle schon längst mit dem PC gearbeitet haben.« Daniel lachte vergnügt und öffnete die Autotüren per Knopfdruck.

»Erstens war es eine elektrische Schreibmaschine und keine mechanische. Und zweitens warte ich halt lieber ab, bis sich eine neue Technologie auch wirklich durchgesetzt hat, ehe ich sie benutze. Nimmst du mich mit?«

»Hast du noch immer keinen Führerschein gemacht? Du weißt aber schon, dass sich das Auto gegenüber der Pferdekutsche technisch durchgesetzt hat, oder?«

»Du bist ja so was von witzig«, antwortete Beaufort bissig und ließ sich in den Beifahrersitz sinken.

*

Harsdörffers mehrstöckige Villa am Fuße des Erlanger Burgbergs war ein echtes Jugendstilschmuckstück mit großem Garten und traumhaftem Ausblick. Der Professor, der allein in dem großen Haus wohnte, gehörte einer alteingesessenen Gelehrtenfamilie der Universitätsstadt an. Sein monatlicher Jour fixe war eine Institution in Akademikerkreisen. Der Salon quoll meistens über vor Professoren, Ehemaligen, Doktoranden und Studenten der höheren Semester, die sich an Harsdörffers Gastfreundlichkeit schadlos hielten, und nicht eher gingen, bis das Bierfass geleert war. Jedes Mal wurde eine andere Sorte eines handwerklich gebrauten fränkischen Bieres ausgeschenkt. Wegen des schönen Wetters hatte sich das Geschehen heute Abend ins Freie verlagert. Als Daniel und Frank das Grundstück betraten, hörten sie fröhliches Stimmengewirr von der Terrasse her und stießen durch den Garten zur Festrunde. Dort standen oder saßen an die vierzig Gäste in Grüppchen plaudernd beieinander. Mitten unter ihnen der bestens gelaunte Gastgeber in der Rolle des Impresarios, der von Gruppe zu Gruppe eilte und das Geschehen dirigierte. Als Harsdörffer die Neuankömmlinge bemerkte, spurtete er sofort auf die beiden los und rief mit lauter, theatralischer Stimme: »Mein lieber Beaufort! Ich sollte Sie gehörig ausschelten. Sie haben mir Ihre geschätzte Anwesenheit allzu lange vorenthalten. Umso mehr freue ich mich, dass Sie endlich wieder den Weg in meine bescheidene Hütte gefunden haben. Es ist wenigstens zwei Jahre her, dass ich das Vergnügen Ihrer geistreichen Gesellschaft genießen durfte.« Der kleine Mann mit der barocken Statur schüttelte dem beinahe zwei Köpfe größeren Beaufort herzlich und ausgiebig die Hand. »Sie müssen wissen«, wandte er sich aufgeräumt an die Runde, »dass dieser Mann hier einer meiner begabtesten und scharfsinnigsten Doktoranden war. Zu schade, dass er sich nie für eine Karriere an unserer Alma Mater erwärmen konnte. Er wäre ein hervorragender Hochschullehrer geworden.«

»Ich glaube, da täuschen Sie sich, lieber Professor. Für eine universitäre Laufbahn sind meine Interessen zu vielfältig und mein Ehrgeiz zu gering.«

Harsdörffer lachte laut und glucksend, wobei sein dicker Bauch in der von Hosenträgern gehaltenen hellen Leinenhose in Wallung geriet.

»Die Vielseitigkeit Ihrer Interessen gebe ich Ihnen gern zu. Schon damals konnten Sie sich in der Literaturwissenschaft für alte Handschriften ebenso begeistern wie für moderne Lyrik. Doch in puncto Ehrgeiz muss ich Ihnen widersprechen. Wer macht denn gerade in allen Zeitungen von sich reden, was die Aufklärung kapitaler Verbrechen anbelangt? Nicht jeder kann von sich behaupten, einen veritablen Serienmörder zur Strecke gebracht zu haben. Aber für Mord und Totschlag hegten Sie ja von jeher ein großes Interesse. Schon Ihre Doktorarbeit über den Gentleman-Detektiv in der Kriminalliteratur ist ein Beweis für diese Leidenschaft.«

»Zu viel der Ehre«, wehrte Beaufort ab, »ich habe nur ein paar Nachforschungen angestellt und ein paar richtige Schlüsse daraus gezogen. Und was den Serienkiller anbelangt, war es eher so, dass nicht ich ihn, sondern er mich am Wickel hatte. Ich versichere Ihnen: Das war keine angenehme Erfahrung.«

»Bescheiden wie eh und je.« Harsdörffer klopfte Beaufort munter auf die Schulter, wobei er sich ganz schön strecken musste. »Aber kommen Sie, Sie beide müssen unbedingt das *Storchenbier* probieren, bevor Sie sich unter die Gäste mischen.«

Der Professor zapfte persönlich je eine Halbe für die Neuankömmlinge. Als er Beaufort den Krug reichte und der sich ein wenig hinabbeugte, um das Bier mit einer angedeuteten Verbeugung in Empfang zu nehmen, flüsterte Harsdörffer ihm ernst zu: »Wenn sich die Reihen hier gelichtet haben, erwarte ich Sie in meiner Bibliothek zu einem Vieraugengespräch. Ich brauche dringend Ihre Hilfe.« Doch schon im nächsten Augenblick wandte er sich fröhlich um und rief einem sauertöpfisch dreinblickenden hageren Mann im grauen Anzug mit Fliege fidel zu: »Treten Sie näher, Professor Gäbelein. Lassen Sie sich diesen köstlichen Trunk nicht entgehen. Ein unfiltriertes helles Landbier. Streng gebraut nach dem Bayerischen Reinheitsgebot. Kaum zu glauben, welch phänomenale Geschmacksnuancen sich erzeugen lassen, wenn man lediglich Hopfen, Malz und Wasser zusammenfügt.«

Beaufort schaute seinem davontänzelnden Doktorvater hinterher. Harsdörffer hatte das Temperament eines Sanguinikers, der seine Feingeistigkeit gern hinter einer lärmenden Fassade versteckte. Doch er kannte ihn lange genug, um zu wissen, dass ihn ernsthafte Sorgen plagen mussten. Womöglich finanzieller Art? Seitdem Beaufort nach dem plötzlichen Tod seiner Eltern ein Spielwarenimperium geerbt und kurz darauf gewinnbringend verkauft hatte, galt er als einer der reichsten Junggesellen im Land. Vielleicht brauchte Harsdörffer einen Privatkredit? Oder hatte er gesundheitliche Probleme? Seine Gesichtsfarbe war mehr rot als rosig und ließ auf einen zu hohen Blutdruck schließen. Was immer es war, bald würde er schlauer sein. Er prostete Daniel zu, der ihn etwas scheel von der Seite anschaute. Brach da gerade wieder die alte Eifersucht durch? Er und Daniel hatten zur selben Zeit beim Professor ihre Doktorarbeit geschrieben, aber Harsdörffer hatte schon immer ein besonderes Faible für Beaufort gehabt und ihn stets bevorzugt. Während ihm die Dinge, die ihn interessierten, zuzufallen schienen und er mitunter sogar Anfälle von Brillanz zeigte, musste sich Kempf alles hart erarbeiten. Seit Jahren hangelte er sich von Assistentenstelle zu

Assistentenstelle, ohne dabei seine Habilitation zu beenden. Wenigstens war Daniel der bessere Fechter.

In den folgenden beiden Stunden führte Beaufort angeregte Gespräche mit einer Professorin für Neurochirurgie, einem koreanischen Austauschstudenten, dem Leiter der Antiken-sammlung, einem ständig Witze reißenden Theologen und zwei äußerst attraktiven Buchwissenschaftlerinnen. Und weil er sich blendend amüsierte und es ein so wunderschöner lauer Sommerabend war, vergaß er für heute mal die guten Vorsätze und trank noch zwei Halbe von dem süffigen Bier.

*

Als die meisten Gäste gegangen waren und nur noch ein harter Kern von sechs Leuten eifrig die neuen Reformen des Hochschulpräsidenten diskutierte, trat der Hausherr an Beaufort heran. »Ich denke, wir können uns jetzt in die Bibliothek zurückziehen. Danke, dass Sie so lange ausgehalten haben.«

»Nicht doch. Ich habe mich ausgezeichnet unterhalten. Es war ohne Frage ein schweres Versäumnis von mir, Ihrem legendären Jour fixe so lange ferngeblieben zu sein. Ich verspreche, Ihnen in Zukunft wieder häufiger die Aufwartung zu machen.« Beaufort konnte sich nicht erklären, warum er in Gegenwart des Professors immer dessen geschraubten Jargon annahm.

»Ich baue darauf. Sie sind stets ein gern gesehener Gast in meinem Hause. Das wissen Sie ja.«

Durch eine schwere Eichentür, die Harsdörffer sorgfältig wieder hinter ihnen schloss, betraten sie die Privatbibliothek. Es war eine richtige Gelehrtenstube mit meterhohen Bücher-wänden rundum, einem großen Schreibtisch und zwei dun-kelgrünen Ledersesseln, in denen sie Platz nahmen. Während der Professor seinem Besucher einen alten französischen Cognac aufnötigte und die beiden Gläser einschenkte, schaute Beaufort sich eifrig um.

»Ihre Bibliothek ist um einiges gewachsen seit meinem letzten Besuch«, stellte er anerkennend fest.

»Ihre doch gewiss auch. Unter all meinen Studenten waren Sie immer der größte Büchernarr. Ich kann mir gut vorstellen, dass Sie meine Sammlung mittlerweile übertroffen haben.«

»Wie sollte mir das je gelingen?«, entgegnete Beaufort liebenswürdig. Doch war das eine höfliche Heuchelei. Beauforts Bibliothek war mittlerweile nicht nur doppelt so groß, sie beherbergte auch exquisite Schmuckstücke, die hier nicht zu finden waren. Aber er konnte seinem alten Lehrmeister, der ihn in die Kunst der Bibliophilie eingeführt hatte, ja schlecht gestehen, dass er ihn schon längst überflügelt hatte.

»Sie sind ein charmanter Schwindler, Beaufort. Ich bin mir sicher, dass Ihre Bibliothek quantitativ und qualitativ die meine bei Weitem überragt. Schließlich haben Sie nicht nur das Interesse und die Fähigkeiten, sondern auch die nötigen finanziellen Mittel zum Aufbau einer einzigartigen Sammlung.« Er erhob sein Glas. »Auf die Bücher und ihre verständigen Leser.«

Beaufort trank einen Schluck des erlesenen Cognacs, der ihm sanft in der Kehle brannte. Also daher wehte der Wind. Harsdörffer musste wirklich Geldsorgen haben. Warum kam er sonst auf Beauforts Reichtum zu sprechen? Der Erhalt dieses alten Hauses verschlang bestimmt Unsummen. Vielleicht wollte der Professor ihm ja sogar einen Teil seiner Bibliothek zum Kauf anbieten? Das sah doch nach einer vielversprechenden Unterredung aus, fand er.

»Womit wir auch schon beim Thema wären. Ich benötige nämlich Ihre Hilfe in einer äußerst delikaten Bücherangelegenheit, die natürlich unter uns bleiben muss. Kann ich mich auf Ihr Stillschweigen verlassen?«

»Diskretion ist mein zweiter Vorname«, beteuerte Beaufort. Gleich würde er ihm ein Kaufangebot vorlegen, da war er sich sicher. Schon überschlug er den Preis, den er für die

Bücher zu zahlen bereit war, die ihn hier am meisten interessierten.

»Wahrscheinlich ahnen Sie es längst: Ich bedarf Ihres kriminalistischen Spürsinns.«

»Ach, wirklich?« Beaufort war konsterniert. Harsdörffers Bücher, die er in seiner Sammelgier schon im Geiste um sich gestapelt hatte, schwebten wieder in ihre Regale zurück.

»Wie Sie ja wissen, leite ich seit Jahren die Handschriftenabteilung der Universitätsbibliothek. Eine echte Schatzkammer voller mittelalterlicher Manuskripte, unersetzlicher Inkunabeln, einmaliger Zeichnungen und wertvoller Grafiken. Da wir die menschlichen Schwächen natürlich kennen und wissen, dass solche Kostbarkeiten unerlaubte Begehrlichkeiten wecken können, haben wir eine Reihe von Sicherheitsvorkehrungen getroffen. Die Handschriftenabteilung ist bestens geschützt. Aber dennoch ist es einem unbekannten Subjekt gelungen, in das Innerste einzudringen.« Harsdörffer schlug ärgerlich mit der Hand auf die Sessellehne. »Wir werden bestohlen!«

»Wie ist das möglich?« Beaufort wusste noch aus Studienzeiten, dass sich dort jeder Besucher anmelden und registrieren musste, mit den für seine Arbeit benötigten Preziosen im Lesesaal quasi eingeschlossen wurde, die ganze Zeit über unter Beobachtung stand und seine Taschen durchsuchen lassen musste, ehe er wieder ging. Es war nahezu aussichtslos, auch nur das kleinste Blättchen hinausschmuggeln zu wollen.

»Wenn wir das bloß wüssten! Wir haben plötzlich unerklärliche Lücken im Bestand und keine Ahnung, wie die Bücher hinausgelangt sind.«

»In der Kriminalliteratur nennt man das Locked-Room-Mystery, das Geheimnis des verschlossenen Raumes«, dozierte Beaufort. »Wenn man genauer nachforscht, war der Raum, in dem ein Mord geschah oder aus dem, wie in diesem Fall, etwas entwendet wurde, meist so geschlossen dann doch nicht. Was sagt denn die Polizei dazu?«

»Die haben wir noch nicht informiert. Es wäre hochpeinlich für die Universitätsbibliothek, wenn dieser Vorfall an die Öffentlichkeit dringen würde«, antwortete Harsdörffer erregt. »Wir haben uns erst vor ein paar Wochen zum Gespött gemacht, als eines unserer Magazine bei einem Wolkenbruch voll Wasser lief und Tausende Bücher beschädigt wurden. Wenn die neue Leiterin der UB, Hildegard Krüger-Fernandez, die Bücher nicht sofort hätte einfrieren lassen, wären sie unweigerlich verloren gewesen. Trotzdem haben wir natürlich eine beschämende Rüge vom Kultusministerium kassiert.«

Beaufort erinnerte sich, darüber sogar einen Bericht in der Tagesschau gesehen zu haben. Die tiefgefrorenen Bücher wurden nach und nach zu einem Kaffeeröster nach Bremen geschickt, wo sie von Mitarbeitern nach Feierabend gefriergetrocknet wurden. Danach erst konnten sie restauriert werden. Bestimmt eine kostenintensive Rettungsaktion.

»Das glaube ich auch, dass es dem Ansehen der Universität empfindlich schadet, wenn das bekannt wird«, bestätigte Beaufort. Aber mehr noch würde wohl die Reputation Harsdörffers leiden, fügte er im Stillen hinzu. Sein einstiger Mentor war wirklich in einer unangenehmen Lage.

»Ich wusste, dass Sie unser Problem verstehen würden.« Der Professor wirkte erleichtert.

»Was wollen Sie also in der Sache unternehmen, wenn Sie die Polizei nicht einschalten können?«

»Was für eine Frage? Ich baue darauf, dass *Sie* uns helfen, den Dieb zu fassen und die gestohlenen Bücher wiederzubeschaffen! Mit Hildegard habe ich schon alles besprochen. Sie kennen sich in der Materie bestens aus, verfügen über kriminalistischen Sachverstand und sind darüber hinaus taktvoll und verschwiegen.«

Beaufort hätte sich gut noch weitere Komplimente anhören können, doch in diesem Moment polterten die verbliebenen Gäste ins Zimmer, allen voran der sichtlich angeheiterte

Professor Gäbelein mit losgebundener Fliege und offenem Hemdkragen. »Hier stecken Sie also! Wir haben Sie schon überall gesucht.« Und ehe Harsdörffer sich's versah, machte sich die Gruppe lärmend über seine Cognacvorräte her.

»Wenn ich auf Sie zählen kann, kommen Sie morgen in mein Büro«, raunte sein Doktorvater ihm leise in dem Tumult zu. »Dann weihe ich Sie in die Details ein.«

Beaufort machte eine höfliche Verbeugung. »Selbstverständlich können Sie mit mir rechnen. Ich werde da sein.«

*

»Warum melden Sie sich bei mir? Sie haben sich seit zwanzig Jahren nicht mehr gerührt.«

»Was glauben Sie denn? Weil wir einen guten Grund haben natürlich.«

»Ich hätte nicht gedacht, dass es Sie überhaupt noch gibt.«

»Uns wird es immer geben.«

»Was wollen Sie von mir?«

»Jemand war im Archiv. Und er wollte Ihre Akte.«

»Das ist nicht möglich!«

»Das haben wir auch geglaubt, doch es ist Fakt.«

»Oh, mein Gott! Hat er sie bekommen?«

»Leider ja.«

»Wann war das?«

»Gestern.«

»Sie müssen dringend etwas unternehmen.«

»Nein, SIE müssen etwas unternehmen. Ende.«

2. Allez – Mittwoch, 13. Juli

Der Morgenhimmel über der Nürnberger Altstadt leuchtete im schönsten Azurblau. Nicht ein Wölkchen beeinträchtigte den satten monochromen Farbeindruck. Beaufort riss die Küchenfenster seiner Penthauswohnung auf und ließ die sommerliche Luft hinein. Für halb neun in der Früh war es schon richtig warm. Copacabana-Feeling in Franken. Er legte Coleman Hawkins' *Desafinado*-Album auf, drehte die Lautstärke hoch und hatte gleich noch bessere Laune. Wenn Hawkins sein Tenorsaxofon zärtlich singen ließ und wie nebenbei Jazz-Sambas und Bossa novas spielte, spürte Beaufort die erträgliche Leichtigkeit des Seins. Er tänzelte im Samba-Rhythmus durch die Küche, presste Orangen aus, kochte Kaffee, schäumte Milch auf, portionierte ein kleines Stückchen Butter in ein silbernes Schälchen, legte zwei dünne Knäckebrote in den Korb, dekorierte eine Scheibe Serranoschinken und einige Cornichons auf einen Teller, wählte aus seinem reichhaltigen Angebot an Frühstückskonfitüren ein Glas Marillenmarmelade aus und wollte sich gerade auf den Weg ins Erdgeschoss zum Briefkasten machen, als es an der Wohnungstür läutete. Im Spion erblickte er das resolute Gesicht seiner Haushälterin und öffnete ihr mit großer Geste.

»Guten Morgen, Frau Seidl, nur immer herein in die gute Stube. Was führt Sie so früh schon zu mir?«

»Ich habe Ihnen Brötchen und Ihre Zeitungen mitgebracht. Und ein Glas Kirschmarmelade. Die hab ich frisch eingekocht. Die Kirschen sind von meinem Bruder aus der Fränkischen Schweiz«, sagte sie beim Eintreten.

»Wie aufmerksam von Ihnen. Aber woher wussten Sie, dass ich schon wach bin? Als jemand, der halbe Nächte in seiner Bibliothek zubringt, um den Abenteuern des Geistes zu folgen, neige ich ja, wie Ihnen bekannt ist, dazu, morgens etwas länger zu schlafen.« Irgendwie übte seine gestrige Begegnung mit Harsdörffer einen unheilsamen Einfluss auf seine Sprechweise aus, stellte Beaufort selbstkritisch fest. So langsam sollte er mal wieder anfangen, normal zu reden.

»Es ist nicht zu überhören, dass Sie schon auf sind. Sie beschallen mit Ihrer Musik ja unser ganzes Haus. Ich hab's schon unten vor der Haustür gehört, als ich grad vom Bäcker zurückgekommen bin.«

»Oh, tut mir leid.« Sofort flitzte er zur Stereoanlage und drehte die Musik leiser. »Da sind wohl meine Sommergefühle mit mir durchgegangen«, entschuldigte er sich beim Zurückkommen. »Ich bin gerade beim Frühstückmachen. Kann ich Ihnen einen Kaffee anbieten? Oder einen frisch gepressten Orangensaft?«

Letzteren nahm die Haushälterin gerne an, aber nur, wenn sie ihn selbst auspressen durfte. Frau Seidl war bereits bei Beauforts Eltern beschäftigt gewesen und kannte ihn, seitdem er ein kleiner Junge war. Ihre Lebensaufgabe schien hauptsächlich darin zu bestehen, ihren Dienstherrn nach Strich und Faden zu verwöhnen. Beaufort ließ sich das in der Regel gerne gefallen, nur manchmal ging ihm ihre Bemutterung ein wenig zu weit.

»Ach, Frau Seidl«, sagte er dezent vorwurfsvoll, als sie ihm den Brotkorb auf den Tisch stellte, aus dem sie das Knäckebrot entfernt hatte, »das sind ja schon wieder drei Brötchen. Sie wissen doch, dass ich momentan nur eines frühstücke. Am Ende landen die beiden übrig gebliebenen wieder im Mülleimer. Und Brot wegzuwerfen, behagt mir gar nicht.«

»Das ehrt Sie. Das haben Sie von Ihrer Mutter selig, gell? Die brachte es auch nicht übers Herz, Lebensmittel wegzuschmeißen. Aber warum essen Sie die Brötchen nicht einfach auf? Sie frühstücken doch sonst auch meistens drei.«

»Weil ich in letzter Zeit gewichtsmäßig ganz schön zugelegt habe und ich nicht will, dass das so weitergeht.«

»Sie müssen doch morgens gescheit essen. Wie der Volksmund schon sagt: morgens wie ein Kaiser, mittags wie ein König und abends wie ein Bettelmann.«

»Nur, wenn es nach Ihnen ginge, würde ich dreimal am Tag wie ein Kaiser speisen, bis die Hose platzt.«

»Ein Mann ohne Bauch ist wie ein Himmel ohne Sterne«, fegte sie seinen Einwand beiseite. »Außerdem haben Sie doch schon genug abgenommen. Sie wollen doch nicht so ein dünnes Grischberl werden wie die Models im Fernsehen da bei dieser Heidi Klum.«

»Liebe Frau Seidl, Sie sind ganz gewiss der einzige Mensch auf der Welt, der mich für magersuchtgefährdet hält«, stellte Beaufort halb gerührt, halb spöttisch fest. »Also mir fallen da gleich ein Dutzend Laster und Leidenschaften ein, denen ich schutzloser ausgeliefert bin.«

»Aber es ist doch wahr«, maulte Frau Seidl, »seitdem Sie auf Diät sind, macht es überhaupt keinen Spaß mehr, für Sie zu kochen. Immer nur Salat mit Thai-Hähnchenbrust oder Jakobsmuscheln auf Wildreis und lauter so neumodischen Schmarrn. Sie müssen doch auch mal wieder einen Schweinebraten mit Klößen essen oder Saure Nierla oder Biergulasch mit Spätzle. Das ist doch keine ausgewogene Ernährung, wenn Sie auf die fränkische Küche verzichten.«

Beaufort lachte seine Haushälterin vergnügt an. »Sie sind ein Schatz, aber hören Sie bitte auf, mir die fränkische Speisekarte aufzuzählen. Da bekomme ich ja sofort Appetit auf was Deftiges. Jetzt ziehen Sie nicht so ein Gesicht. Sie haben mich ja schon überzeugt. Ab und zu sollte ich mir auch solche Sachen mal wieder gönnen. Wissen Sie, worauf ich am meisten Lust habe? Auf Ihre berühmten Krenrouladen. Anne hat heute Spätdienst in der Redaktion und wollte so gegen 8.00 Uhr zum Abendessen vorbeikommen. Was halten Sie davon, wenn wir auf die Rohkostplatte verzichten?«

Auf dem Gesicht der Haushälterin machte sich ein glückliches Lächeln breit. »So gefallen Sie mir wieder.« Schon war sie im Geiste mit den Vorbereitungen beschäftigt. »Karotten und Äpfel hab ich noch da für die Beilage. Aber frischen Porree muss ich gleich auf dem Markt besorgen. Und Meerrettich. Und natürlich die Rindsrouladen.« Frau Seidl erhob sich geschäftig. »Zum Nachtisch mache ich Ihnen dann eine Fränkische Kirschtorte. Frische Kirschen hab ich nämlich auch noch übrig.« Sie eilte Richtung Wohnungstür.

»Ist das etwa die Torte mit Marzipan, Schlagsahne und Schokoglasur?«, rief Beaufort ihr besorgt hinterher.

»Ja, aber die ist ganz leicht«, antwortete Frau Seidl und zog schnell die Tür hinter sich zu, ehe ihr Arbeitgeber die Dessertpläne durchkreuzen konnte.

Kopfschüttelnd angelte sich Beaufort ein Brötchen aus dem Korb. Erst als er es bereits durchgeschnitten hatte, bemerkte er, dass es schon sein zweites war. Mit einem Seufzer des Entsagens legte er es wieder zurück. Wenn er durchhielt und bis zum Abend nichts mehr aß, durfte er sich Frau Seidls Aufbaukost ohne Gewissensbisse einverleiben. Denn kochen und backen konnte seine Perle wirklich gut – vorausgesetzt, es handelte sich um die regionale Küche.

*

Der Himmel über Erlangen erstrahlte genauso blau wie der über Nürnberg – die Städte lagen ja auch keine zwanzig Kilometer auseinander –, doch als Beaufort in der Universitätsstraße aus dem Taxi stieg, hatte seine gute Laune einen merklichen Dämpfer erhalten. Sein Fahrer war ein richtiger Grantler gewesen, der die ganze Zeit über herumgemurrt hatte, über das zu heiße Wetter, die hohen Spritpreise, die unfähige Nürnberger Stadtverwaltung, die Baustellen auf dem Frankenschnellweg und die vielen Einbahnstraßen in Erlangen. Dazwischen hatte er immer mal wieder zarte Ansätze zu einem Gespräch mit seinem Fahrgast erkennen lassen, als wollte er sagen:

Eigentlich bin ich ganz anders, ich komme nur so selten dazu. Doch selbst wenn Beaufort Lust gehabt hätte, darauf einzugehen, wäre seine Antwort bereits in der nächsten Klagearie des Taxlers untergegangen, die genau genommen mehr eine Art lamentierender Sprechgesang war. Das war eine Grundgemütslage, die seiner eigenen diametral gegenüberstand und die er verabscheute. Aber lange konnte ihn das stimmungsmäßig nicht beeinträchtigen angesichts des warmen Sonnenscheins auf seiner Haut, des reizenden Rauschens der Bäume vorm Kollegienhaus und des anmutigen Vogelgezwitschers, das sich mit den Stimmen der Studierenden mischte, die zu ihren Vorlesungen strömten. Beaufort mochte diese mit hunderttausend Einwohnern gar nicht so kleine Universitätsstadt, in der jeder Fünfte ein Student war und in der er selbst einen Teil seiner Hochschulausbildung absolviert hatte. Mit ihren am Reißbrett entstandenen, rechtwinklig angeordneten Straßen war Erlangen zwar lange nicht so anheimelnd wie die schmucke barocke Universitätsstadt Bamberg in der Nachbarschaft. Doch Beaufort gab protestantischer Geradlinigkeit gegenüber katholischen Schnörkeln den Vorzug. Schließlich waren es auch seine eigenen Vorfahren gewesen, in ihrer Heimat verfolgte französische Hugenotten, die diese Stadt mitaufgebaut und geprägt hatten. Diese nostalgische, weltanschauliche und patriotische, also gleich dreifach begründete Sympathie machte ihn aber nicht blind für die Widersprüche hier. Um die zu bemerken, brauchte er bloß einen Blick über die Straße zu werfen. Dort befanden sich rechts die alte Universitätsbibliothek und links der doppelt so große Neubau. Gegensätzlicher konnten Gebäude, die demselben Zweck dienten, kaum sein. Die alte UB war ein repräsentatives Jugendstilbauwerk aus dem Jahr 1913 mit Sandsteinsockel, Säulenportal und wildem Wein an der Fassade. Die neue UB, sechzig Jahre später erbaut, war dagegen ein klobiger Betonkasten, der dem Architekten in seinem öden Grau wohl so eintönig vorgekommen

25

sein musste, dass er den Farbkasten auspacken und sämtlichen Fenstern einen metallisch roten Anstrich verpassen ließ. Dergleichen Bausünden aus den Siebzigern gab es noch mehrere in Erlangen – die schlimmste war wohl das Rathaus-Hochhaus. Empfindliche Erektionsstörungen für denjenigen, der dieser Stadt den hässlichen Beton-Phallus aufgepflanzt hatte, wären in Beauforts Augen eine gerechte Strafe gewesen. Glücklicherweise war dieser von seinem momentanen Standpunkt aus nicht zu sehen, ihm reichte auch schon der Anblick des Bibliotheks-Ungetüms hier. Das war kein Tempel des Geistes wie rechts, sondern höchstens eine Verwahranstalt des Wissens. Allerdings wurde sie, im Gegensatz zu dem altehrwürdigen Bauwerk nebenan, von zahlreichen Studenten frequentiert. Denn dort lag in Magazinen etwa die Hälfte der fünf Millionen Bücher zum Studium bereit, die die Friedrich-Alexander-Universität besaß. Die andere Hälfte verteilte sich auf die verschiedenen Fachinstitute in Erlangen und Nürnberg. Der schöne Altbau war der Universitätsverwaltung und der Handschriftenabteilung vorbehalten. Hier ruhten die wichtigsten und edelsten Schätze der Bibliothek.

Beaufort betrat das Gebäude durch die dunkle Holztür, deren ovale Fenster mit schmiedeeisernen Pflanzenranken vergittert waren. Er ging durch die eindrucksvolle Vorhalle, in der hellbrauner Marmor und eine zartgrüne Kassettendecke dominierten, die große Freitreppe hinauf, bewunderte im ersten Stockwerk die riesige Scheibenfront, deren kleine Bleiglasfensterchen farbige florale Elemente aufwiesen, und blieb schließlich in der zweiten Etage vor dem Handschriftenlesesaal stehen. Dort schellte er, kurz darauf wurde die verschlossene Tür geöffnet, und eine junge Bibliotheksmitarbeiterin mit blondem Pferdeschwanz fragte nach seinem Anliegen. Als er seinen Namen nannte und ihr sagte, dass Professor Harsdörffer ihn erwarte, führte sie ihn durch den Lesesaal zu dessen Büro. An den Tischen saßen zwei Personen bei der Arbeit.

Eine Studentin las in einem alten Folianten und tippte ab und zu etwas in ihren Laptop, und ein älterer Herr, der weiße Handschuhe trug, verglich intensiv zwei grafische Blätter, über die er sich mit einer Lupe beugte.

»Mein lieber Beaufort«, begrüßte ihn der Professor munter und öffnete die Arme, als wolle er seinen ehemaligen Schützling an die Brust drücken, »wie schön, Sie hier zu sehen. Obwohl ich gar nicht so früh mit Ihnen gerechnet habe. Ich erwarte in Kürze noch einen Besucher. Aber nehmen Sie doch Platz.« Er räumte einen Bücherstapel von dem einzigen Besucherstuhl und versuchte, dafür auf dem übervollen Arbeitstisch noch einen freien Platz zu finden. »Sie haben sich lange nicht mehr in diesen heiligen Hallen blicken lassen.«

»Ich fürchte, da haben Sie recht, Professor. Das letzte Mal dürfte fast zehn Jahre her sein. Damals habe ich hier für einen Aufsatz die Schedelsche Weltchronik studiert. Mittlerweile besitze ich selber ein Exemplar.« Er setzte sich.

»Was Sie nicht sagen! Wo haben Sie es bekommen? Ist es die deutsche oder die lateinische Ausgabe? Und verraten Sie mir, was Sie dafür anlegen mussten?«

Beaufort musste über seinen Eifer lächeln. Tatsächlich war es nicht leicht gewesen, dieses bedeutendste aller je in Nürnberg gedruckten Werke aus den Anfängen der Buchdruckerkunst aufzustöbern und zu erwerben. »Es ist eine lateinische Ausgabe, die Illustrationen sind leider nicht handkoloriert, und der Zustand ist nach über fünfhundert Jahren etwas angegriffen. Doch das Exemplar ist noch komplett und recht ansehnlich. Ersteigert habe ich es auf einer Auktion in Paris. Und für das Geld hätte ich mir einen hübschen kleinen Sportwagen kaufen können. Da ich jedoch nicht Autofahren kann, wohl aber lateinische Texte lesen, fiel mir die Entscheidung nicht schwer. Ich hoffe, Ihre beiden Weltchroniken hier befinden sich ungefährdet im Archiv und sind dem Bücherdieb noch nicht in die Hände gefallen?«

»Malen Sie nicht den Teufel an die Wand, Beaufort! Die liegen gut behütet in unserem Tresorraum, zu dem neben mir nur noch zwei weitere Personen einen Schlüssel haben. Daraus kann nichts verschwinden.«

»Sind Sie sicher? Haben Sie schon eine Bestandsaufnahme gemacht?«

»Unsere Papyri und die mittelalterlichen Handschriften sind alle noch da, davon habe ich mich persönlich überzeugt. Unsere Inkunabeln, also die Bücher und Flugblätter aus Gutenbergs Zeit, die noch vor 1500 gedruckt wurden, konnte ich allerdings nur in Stichproben überprüfen. Das sind immerhin über zweitausend.«

»Und was ist mit den berühmten Zeichnungen? Dem Selbstporträt von Dürer etwa? Oder dem von Grünewald?«

»Natürlich sind die noch da. Wo denken Sie hin?«

»Und die vielen Gold- und Silbermünzen, die Sie haben? Das muss doch ein riesiger Schatz sein?«

»Wir haben über zwanzigtausend Münzen und Medaillen. Wer soll die alle durchgehen? Dazu wäre eine wochenlange Inventur notwendig. Aber ich habe Ihnen ja bereits erklärt: Der Tresor ist absolut sicher. Selbst ein Feuer oder ein Flugzeugabsturz würde dem Raum kaum etwas anhaben können.« Harsdörffer war die Anspannung trotzdem anzumerken. Noch hatte er selbst nicht Platz genommen, sondern war während des kurzen Dialogs in dem kleinen Büro auf- und abgegangen.

»Wie steht es mit dem Lesesaal? Ist da etwas gestohlen worden? Immerhin herrscht dort Publikumsverkehr. Und ein gewiefter Bücherdieb findet vielleicht die Möglichkeit, doch etwas rauszuschmuggeln.«

»Es fehlen tatsächlich zwei wertvolle Bücher aus den Regalen. Eine alte Bibel und peinlicherweise der Heister«, räumte Harsdörffer zerknirscht ein.

»Der Heister?«

»Lorenz Heister hat 1718 das erste deutsche Grundlagen-
werk der Chirurgie geschrieben. Er war damals ein hochbe-
rühmter Mediziner, der an der Universität in Altdorf lehrte.
Ihnen brauche ich ja nicht zu erklären, dass das fast zweihundert Jahre lang Nürnbergs Hochschulstandort war, bis Franken dem Königreich Bayern zugeschlagen wurde. Der baye-
rische König ließ die Universität in Altdorf 1809 schließen,
doch unsere Hochschule hat fast die gesamte Bibliothek übernehmen können. Darunter auch diesen Heister. Es war sein
persönliches Arbeitsexemplar mit zahlreichen eigenhändigen
Anmerkungen. Praktisch ein Unikat.«

Beaufort wiegte bedächtig den Kopf. »Das Buch dürfte
einiges wert sein. Ich nehme an, als Lehrbuch enthält es auch
Kupferstiche? An so etwas sind Bücherdiebe ja häufig interessiert. Die werden dann einfach rausgeschnitten und einzeln
verkauft.«

»Ja, aber es ist nicht gerade die Art von dekorativen alten
Stichen, die man sich an die Wand hängt. Es sei denn, man
hat eine Vorliebe dafür zu sehen, wie Zehen mit Hammer und
Meißel amputiert werden und dergleichen mehr.« Harsdörffer
schnaubte.

»Da schüttelt es einen ja schon beim bloßen Gedanken
daran. Ist das Buch in letzter Zeit ausgeliehen worden? An
einen Mediziner vielleicht? Das wäre immerhin eine Spur.«

»Ausleihen im Sinne von Mit-nach-Hause-Nehmen ist hier
ja sowieso nicht möglich. Man darf die alten Bücher nur im
Lesesaal benutzen. Aber das ist ja gerade das Verwunderliche:
Der Heister ist zuletzt vor acht Jahren herausgegeben worden.
Ich habe keine Ahnung, wer ein solches Interesse daran hatte,
dass er es hat mitgehen lassen. Und erst recht nicht, wie er
es angestellt hat. Unsere Sicherheitsvorkehrungen hier sind
außerordentlich hoch, wie Sie sich denken können.«

»Aber trotzdem wurde es gestohlen. Irgendwie muss das ja
gelungen sein. Wie schützen Sie die Bücher konkret?«

»Kommen Sie mit an die Tür. Dann zeige ich es Ihnen von dort aus. Ich kann schlecht im Lesesaal darüber sprechen, solange noch Benutzer da sind.«

Beaufort erhob sich, und der Professor öffnete die Bürotür. Gemeinsam blieben sie in der Türschwelle stehen und blickten in den langgezogenen Raum mit prallgefüllten Buchregalen. An der Vorderseite, gleich neben der Eingangstür, arbeitete die Bibliotheksmitarbeiterin, die Beaufort eingelassen hatte, an einem PC, doch schaute sie immer wieder auf, um die beiden Benutzer im Auge zu behalten. Am Ende des Saals, im Rücken der beiden, saß ebenfalls ein Mitarbeiter der Abteilung auf Beobachtungsposten. Es war mucksmäuschenstill, nur ab und zu hörte man das Umblättern in einem Buch, das Kratzen eines Bleistifts auf Papier, das Knacken eines Stuhls oder das leise Klackern der Computertastatur.

Harsdörffer begann seine Erläuterungen flüsternd, weshalb Beaufort sich zu ihm hinabbeugen musste, um ihn besser zu verstehen. »Dieser Raum ist alarmgesichert. Auch hier gibt es nur drei Schlüssel und drei Leute, die die Zahlenkombination kennen. Sollte jemand versuchen, von außen durch die Fenster oder die Tür einzudringen, löst das sofort Alarm bei der Polizei aus – wir haben eine Direktschaltung eingerichtet. Es ist hier also völlig unmöglich einzubrechen. Noch bevor man richtig drin ist, holt einen die Polizei schon wieder heraus.« »Und was tun Sie gegen Bücher liebende Besucher, die ganz legal durch die Tür kommen und der Überzeugung sind, dass das kleine Brevier oder der hübsche Kupferstich in ihren Händen besser aufgehoben ist, als hier im Archiv zu vermodern?« Auch Frank sprach leise.

»Sie wollen mich doch nicht etwa provozieren, mein lieber Beaufort? Bei uns vermodert nichts. Wir sorgen ja gerade dafür, dass diese Schätze der Kunst und Wissenschaft noch viele Jahrhunderte erhalten bleiben. Ich hoffe doch sehr, dass einer meiner Nachfolger irgendwann einmal auch Ihre Sammlung in Empfang nehmen darf, um sie zu bewahren.«

An dieses Thema zu denken, war Beaufort äußerst unangenehm. Welcher Mensch – und insbesondere welcher Sammler – machte sich schon gern Gedanken über den eigenen Tod? Als Kustos, als Bewahrer und Wächter einer Sammlung, rechnete der Professor da natürlich in ganz anderen Zeiträumen.

»Da müssten Sie mich aber zuerst davon überzeugen, dass diese Bibliothek auch wirklich sicher ist für meine Kostbarkeiten. Können Sie das?«

Harsdörffer zögerte mit seiner Antwort. »Bis letzte Woche hätte ich das noch mit einem rückhaltlosen Ja beantwortet. Ich hoffe sehr darauf, dass Sie mir helfen, diesen Zustand wiederherzustellen. Wir tun wirklich alles, damit nichts gestohlen wird. Besucher müssen sich anmelden und ihr Forschungsanliegen darlegen. Die Taschen müssen abgegeben, Mäntel und Jacken abgelegt und selbst weite Pullover ausgezogen werden. Wie Sie sehen, sitzt sowohl hier vorn als auch da hinten je eine Aufsicht. Jeder, der den Raum betreten oder verlassen will, kann das nur, wenn ihn einer meiner Mitarbeiter hinein- oder hinauslässt. Und glauben Sie mir, die haben einen Blick für ihre Pappenheimer.«

»Wir sind wirklich gerade eingeschlossen?«

»Natürlich. Hier im Altbau lagern Werte im vielfachen Millionenbereich. Mit denen muss auch der Nutzer sorgsam umgehen. Es darf nur mit Bleistift geschrieben werden, Tinte und Kugelschreiber kommen mir hier nicht herein. Beim Umgang mit mittelalterlichen Handschriften und Inkunabeln müssen Handschuhe getragen werden. Bei der Grafik selbstverständlich auch. Und dann zählen wir die Blätter und Münzen natürlich nach, die wir ausgeben – vorher und nachher. Deshalb ist es mir ja auch unerklärlich, wie die Bücher hier hinausgelangen konnten.«

»Was ist mit Ihren Mitarbeitern?«

»Für die verbürge ich mich.« Der Professor blickte auf seine Uhr. »Mein Besucher müsste jeden Moment hier sein.«

Er schloss die Bürotür zum Lesesaal und räusperte sich. »So, jetzt können wir mit dem Flüstern wieder aufhören.«

»Sind eigentlich nur diese beiden Bücher gestohlen worden?«

»Nein, leider wesentlich mehr. Die meisten sind aus anderen, nicht ganz so streng bewachten Magazinen verschwunden, zu denen das Publikum aber selbstverständlich keinen Zugang hat. Bislang haben wir etwa zwanzig unerklärliche Abgänge unter den wertvollen Titeln registriert.«

»Bislang? Sie rechnen damit, dass es noch mehr werden könnten?«

»Das ist nicht auszuschließen. Wir können unmöglich alle zweieinhalb Millionen Bücher hier kontrollieren. Bei manchen Exemplaren wird es uns wohl erst auffallen, wenn sie wieder jemand ausleihen will und sie dann nicht mehr da sind.«

»Und welche Titel wurden gestohlen? Gibt es einen inhaltlichen Zusammenhang?«

»Mir ist keiner aufgefallen. Das Spektrum reicht von historischen naturkundlichen Büchern wie dem Heister über kunstgeschichtliche Bände und philosophische Werke bis hin zur schönen Literatur. Das älteste Buch ist fast fünfhundert Jahre alt, das jüngste ist eine Erstausgabe von Franz Kafka aus den Zwanzigerjahren. Und Sie wissen ja selbst, was die wert sind.«

Ein leises Klingeln kündigte einen neuen Gast im Lesesaal an.

»Kann ich eine Liste der entwendeten Bücher bekommen? Außerdem möchte ich mir die Magazine genauer ansehen, aus denen sie verschwunden sind.«

»Ich werde gleich bei Frau Krüger-Fernandez anrufen und sie darum bitten, dass sie beides veranlasst.«

Noch bevor Harsdörffer sein Vorhaben in die Tat umsetzen konnte, führte die Bibliothekarin mit dem Pferdeschwanz den angekündigten Besucher herein. Es war ein Mann etwa in Beauforts Alter, so um die Ende dreißig, aber kleiner und schmaler als er. Sein blasser Teint und Ringe unter den Augen ließen vermuten, dass er viel drinnen arbeitete und wenig schlief. Der Professor stellte die beiden einander vor.

»Das ist Dr. Beaufort, ein ehemaliger Student von mir. Er ist Vorsitzender der Fränkischen Bibliophilen, ein großer Buchkenner und neuerdings auch in der Aufklärung von Verbrechen aktiv. Vielleicht haben Sie davon in der Zeitung gelesen. Und das ist Dr. Schifferli, ein äußerst begabter Historiker. Er ist einer der beiden Kuratoren unserer großen Universitätsausstellung, die nächste Woche im Stadtmuseum eröffnet wird.«

Tom Schifferlis Lächeln war sympathisch und sein Händedruck überraschend fest.

»Was für eine Ausstellung?«, wollte Beaufort wissen.

»Sie heißt *Ausgepackt*. Darin präsentieren wir sämtliche Sammlungen der Friedrich-Alexander-Universität in interessanten Ausschnitten.« Sein Gegenüber sprach in einem Tonfall, der seinem Namen alle Ehre machte, der Schweizer Akzent war unüberhörbar.

»Sammlungen? Wird denn hier noch mehr gesammelt außer Büchern, Grafiken und Münzen?«

»Fast jedes Fachgebiet sammelt Dinge, die für Forschung und Lehre wichtig sind. Sammeln und Ordnen stehen quasi am Anfang einer jeden Wissenschaft. Wir zeigen Objekte des wissenschaftlichen Interesses, die hier teilweise seit Jahrhunderten gesammelt wurden.«

»Skelette und tote Föten in Formalin und solche Sachen?«

»Zum Beispiel. Die Universität besitzt eine hervorragende Anatomische und Pathologische Sammlung. Aber im Grunde erforschen Wissenschaftler fast alles: exotische Pflanzen, ausgestopfte Tiere, keltischen Bronzeschmuck, griechische Amphoren, Hammerklaviere, Mondkarten, Kopfjägerschwerter, Gesteinsproben, ja selbst Spickzettel von Schülern.«

Das klang faszinierend in Beauforts Ohren. Er hatte etwas übrig für alte, schöne oder kuriose Dinge, die eine Patina oder eine besondere Aura hatten und die Geschichten erzählen konnten. Als passionierter Buch- und Kunstsammler brachte er allen möglichen Sammlungen, die von Experten auf ihrem Gebiet zusammengetragen wurden, seinen Respekt und sein Interesse entgegen. Selbst Playmobilfiguren oder Kaffeesahnedeckelchen konnten einen gewissen Zauber entfalten. Das Sammeln und Jagen waren schließlich Urtriebe, die schon der Steinzeitmensch kannte. Diese Ausstellung würde er sich ganz bestimmt anschauen.

»Wir steuern unseren Anteil natürlich auch dazu bei«, schaltete Harsdörffer sich wieder ein. »Dr. Schifferli ist gekommen, um mit mir die endgültige Auswahl der Exponate zu bestimmen. Aber so ganz können wir uns immer noch nicht einigen.«

»Haben Sie es sich noch einmal überlegt mit dem St.-Gumbertus-Evangeliar?«, wollte der Ausstellungsmacher wissen.

»Auf gar keinen Fall! Das ist unsere wertvollste mittelalterliche Handschrift. Auch wenn die romanischen Illuminationen für das Publikum noch so schön anzuschauen wären. Allein aus konservatorischen Gründen kann ich Ihnen diese Bibel nicht geben. Die bleibt definitiv im Safe. Außerdem wissen Sie ja selbst, wie unzureichend die Sicherheitsvorkehrungen drüben im Stadtmuseum sind.«

»Wer sollte denn eine fünfundvierzig Kilogramm schwere Riesenbibel unbemerkt aus dem Museum schmuggeln? Die kann man sich ja schließlich nicht einfach unter den Arm klemmen.«

Doch Harsdörffer ließ sich nicht umstimmen.

»Bleiben Sie auch hart bei Dürers Selbstbildnis? Das wäre ein Prunkstück in der Ausstellung. Zumal die Wissenschaft ja bis heute darüber rätselt, ob der junge Dürer, als er sich mit trübsinnigem Blick und der Hand am Kopf zeichnete, ein

Sinnbild der Melancholie darstellen wollte oder doch einfach nur Zahnschmerzen hatte. Für Kunstgeschichtler eine beinahe so rätselhafte Frage wie die nach dem Lächeln der Mona Lisa.«

»Beim besten Willen nicht, Herr Dr. Schifferli. Dieses Unikat ist un-er-setz-lich!« Der Professor betonte jede Silbe und verschränkte ablehnend die Hände vor seiner Brust. »Abgesehen davon könnten Sie die Versicherungssumme dafür gar nicht aufbringen. Aber ich werde Ihnen in puncto Dürer entgegenkommen. Sie sollen wenigstens die Stiche erhalten, auf die Sie ein Auge geworfen haben.«

»Und was ist mit den Spitzweg-Zeichnungen, den Vorstudien zu seinem berühmten *Bücherwurm*-Gemälde? Und was mit den byzantinischen Goldmünzen?«, insistierte Schifferli, die Gunst der Stunde nutzend.

»Sollen Sie bekommen in Gottes Namen. Aber nur, weil Sie es sind und Sie so engagiert dem Ansehen der Wissenschaft dienen.«

Beaufort musste insgeheim schmunzeln. Harsdörffer war ein gastfreundlicher, großzügiger und jovialer Mensch, doch als Kustos benahm er sich manchmal wie ein Zerberus, der die ihm anvertrauten Schätze knurrend bewachte und in jedem Benutzer einen potenziellen Feind sah. Und so ganz Unrecht hatte er damit ja nicht, wie die aktuellen Vorfälle zeigten. Da Beaufort sich einen Überblick über die Schutzmaßnahmen in den Magazinen verschaffen wollte, durfte er den Professor und den Kurator auf ihrem Rundgang durch die Schatzkammern begleiten. Harsdörffer führte sie treppauf, treppab in zahlreiche Gänge, Hallen und Räume, mehrfach mit seinem stattlichen Schlüsselbund verschlossene Zugänge öffnend. Hinter dicken Panzertüren betrachteten sie uralte Handschriften auf Papyrus und Pergament, bewunderten altehrwürdige Gelehrten- und Adelsbibliotheken, musterten Münzen und Medaillen aus Gold und Silber und gelangten schließlich wieder in den Handschriftenlesesaal zurück, der wegen der Mittagspause leer war. Vor einem der Grafikschränke stoppte der Professor und erhob theatralisch die Stimme.

»Und nun zu einem weiteren Höhepunkt unserer Sammlungen. In diesem Schrank bewahren wir Dürers Druckgrafiken auf. Zusammengetragen wurden sie von den Ansbacher Markgrafen. Unsere Universität hat sie, gemeinsam mit Tausenden weiterer alter Stiche und Zeichnungen, nach deren Abdankung vor über zweihundert Jahren vom preußischen König zum Geschenk erhalten.« Harsdörffer schloss den Metallschrank auf und zog eine der großen flachen Schubladen heraus. »Von Dürers Holzschnitten haben wir die komplette *Apokalypse* sowie *Die große Passion* und *Die kleine Passion*. Aber Sie interessieren sich ja mehr für die Kupferstiche. Auch davon besitzen wir fünfundsiebzig Stück. Nicht nur die ganz kleinen, sondern auch die großformatigen Blätter. Hier eines der berühmtesten: *Ritter, Tod und Teufel* aus dem Jahr 1513.«

Er zog den auf einen Karton montierten Druck hervor, der einen Ritter in voller Rüstung auf einem Pferd zeigte, hinter sich den Teufel und vor sich den Tod. Die drei Männer musterten das Kunstwerk eingehend.

»Ich will es nicht nur deshalb in der Ausstellung zeigen, weil es so bekannt ist«, erläuterte Dr. Schifferli, »sondern auch, weil hier im Hintergrund die Nürnberger Kaiserburg abgebildet ist. Das dürfte unsere fränkischen Besucher vermutlich besonders begeistern. Aus demselben Grund möchte ich auch Dürers Eisenradierung *Die große Kanone* präsentieren. Da ist nämlich die Ehrenbürg drauf.«

»Auf Sie als Alpenländer dürfte unser berühmtester Berg in der Fränkischen Schweiz ja wohl kaum Eindruck machen«, witzelte Beaufort, während Harsdörffer auf der Suche nach dem Stich Schublade um Schublade aufzog.

»Im Vergleich zum Matterhorn ist das Walberla wirklich winzig, aber ich gehe dort gern mal hinauf. Eine Bergwanderung würde ich das allerdings auch nicht nennen. Stimmt etwas nicht, Herr Professor?«, wandte sich Tom Schifferli an den immer hektischer agierenden Leiter der Handschriftenabteilung.

»Das ist einfach nicht möglich!«, rief der mit hochrotem Kopf, »ich kann das Blatt nicht finden.«

*

Fünfzehn Minuten später, nachdem sie den Schrank zweimal systematisch durchsucht hatten und das Dürer-Blatt auch nirgendwo sonst im Lesesaal zu entdecken war, musste Professor Harsdörffer der Tatsache ins Auge sehen, dass auch *Die große Kanone* verschwunden war. Ein weiterer unerklärlicher Fehlbestand in seiner Abteilung.

»Das ist eine Katastrophe.« Erschöpft ließ er sich auf einen Stuhl sinken und tupfte sich mit seinem Stofftaschentuch den Schweiß von der Stirn. Doch sogleich sprang er wieder auf, um in sein Büro zu hasten. »Ich muss sofort Hildegard benachrichtigen.«

Vom Auflegen des Hörers bis zum energischen Klingeln an der Tür des Lesesaals dauerte es keine Minute. Der Professor öffnete rasch, und eine große, schlanke Frau mit kurzem, rot gefärbtem Haar trat ein. Die Miene der Bibliotheksleiterin blieb unverändert ernst, während sie den Schilderungen Harsdörffers lauschte.

»Vielleicht sollten wir die Polizei alarmieren?«, beendete der Professor seinen Monolog mit leiser Stimme.

»Wir müssen uns beraten«, sagte Krüger-Fernandez mit fester Stimme und dirigierte ihren Kollegen in sein Büro. »Und Sie beide warten bitte hier, bis wir eine Entscheidung getroffen haben«, bestimmte sie und schloss die Tür hinter sich.

»Ein beeindruckender Auftritt«, sagte Beaufort anerkennend. »Ich habe etwas übrig für starke Frauen.«

»Wenn Sie häufiger mit ihr zu tun hätten, würde das Ihrer Begeisterung bestimmt einen kleinen Dämpfer versetzen.«

»Tatsächlich?«

»Frau Krüger-Fernandez ist der steifste und humorloseste Mensch, den ich hier an der Uni kennengelernt habe. Und glauben Sie mir, unter dem akademischen Führungspersonal gibt es so einige wunderliche Existenzen. Man könnte doch erwarten, dass sie angesichts eines so kapitalen Verlustes ein wenig mehr Bestürzung zeigt. Aber sie reagiert kalt wie ein Fisch.«

»Na ja, Sie scheinen mir jetzt auch nicht gerade besonders erstaunt zu sein. Weder über den Diebstahl an sich noch über die Tatsache, dass die beiden überlegen, ob sie überhaupt die Polizei einschalten sollen.«

Tom Schifferli sah Frank Beaufort einen Moment lang durchdringend in die Augen, ehe er antwortete: »Sie ahnen nicht, was man hier alles entdeckt, wenn man nur tief genug in die Sammlungen schaut«, sagte er mit Nachdruck.

»Wie meinen Sie das?«

Schifferli schwieg. Bedächtiges Kopfschütteln war die einzige Antwort, die Beaufort erhielt.

Nach dieser merkwürdigen Gesprächspause versuchte er, die Konversation durch eine Frage wiederzubeleben, die er sich schon die ganze Zeit über stellte. »Wenn ich Ihren Akzent richtig deute, würde ich Sie in die Berner Region stecken?«

»Da haben Sie absolut recht«, antwortete Schifferli in gemütlichem Berndütsch, »woran haben Sie das erkannt?«

»Ich habe ein paar Jahre in der Schweiz gelebt, da bekommt man ein Gehör dafür. Aber sagen Sie, der Name Schifferli ist in dieser Gegend ja nicht so häufig. Sind Sie vielleicht mit Beat Schifferli verwandt, dem bekannten Reformpädagogen?«

»Das ist mein Onkel. Er ist fast achtzig, leitet aber immer noch sein angesehenes Internat am Thuner See. Kennen Sie ihn?«

»Das kann man wohl sagen. Er hat mich durch die schweren Zeiten der Pubertät begleitet. Ich war vier Jahre lang Schüler in diesem Internat. Ein beeindruckender Mann mit seinem langen, weißen Rauschebart. Wir haben ihm den Spitznamen ›Alm-Öhi‹ gegeben.«

»Harry Potter war ja in Ihren Jugendjahren noch nicht erfunden. Die jetzige Schülergeneration nennt ihn den ›Dumbledore von Grindelwald‹.«

Die beiden Männer lachten. In diesem Moment öffnete sich die Bürotür, und Dr. Krüger-Fernandez schritt herein, gefolgt von einem seltsam devoten Professor Harsdörffer. Sie warf den beiden einen gebieterischen Blick zu, und Beaufort begann zu begreifen, was der Schweizer mit der Strenge der Bibliotheksdirektorin gemeint hatte.

»Herr Dr. Schifferli«, wandte sie sich zuerst an den Kurator, »ich muss Sie dazu verpflichten, über diesen bedauerlichen Vorfall absolutes Stillschweigen zu bewahren. Bitte reden Sie mit niemandem darüber. Wir werden alles daransetzen, die verlorene Grafik schnellstens wiederzubeschaffen. Ansonsten bekommen Sie ein anderes Dürer-Blatt für die Ausstellung.«

»Das ist keine so gute Lösung, fürchte ich. Im Ausstellungskatalog gibt es einen ausführlichen Aufsatz über *Die große Kanone*. Und der lässt sich so einfach nicht gegen einen anderen austauschen. Noch ist der Katalog zwar nicht gedruckt, denn wir haben große Probleme mit dem Layout und müssen sogar noch einige neue Fotos anfertigen lassen, aber es ist unmöglich, ein ganzes Kapitel noch mal komplett neu zu schreiben. Beim momentanen Stand ist nicht einmal garantiert, ob wir es mit dem Buch noch rechtzeitig zur Ausstellungseröffnung schaffen.«

»Wir werden eine Lösung für das Problem finden«, sagte sie gebieterisch. »Gibt es für Sie sonst noch etwas hier bei uns zu tun?« Es war unüberhörbar, dass Krüger-Fernandez den Ausstellungsleiter möglichst schnell loswerden wollte.

»Nein, so weit ist alles geklärt. Sie lassen mir doch die ausgewählten Exponate am kommenden Mittwoch ins Stadtmuseum liefern, Herr Professor? Da wird die Ausstellung aufgebaut.«

Harsdörffer nickte. Er wirkte bedrückt und geknickt. Seine Hildegard musste ihm ganz schön den Kopf gewaschen haben.

»Ich muss sowieso weiter zu meinem nächsten Termin«, ergänzte Schifferli mit einem Blick auf seine Armbanduhr, »Professor Degen erwartet mich in der Antikensammlung.«

Er nickte kurz zum Abschied, die Leiterin der UB schloss die Tür auf und bugsierte den Kurator regelrecht hinaus. Nachdem sie wieder zugesperrt hatte, wandte sie sich an den übrig gebliebenen Besucher.

»Nun zu Ihnen, Herr Dr. Beaufort. Professor Harsdörffer hat mir glaubhaft versichert, dass Sie der geeignete Mann sind, um diskrete Nachforschungen anzustellen. Wenn er sein Vertrauen in Sie setzt, will ich mich auch darauf einlassen.« Sie rang sich so etwas wie ein Lächeln ab.

Beaufort machte derweil ein Wechselbad der Gefühle durch. Er fühlte sich geschmeichelt, doch gleichzeitig war ihm mulmig zumute, dass er die alleinige Verantwortung für die Aufklärung der Diebstähle übertragen bekam. »Sollten Sie nicht besser doch die Polizei rufen? Die versteht eindeutig mehr von Spurensicherung als ich«, wandte er ein.

»Wir sind uns einig, dass wir Aufsehen in der Öffentlichkeit um jeden Preis vermeiden wollen. Wenn wir die Polizei alarmieren, können wir nicht sicher sein, ob nicht doch etwas von den Diebstählen nach draußen dringt. Als wir vor ein paar Wochen den peinlichen Wasserschaden in einem unserer unterirdischen Magazine hatten, hat es mit der gewünschten Diskretion leider gar nicht geklappt. Erst stand es im Polizeibericht und danach in allen Medien. Wir sind der Auffassung, Sie sollten Ihr Glück versuchen. Zur Polizei gehen können wir notfalls immer noch.« Die Bibliotheksleiterin sprach ruhig

und gefasst, aber gleichzeitig hatte ihr Ton etwas Apodikti-
sches und duldete keinen Widerspruch. »Allerdings ist das
Nichteinschalten der Polizei eine so weitreichende Entschei-
dung, dass wir sie nicht allein treffen können. Wir müssen den
Präsidenten informieren. Sie begleiten uns bitte hinüber ins
Schloss, damit er Sie kennenlernen kann.«

Beauforts Neigung zu starken Frauen à la Krüger-Fernandez war in den vergangenen Minuten merklich abgeklungen,
doch überwog seine Neugierde auf diesen Fall. Außerdem
wollte er seinen alten Professor nicht im Stich lassen.

*

Der Präsident der Friedrich-Alexander-Universität Erlangen-
Nürnberg residierte nur wenige Gehminuten entfernt im
Markgräflichen Schloss, das Erbprinz Georg Wilhelm von
Brandenburg-Bayreuth im Jahr 1700 hatte erbauen lassen und
das den fränkischen Hohenzollern über hundert Jahre lang
als Witwensitz diente. Doch weil man die Stelle des markgräflichen Schornsteinfegers aus Kostengründen gestrichen
hatte, war das feudale Sandsteingebäude aufgrund mangeln-
den Brandschutzes in einer bitterkalten Januarnacht 1814 in
Flammen aufgegangen und völlig ausgebrannt. Jahrelang galt
die verrußte Ruine den Erlangern als Symbol des Sparzwangs
und könnte in diesem Sinne womöglich noch heute gute
Dienste leisten, wenn das Schloss nicht 1825 von der noch
recht jungen Universität wiederaufgebaut worden wäre. Die
nutzte es fortan für Vorlesungen und als Bibliothek, bis die
stetig wachsende Verwaltung der Hochschule die Studenten
und Bücher erfolgreich hinausdrängte. Deshalb könnte man
das Bauwerk heute auch als Symbol zunehmender Bürokra-
tisierung betrachten. So empfand es jedenfalls Frank Beaufort, der das Schloss in Begleitung der Bibliotheksdirektorin
und seines Doktorvaters durch die schwere Eichentür in der

Westfassade betrat. Das Trio durchschritt eilig die stattliche Mittelhalle mit den marmorverkleideten Säulen, stieg nebeneinander den großzügigen Treppenaufgang hinauf und bog im ersten Stockwerk in den Flügel ein, der dem Präsidenten vorbehalten war. Das war allein schon daran zu erkennen, dass hier lauter in Öl gemalte Porträts ehemaliger Universitätsleiter hingen – die ältesten noch mit barocker Allongeperücke und Spitzenjabot, die jüngsten mit Seitenscheitel, Schlips und randloser Brille. Eines Tages würde auch das jetzige Oberhaupt der zweitgrößten bayerischen Hochschule dort hängen, und es würde bestimmt ein formidables Gemälde werden, dachte Beaufort. Denn Professor Roth war ein gut aussehender Mann, der eine gewisse Ähnlichkeit mit George Clooney nicht zu verstecken suchte. Gunnar Roth war erst seit drei Jahren im Amt, doch schon jetzt stellte er, was seine öffentliche Bekanntheit anbelangte, alle seine Vorgänger in den Schatten. Seitdem er den Sachbuch-Bestseller *Einbildungsgut – Warum wir unser Bildungssystem reformieren müssen* veröffentlicht hatte, war er ohne Frage der populärste Unipräsident Deutschlands geworden und ein echter Medienstar. Man konnte kaum eine Talkshow im Fernsehen anschauen, ein Nachrichtenprogramm im Radio hören oder ein Polit-Magazin lesen, ohne auf sein Bild und seine Meinung zu stoßen. Von Haus aus Politikwissenschaftler war er nicht nur grauer Theoretiker, sondern auch erfahrener Praktiker, der das Kunststück fertiggebracht hatte, sowohl für die rot-grüne als auch die schwarz-gelbe Bundesregierung als Politikberater tätig gewesen zu sein. Diese Erfahrungen hatte er in seinen neuesten publizistischen Streich einfließen lassen, eine Ethik-Fibel mit dem Titel *Macht und Lüge*, die sich nur zwei Wochen nach ihrem Erscheinen schon auf der Bestenliste fand. Es galt als ausgemacht, dass der Präsident in absehbarer Zeit an eine noch renommiertere Hochschule wechseln oder bei der nächsten Kabinettsumbildung Bildungsminister werden würde. Beaufort, der Roth noch nicht persönlich kennengelernt hatte, freute sich fast ein wenig auf diese Begegnung, auch wenn die Umstände widrig waren. Doch noch musste er zusammen mit den anderen beiden in den unbequemen Ledersesseln im Gang auf den Hochschulleiter warten. An dessen Vorzimmerdame hatte sich selbst Krüger-Fernandez die Zähne ausgebissen. Der Herr Präsident sei gerade in einer wichtigen Besprechung, bei der er keinesfalls gestört werden dürfe, hieß es. Und danach müsse er sofort weiter zu einem ebenso wichtigen Sponsorenmeeting. Erst nach zähen Verhandlungen und einer Mischung aus offensichtlichen Schmeicheleien und versteckten Drohungen wurden ihnen fünf Minuten bewilligt, aber keine Sekunde länger.

Endlich traten zwei Aktentaschenträger im Businessdress aus dem Büro, dicht gefolgt von der Chefsekretärin, die die drei ins Amtszimmer führte. Der Präsident erhob sich hinter seinem repräsentativen Riesenschreibtisch und ging seinen Besuchern ein paar Schritte in dem großen Raum entgegen, dessen hohe Fenster einen Ausblick auf den beschaulichen Schlossplatz gestatteten. Roth trug einen exzellent geschneiderten leichten Baumwollanzug in Seersucker-Qualität, der bei dieser Hitze genau das Richtige war. Mit einem Zahnpastalächeln schüttelte er zuerst der Dame, danach Harsdörffer und schließlich Beaufort die Hand.

»John Lobb?«, fragte Roth, mit Kennerblick auf dessen kastanienbraune Wing-Tips-Maßschuhe deutend.

»Gieves & Hawkes?«, lautete Beauforts Gegenfrage bezüglich seines Maßanzuges, woraufhin sich der Mund des Präsidenten zu einem noch breiteren Lächeln verzog und die beiden Männer ein paar Insidersätze über die besten Londoner Herrenausstatter zwischen Savile Row und Piccadilly Circus wechselten.

»Ich habe Ihre exquisite Garderobe erst kürzlich in der Sonntagabend-Talkshow nach dem *Tatort* bewundert«, lobte

Beaufort, »und Ihren Sachverstand natürlich auch. Sind Sie noch als Politikberater tätig?«

»Politik ist eine zu ernste Angelegenheit, um sie den Politikern zu überlassen, meinen Sie nicht?« Er lachte über seinen Scherz. »Von Zeit zu Zeit, wenn es mir meine umfangreiche Tätigkeit hier erlaubt, gebe ich hohen Mandatsträgern ein paar hilfreiche Ratschläge. Aber apropos Zeit«, wandte er sich höflich an Dr. Krüger-Fernandez, »was gibt es denn so Dringendes zu besprechen, das keinen Aufschub duldet?«

Während die Bibliotheksdirektorin, assistiert vom Leiter der Handschriften- und Grafiksammlung, die Vorfälle in der UB kurz skizzierte, hatte Beaufort Gelegenheit, den Promipräsidenten noch ein wenig genauer zu studieren. Der Mann war nicht nur klug und gut aussehend, sondern auch geistreich und redegewandt. Allerdings hatte er diese beiden albernen Schmisse auf der Wange, die von einer schlagenden Verbindung herrühren mussten. Und für Beauforts Geschmack, der in Bekleidungsfragen mehr ein Freund des Understatements war, wirkte er ein wenig zu sehr aus dem Ei gepellt. Hinter seiner zur Schau getragenen Stilsicherheit war eine ausgeprägte Eitelkeit nicht zu verkennen. Was ihm fehlte, war die lässige Eleganz des echten George Clooney. Aber machten ein paar kleine Charakterschwächen so einen Überflieger nicht erst menschlich? Alles in allem fand Beaufort den Präsidenten recht sympathisch – er schätzte schlagfertige und scharfsinnige Gesprächspartner. Insgeheim hoffte er nun doch, dass Roth ihn an den Fall lassen würde. Er wusste nicht genau, warum, aber er spürte das Verlangen, ihm mit seinen Fähigkeiten zu imponieren.

»Und warum sollten wir die Polizei nicht alarmieren?«, hörte er ihn gerade fragen, woraufhin die beiden Bibliothekare ihre Argumente vortrugen.

»Ist es nicht vielmehr so, dass nicht nur das Ansehen der Universität im Allgemeinen, sondern auch Ihrer beider

Renommee im Besonderen Schaden erlitte, wenn diese Vorfälle bekannt würden?«, stellte der Präsident mit entwaffnender Offenheit fest. Fast schien es, als hätte er Vergnügen daran, in die erschrockenen Gesichter der beiden Ertappten zu blicken, denn er wartete einige Schrecksekunden ab, ehe er seine Rede fortsetzte. »Aber ich werde Ihnen sagen, warum auch ich dagegen bin, dass das an die Öffentlichkeit kommt. Es gibt seit Langem große Begehrlichkeiten in München unsere Grafiksammlung betreffend. Die gehört nicht in ein Universitätsarchiv, sondern in ein Kunstmuseum, argumentiert der Leiter der Alten Pinakothek, der ein Busenfreund unseres Kultusministers ist. Und für den wäre dieser Diebstahl natürlich ein gefundenes Fressen. Er bräuchte nur die hervorragenden Sicherheitsvorkehrungen seines Hauses anzupreisen.«

Harsdörffer als fränkischer Patriot wurde noch eine Spur blasser. »Das müssen wir auf alle Fälle verhindern! Es reicht schon, dass die Münchener die vier Dürerschen Apostel aus dem Nürnberger Rathaus gestohlen haben und nicht wieder hergeben. Unsere Dürerwerke müssen in Franken bleiben.«

»Und Sie würden sich zutrauen, den Dieb zu entlarven und die verschwundenen Bilder und Bücher wiederzubeschaffen?«, wandte sich Roth jetzt an Beaufort.

»Ich will es gern versuchen. Eine Erfolgsgarantie kann ich Ihnen freilich nicht geben.«

»Professor Harsdörffer hält ja große Stücke auf Sie. Aber, sagen Sie: Wie wollen Sie das anstellen?«

»Mit den Hilfsmitteln, die mir zur Verfügung stehen: Wissen, Beobachtung, Recherche, Analyse und Intuition. Denn mit Bibliotheken und Büchern kenne ich mich gut aus. Ich sammle sie nicht nur, ich lese sie auch. Deshalb weiß ich zum Beispiel, dass Ihr hübsches Bonmot vorhin, das ein wenig so klang, als hätten Sie es gerade erfunden, ein Zitat von Charles de Gaulle war.« Der Mundwinkel des Präsidenten zuckte kaum merklich, während Beaufort fortfuhr: »Aber ich bin mir sicher, dass Sie bei Ihren wissenschaftlichen Werken sämtliche Quellen korrekt angegeben haben.«

»Worauf Sie sich verlassen können«, sagte der Präsident mit einem jovialen Lächeln, »Ihre Bildung ist ja wirklich beeindruckend.«

»Nun, Bildung ist das, was sich jeder ohne Beeinträchtigung durch den Schulunterricht selbst erwerben muss«, erwiderte Beaufort. »Das ist übrigens ein Aperçu von Mark Twain«, schickte er lächelnd hinterher.

»Dann plädiere ich doch dafür, dass Sie Ihr Wissen und Ihre anderen Fähigkeiten ganz auf den Diebstahl richten«, entschied Roth. »Sie haben meine volle Unterstützung. Allerdings kann ich Ihnen nicht mehr als zehn Tage Zeit dafür geben, den heutigen Tag miteingerechnet. Denn am Freitag in einer Woche eröffnen wir die große Universitätsausstellung. Wenn die Dürer-Grafik dort nicht hängt, lässt sich der Diebstahl kaum länger verheimlichen. Dann bin ich gezwungen, die Polizei einzuschalten, mit allen nachteiligen Image-Folgen, die sich daraus ergeben.«

*

Dem Archivar
war ziemlich klar
dass das, was er so sammelte
unbemerkt vergammelte.
Doch weil er war
wie er war
ein wahrer Archivar
sammelte er und sammelte
bis er selbst vergammelte.
Jörn Pfennig

Beaufort musste herzlich lachen, als er das Gedicht auf einem vergilbten Stück Zeitungspapier las. Es hing an einem der grauen Metallspinde im Sozialraum für Bibliotheksmitarbeiter. Er war allein in dem Zimmer und nutzte die Wartezeit, indem er sich ein wenig umschaute. Jeden Moment musste ein gewisser Herr Meier erscheinen, der ihn zu einem Rundgang durch die unterirdischen Magazine abholen sollte.

Nachdem sie das Büro des Unipräsidenten verlassen hatten und in den heißen Sonnenschein des Schlossplatzes hinausgetreten waren, war Professor Harsdörffer plötzlich wie von der Tarantel gestochen losgeprescht. Er hatte in dem ganzen Durcheinander völlig sein Hauptseminar vergessen, das er am Mittwochnachmittag immer bei den Germanisten hielt. So waren Beaufort und Frau Krüger-Fernandez allein zur Bibliothek zurückgekehrt und hatten währenddessen die nächsten Schritte besprochen. Sie hatte ihm zugesichert, eine vollständige Aufstellung der gestohlenen Bücher anzufertigen. Da sie die Liste aber nur gemeinsam mit Harsdörffer erstellen konnte, sollte Beaufort diese morgen Vormittag in ihrem Büro abholen. Danach wollte er sich durch die Benutzerkartei des Handschriftenlesesaals der letzten Monate arbeiten, in der Hoffnung, dort auf irgendwelche Spuren oder Unregelmäßigkeiten zu stoßen. Seinem Wunsch, noch heute Nachmittag eine Führung durch die Magazine zu erhalten, aus denen ja die meisten wertvollen Bücher verschwunden waren, hatte die Bibliotheksleiterin nicht selbst nachkommen können oder wollen. Sie habe noch unaufschiebbare Pflichten zu erfüllen, hatte sie beteuert, ihm aber zugesichert, einen ihrer Mitarbeiter damit zu beauftragen. Nachdem sie sich am Handy von zweien ihrer Untergebenen Körbe geholt hatte, war ihre Laune explosiv geworden. Die dritte Angestellte hatte sie gleich dermaßen zusammengestaucht, dass deren Widerstand schon im Ansatz erstorben war und sie ihrer Chefin den Vorschlag unterbreitet hatte, doch Herrn Meier diese Aufgabe zu übertragen, wenn sonst niemand Zeit dafür habe. Sie werde sich sofort persönlich darum kümmern, hatte sie noch ergänzt. Im Altbau der UB angekommen, hatte Dr. Krüger-Fernandez Beaufort in den Sozialraum gelotst und ihn gebeten, hier auf seinen Führer zu warten, der jeden Moment eintreffen müsse.

»Gefällt Ihnen das Gedicht?«, fragte eine freundliche Stimme hinter ihm.

Der immer noch amüsierte Beaufort drehte sich zur Tür und blickte in die eifrigen Augen eines schlaksigen jungen Mannes, der nicht allzu vertrauenerweckend aussah. Er hatte mehrere Piercings in Nase und Oberlippe und eine Tätowierung am Hals. Mehr war wegen des grauen Arbeitskittels nicht zu erkennen, doch Beaufort vermutete, dass sich am Körper noch weitere dieser »Verzierungen« aus Metall und Farbe in seiner Haut finden würden. Es hatte eben jede Jugendgeneration ihre eigenen schockierenden ästhetischen Rituale, um sich von den Älteren abzugrenzen.

»So viel Selbstironie hätte ich unter Archivaren nicht erwartet«, antwortete Beaufort auf die Frage.

»Das Gedicht habe ich da hingepinnt. Nicht alle hier finden das lustig. Sind Sie der Mann, den ich durch die Katakomben führen soll?«

»Der bin ich. Frank Beaufort ist mein Name.«

»Ich bin Michael Meier, alle nennen mich Mike. Sorry, dass ich Ihnen nicht die Hand gebe, aber ich hab gerade das Zeitungsarchiv aufgeräumt. Da gibt es staubige Ecken, in denen ist bestimmt seit hundert Jahren keiner mehr gewesen. Ich muss mich erst mal waschen.«

Mike zog seinen Kittel aus, unter dem er Bermudashorts und ein T-Shirt trug, und trat ans Waschbecken. Während er sich den Schmutz abspülte, konnte Beaufort sich davon überzeugen, dass er mit seiner Vermutung recht gehabt hatte. Die Arme des Mannes waren vollständig tätowiert, und unter dem

T-Shirt deuteten charakteristische Erhebungen an, dass auch die Brustwarzen gepierct sein mussten.

»Sie sehen nicht gerade wie ein typischer Bibliothekar aus«, stellte er fest.

»Bin ich auch nicht.« Jetzt reichte er Beaufort die Hand. »Ich arbeite als Hilfskraft hier. Eigentlich studiere ich vergleichende Literaturwissenschaft, Amerikanistik und Übersetzungswissenschaft.«

»Wollen Sie mal Übersetzer werden und amerikanische Romane ins Deutsche übertragen?«

»Ich glaube nicht. Die sollten einem besser mal vor Beginn des Studiums erzählen, wie schlecht das Übersetzen bezahlt wird. Dann wär's auch nicht so voll in den Seminaren. Außerdem muss ich nach sechs Semestern feststellen, dass Übersetzungswissenschaft für Übersetzer ungefähr genauso wichtig ist wie Ornithologie für Vögel.«

Das war das Nette an einer Universität. Man hatte es überwiegend mit geistreichen Köpfen zu tun, selbst dort, wo man es ihnen nicht auf den ersten Blick ansah, dachte Beaufort.

Mike rasselte mit einem dicken Schlüsselbund. »Was wollen Sie sich anschauen? Ich weiß zwar nicht wieso, aber die Chefin hat gesagt, ich soll mich ganz nach Ihren Wünschen richten.«

»Dann führen Sie mich doch bitte zuerst in das Magazin, wo die Bücher des 18. Jahrhunderts aufbewahrt werden.«

»Da gibt es mehrere. Aber die meisten der Schmöker stehen hier im Altbau.«

Beaufort folgte seinem ungewöhnlichen Cicerone, dessen Coolness und schnodderiger Humor ihn amüsierten, durch Gänge und Türen zu einem altertümlichen Fahrstuhl, mit dem sie zwei Stockwerke hinauffuhren und in eine geräumige Halle gelangten. Die war voller gusseiserner Jugendstilregale, in denen Tausende alter Bücher standen. Beaufort erkundete den Raum mit Mike im Schlepptau. Große Fenster in der Außenfassade und zu einem Innenhof, der anscheinend selten betreten wurde, wie das wuchernde Unkraut vermuten ließ, brachten so viel Licht ins Magazin, dass die Scheiben teilweise mit Stores verhängt oder mit Pappkarton verklebt waren, um die Bücher vor Sonneneinstrahlung zu schützen.

»Ein schöner Raum ist das. Ich mag die historische Patina«, stellte Beaufort fest, »aber die Lichtschutzmaßnahmen hier kommen mir doch etwas provisorisch vor.«

»Das täuscht. Der Lichteintrag hier wird streng kontrolliert. Und drüben im Neubau, wo es ganz schön tief in die Erde runtergeht, liegen die Bücher in den Magazinen sogar komplett im Dunkeln.«

»Die möchte ich gleich noch anschauen. Verraten Sie mir zuerst, wer zu diesen Räumen hier alles Zugang hat?«

»In die Magazine dürfen nur wir Mitarbeiter der Bibliothek rein. Und auch nicht jeder überallhin. Bei uns gibt es eine richtige Schlüsselhierarchie. Studenten und Wissenschaftler, die an der UB Bücher ausleihen wollen, müssen zuerst in den Katalog schauen, einen Leihschein ausfüllen, den drüben an der Ausleihe abgeben und bis zum nächsten Tag warten, bis wir die Bücher in den Magazinen zusammengesucht haben. Alte, empfindliche oder teure Bücher dürfen nur im Lesesaal studiert werden. Die weniger wertvollen werden auch nach Hause ausgeliehen.« Er leierte die Erläuterungen herunter, als habe er das schon x-mal gemacht.

»Führen Sie manchmal Studenten, Mike?«

»Ja, aber nur drüben in der Ausleihe und den Lesesälen. Die Erstsemester sollen ja lernen, wie sie unsere Bibliothek benutzen können. In die Magazine kommt, wie gesagt, kein Besucher rein. Sie sind eine echte Ausnahme.«

Beaufort spürte Mikes Neugierde. »Zeigen Sie mir noch die Alarmanlage hier? Ich würde gern sehen, wie Sie gegen Einbruch geschützt sind.«

»Warum wollen Sie das eigentlich alles wissen?«, fragte der Student nun doch direkt.

»Ich berate eine Universität in Ostdeutschland, die eine neue Bibliothek bauen will. Deshalb reise ich gerade durch Bayern, um verschiedene Hochschulbibliotheken zu studieren«, log Beaufort.

Nach der Besichtigung der Alarmanlage führte Mike den Besucher hinab in die Keller, kontrollierte nebenbei noch einige Insektenfallen, ob sich darin womöglich gefräßige Käfer gefangen hatten, und durchschritt mit ihm den unterirdischen Verbindungsgang zwischen Altbau und Neubau. Der bestand aus rohen Betonwänden, war nicht allzu breit und wurde noch zusätzlich durch dicke Heizungsrohre am Boden und über ihren Köpfen sowie durch ein automatisches Förderband eingeengt, auf dem Bücherkisten zwischen den beiden Gebäuden transportiert wurden. Je tiefer sie unter die Erde stiegen, desto unwohler fühlte sich Beaufort. Schon bald hatte er die Orientierung verloren. Es war heiß und stickig, und ihm wurde auf einmal ganz flau im Magen.

»Geht's Ihnen nicht gut?«, fragte Mike besorgt. Sein Gast sah bleich aus und hatte Schweißperlen auf der Oberlippe.

»Können Sie mich schnell hier rausbringen?«, bat Beaufort mit gepresster Stimme. »Mir ist übel.«

Mike sperrte mit seinem Schlüsselbund eine Tür auf, die zu einem schmalen Treppenhaus führte. Schnell gingen sie zwei Stockwerke hinauf und gelangten in einen dunklen Vorraum, wo der Student eine schwere Metalltür mit einem grünen Notausgangschild aufstieß und Tageslicht hereinflutete. Beaufort wankte hinaus und blieb zwischen geparkten Autos stehen. Er befand sich auf dem Mitarbeiterparkplatz am Seitenflügel des Neubaus, stützte sich haltsuchend auf der Motorhaube eines alten Opels ab und atmete die frische Luft in tiefen Zügen ein.

»Geht's wieder?«, wollte Mike wissen, der zu ihm getreten war.

»Danke, schon besser. Ich habe den ganzen Tag über nichts gegessen und getrunken. Wahrscheinlich liegt es daran.«

»Gleich um die Ecke bei den Schließfächern ist ein kleines Café, vielleicht stärken Sie sich da. Und wenn Sie sich ein bisschen erholt haben, zeige ich Ihnen den Rest.«

Beaufort richtete sich wieder auf, atmete noch einmal tief durch und winkte ab. »Schönen Dank, Mike, aber mein Bedarf an Büchern ist für heute gedeckt. Vielleicht können wir die Tour ein andermal fortsetzen.«

»Wie lange bleiben Sie denn noch in Erlangen?«

»Wieso?«, fragte er erstaunt.

»Na, wegen Ihrer Reise durch die Bibliotheken.«

»Ach so, ja ... Ich habe keinen Zeitdruck. Ein paar Tage werde ich noch hier sein.« An seinem Ausflüchte- und Notlügenmanagement musste er wohl noch arbeiten.

*

Mit einem geschmeidigen Plopp löste sich der Korken aus der Flasche.

»Das gehört eindeutig zu meinen Lieblingsgeräuschen«, bekannte Anne und hielt Beaufort das Weinglas hin. Der goss ihr ein wenig Grünen Veltliner ein. Anne schnupperte, schlürfte, kaute und schluckte. »Mach voll«, sagte sie genießerisch, und Beaufort tat wie ihm geheißen, vergaß auch sein eigenes Glas nicht und stieß mit seiner Freundin an.

»So lobe ich mir meinen Feierabend«, seufzte Anne, lehnte sich entspannt zurück, um die Strahlen der Abendsonne besser auffangen zu können und legte ihre nackten Beine auf den Stuhl neben sich. Sie trug einen kurzen gelben Rock, ein orangefarbenes Top und hatte ihr langes dunkles Haar nachlässig hochgesteckt. Eine Frisur im landläufigen Sinne konnte man das nicht nennen – Beaufort hatte da so seine ganz peniblen Vorstellungen –, doch an Anne liebte er diese improvisierte Haartracht, bei der die Strähnen ein Eigenleben führten, in diverse Richtungen vom Kopf abstanden und dazu neigten, sich ganz aus dem Clip zu lösen. Auch nach anderthalb Jahren, und das war länger, als die meisten seiner Beziehungen davor gehalten hatten, befand sich Beaufort noch immer in dem Stadium, wo er beim bloßen Anblick der Geliebten in Verzauberung geraten konnte. Sie sah toll aus, war weder Hungerharke noch Vollweib *und* hatte diese besondere Ausstrahlung. Anne besaß eine ihn immer wieder betörende Sinnlichkeit und Genusslust. Am liebsten hätte er sie jeden Tag um sich gehabt.

»Wenn es dir auf meiner Dachterrasse so gut gefällt, warum ziehst du nicht endlich ganz zu mir?«

Anne reichte ihre Hand über den Tisch und legte sie zärtlich auf seine. »Weil ich meine kleine Wohnung nicht aufgeben will. Ich fühle mich wohl dort. Ich verbringe sowieso schon meine halbe Freizeit bei dir.« Es war nicht das erste Mal, dass Beaufort ihr diese Frage gestellt hatte.

»Aber dann könntest du deine ganze Freizeit mit mir zusammen sein. So viel hast du davon als rasende Reporterin ja nicht gerade zur Verfügung.«

»Ein bisschen Distanz hält die Liebe in Schwung«, schäkerte sie.

»Ich glaube nicht, dass du Angst haben musst, ich würde mich weniger um dich bemühen, wenn du erst mal hier wohnst. Ich würde dich jeden Tag verwöhnen«, versprach er im Brustton der Überzeugung.

Anne nahm noch einen Schluck Weißwein und sah ihm direkt in die blauen Augen. »Genau das ist es, was mir auch ein ganz klein wenig Angst macht. Ich brauche meine Freiheit, das weißt du doch.«

Durch das sanft-melancholische Trompetenspiel des alternden Chat Baker hindurch – auch auf seiner Terrasse hatte Beaufort ein ausgeklügeltes System an kaum sichtbaren Lautsprechern anbringen lassen – hörten sie das Klappern der Töpfe aus der Küche. Kurz darauf erschien Frau Seidl mit zwei dampfenden Tellern. Sie servierte mit Meerrettich, Lauch und Äpfeln gefüllte Rindsrouladen und Klöße.

Anne sog den verführerischen Duft ein. »Sieht ja nicht gerade nach einer Rohkostplatte aus«, sagte sie mit gespielter Strenge.

»Sie müssen auch mal was Gescheites essen, Frau Kamlin, wenn Sie so viel arbeiten«, verteidigte die Haushälterin das Abendessen.

»Ja, das gilt vielleicht für mich, aber nicht für diesen Faulpelz da, der den lieben langen Tag nur rumbummelt und kaum Kalorien verbrennt. Ich war heute vor der Arbeit schon schwimmen.« Anne ließ sich den ersten Happen genießerisch auf der Zunge zergehen.

»Immerhin war ich gestern Abend fechten«, verteidigte sich Beaufort und begann ebenfalls zu essen. »Köstlich«, murmelte er.

Frau Seidl strahlte übers ganze Gesicht. »Lassen Sie es sich nur schmecken. Das werde ich jetzt auch tun. Den Nachtisch finden Sie dann im Kühlschrank«, sprach sie und verschwand hinunter ins Erdgeschoss, wo sie ihre Wohnung hatte.

»Warum du ausgerechnet fechten musst für deine Fitness, ist mir ein Rätsel. Das ist so ein Angebersport. Kannst du nicht einfach joggen oder Rad fahren wie normale Leute? Oder von mir aus Tennis spielen, wenn du es ein wenig elitärer haben willst?«

»Zwar soll einer meiner Vorfahren, der Duc de Beaufort, das Tennisspiel sogar miterfunden haben, aber ich fechte nun mal lieber. Das ist übrigens anstrengender als Tennis. Für eine Sportreporterin hast du ganz schön Vorurteile. Und joggen find ich fad. Da passiert ja nichts. Ich hab halt gern Spiel und Spannung, wenn ich mich sportlich betätige.«

»Ich bin ja schon froh, dass du überhaupt was machst. Und der etwas flachere Bauch steht dir prächtig.« Sie kaute ein Stückchen Kloß, der genau die richtige Konsistenz hatte. »Morgen gibt's aber wieder Salat, ja?«

»Meinetwegen. Was ich dir aber noch in puncto Arbeit sagen wollte«, nahm Beaufort den Gesprächsfaden von eben wieder auf. »Ich habe nicht herumgebummelt, wie du meine kontemplative Existenz zu nennen pflegst, ich war heute den ganzen Tag in Erlangen beschäftigt.«

»Und was hast du da getan? Die Antiquariate und Buchläden durchstreift?«

»Was sind wir heute wieder spöttisch.« Beaufort zog eine Augenbraue hoch. »Ich habe kein einziges Buch gekauft, sondern war wirklich fleißig. Obwohl meine Mission tatsächlich mit Büchern zu tun hat.«

Dann erzählte er Anne in aller Ausführlichkeit, was er seit gestern Abend erlebt hatte. Nur seinen kleinen Schwächeanfall, den verschwieg er, damit sie sich keine Sorgen um ihn machte.

»Klingt aufregend«, sagte sie schließlich und legte ihr Besteck auf den leeren Teller. »Schade nur, dass ich darüber nicht im Bayerischen Rundfunk berichten darf. Das gäbe eine gute Story. Morgen Nachmittag moderiere ich ja wieder die Regionalnachrichten auf Bayern 1.«

»Untersteh dich«, drohte er.

»Da hättest du dir halt keine Journalistin anlachen dürfen«, sagte sie keck. »Aber Spaß beiseite. Hast du dich mit dieser Aufgabe nicht ein bisschen übernommen? Du kennst dich doch überhaupt nicht aus mit Spurensicherung und dem ganzen ermittlungstechnischen Kram.«

»Das stimmt schon«, gab er zu, »aber ich wollte einfach meinen alten Doktorvater nicht hängen lassen. Außerdem glaube ich nicht, dass Fingerabdrücke und solche Sachen hier groß weiterhelfen. Die Bücher sind ja schließlich nicht mehr da. Und ich habe nirgendwo Zeichen von Gewalteinwirkung entdecken können. Kein aufgebrochenes Schloss. Nichts.«

»Zumindest verstehst du von Büchern eindeutig mehr als die Polizei. Was hast du vor, um den Dieb aufzuspüren?«

Beaufort nahm die Flasche aus dem Kühler und goss Wein nach. »Lassen wir das *Wie* mal beiseite und fragen uns nach dem *Warum*. Warum nimmt jemand das Risiko auf sich und stiehlt Bücher aus diesem Hochsicherheitstrakt von Bibliothek?«

»Weil sie wertvoll sind und er sie zu Geld machen kann. Oder weil er so ein verrückter Buchsammler ist wie du«, kam Annes lässige Antwort.

»Ich habe in meinem ganzen Leben noch kein Buch gestohlen. Aber im Grunde bist du auf der richtigen Fährte, denke ich. Entweder ist es ein manischer Sammler, der vor keinem Diebstahl zurückschreckt, oder es ist einer, der die Bücher und Grafiken für jemand anderen stiehlt, der seinerseits ein Sammler sein muss. Warum sonst bräuchte er ein völlig veraltetes Chirurgielehrbuch oder eine vergilbte Kafka-Erstausgabe, wo er sich doch aktuellere Editionen in jedem Buchladen kaufen könnte?«

»Damit landen wir also in beiden Fällen bei einem kriminellen Liebhaber alter Bücher«, stellte die Journalistin fest.

»So ist es. Und in diesen Kreisen kenne ich mich als Vorsitzender der Fränkischen Bibliophilen ja ziemlich gut aus. Die meisten Buchsammler hier in der Gegend sind mir schon über den Weg gelaufen. Ich werde mich mal bei Freunden und Bekannten aus dem bibliophilen Umfeld erkundigen, ob sie gehört haben, dass jemand bestimmte rare Bücher sucht oder damit prahlt, seltene Neuerwerbungen gemacht zu haben.«

»Kein schlechter Plan, aber der dürfte ein paar Tage in Anspruch nehmen. Wir sollten auch das *Wie* nicht vernachlässigen, finde ich.«

»Wir?«, fragte Beaufort süffisant. »Du machst also mit bei den Recherchen?«

»Du weißt doch, dass mir so etwas auch Spaß macht. Außerdem soll man seine Lieben unterstützen, wo immer man kann. Und besser, du hast eine sinnvolle Aufgabe, als dass du dich wie ein reicher Bonvivant nur so durch den Tag treiben lässt.« Anne schob den Spaghettiträger ihres Tops hoch, der von ihrer Schulter gerutscht war.

»Ich bin ein reicher Bonvivant«, stellte er sachlich fest.

Sie verfolgte ihren Gedanken weiter. »Beim *Wie* gibt es übrigens auch nur zwei Möglichkeiten: Entweder kam jemand von draußen oder von drinnen.«

»Genau. Und ich neige zu der Ansicht, dass es ein Mitarbeiter oder ein Benutzer war. Die Alarmanlage machte einen sicheren Eindruck auf mich. Außerdem glaube ich kaum, dass es jemand wagt, mitten in der Erlanger Innenstadt eine Leiter an die UB zu stellen, um durch ein Fenster in den zweiten Stock einzubrechen, das auch noch elektronisch gesichert ist.«

»Fragt sich nur, wer vom Personal es sein könnte. Am besten lässt du dir eine Aufstellung aller Mitarbeiter und ihrer Dienstzeiten geben. Da muss natürlich auch draufstehen, welche Mitarbeiter welche Schlüssel haben und in welche Magazine dürfen. Damit lässt sich der Kreis der Verdächtigen schon mal einengen.« Anne schaute in das abwesende Gesicht ihres Freundes. »Frank, hörst du mir überhaupt zu?«

»Klar höre ich dir zu«, beteuerte er. »Das habe ich sowieso vorgehabt.« Er schaute sie grübelnd an. »Ich musste bloß gerade an diesen Schweizer denken, von dem ich dir erzählt habe. Der war über den Diebstahl der Dürer-Grafik überhaupt nicht erstaunt und hat einen rätselhaften Satz geäußert, der mir nicht aus dem Kopf geht. Er sagte, dass in den Uni-Sammlungen etwas Geheimnisvolles geschieht. Was er genau damit meinte, hat er mir nicht mitgeteilt. Und dann kam auch schon diese spröde Krüger-Fernandez herein, die wirklich Haare auf den Zähnen hat, und komplimentierte ihn hinaus. Ich werde das Gefühl nicht los, dass er etwas über die Vorgänge in der Bibliothek weiß.«

»Dann ruf an und frag ihn.«

»Ich habe Schifferlis Nummer nicht. Die muss ich mir erst von Harsdörffer holen.«

»Die lässt sich auch so schnell rauskriegen.« Schon zog Anne ihren Laptop aus der Tasche zu ihren Füßen, klappte ihn auf, steckte den Surfstick rein, fand schnell ein Netz und googelte Schifferlis Namen in Kombination mit der Universität Erlangen. »Na bitte, da haben wir ihn schon. Er ist als Assistent am Historischen Institut aufgeführt. Mit Büroanschluss und Mailadresse. Um diese Zeit wird er nicht mehr in der Uni sein. Schreib ihm doch einfach eine E-Mail.« Sie schob ihm den Computer über den Tisch, räumte die Teller zusammen und verschwand damit in der Wohnung.

Beaufort rief sein Postfach auf und schickte Schifferli ein paar Zeilen, in denen er ihn fragte, was er mit seinem geheimnisvollen Satz heute Mittag im Lesesaal genau gemeint hatte. Dann leerte er sein Glas, hörte am Klappern des Porzellans, dass Anne in der Küche gerade die Geschirrspülmaschine einräumte, und ließ seinen Blick über die Dächer der Altstadt schweifen, wo jetzt in der Dämmerung langsam die Lichter angingen. Ein leises Pling aus dem Laptop zeigte ihm an, dass er Post bekommen hatte. Sie war von dem Schweizer. Das ging ja schnell, wunderte sich Beaufort, aber wahrscheinlich arbeitete der Kurator noch an seiner Ausstellung. Er öffnete die Nachricht und las.

> – Lieber Herr Beaufort, um Ihnen die Wahrheit zu sagen: Ich habe etwas in den Sammlungen entdeckt, das die Reputation zweier Akademiker hier erheblich beschädigen würde. Mit besten Grüßen, Tom Schifferli.

Sofort mailte Beaufort zurück.

> – Was ist es? Und was wissen Sie über die Bücherdiebstähle?

Postwendend kam Schifferlis Antwort.

> – Bücherdiebstähle? Nicht bloß eine Dürer-Grafik? Wenn Sie mir mehr darüber erzählen, verrate ich Ihnen

mein Geheimnis. Ich überlege ohnehin, was ich damit anfangen soll.

– SEHR GERN. Schießen Sie los.

Rasch gingen die E-Mails hin und her.

– Auf keinen Fall am Dienstcomputer! Man weiß ja nie. Außerdem ist es eine zu lange Geschichte, um sie aufzuschreiben. Wir sollten uns treffen. Doch bis zur Ausstellungseröffnung habe ich keine freie Minute mehr. Passt es Ihnen in zwei Wochen?

– Viel zu spät! Wann haben Sie morgen Ihren ersten Termin?

– Um halb neun in meinem Büro. Wieso?

– Gut. Dann komme ich um halb acht zu Ihnen.

– Sie sind hartnäckig.

– Ja, bin ich.

– Also gut. Kommen Sie um 7.30 Uhr in mein Büro. Kochstr. 4, 3. Stock, Zimmer 318.

– Danke! Bis morgen früh dann.

– ☺

Beaufort reckte die Faust in den Sommernachtshimmel und entlud seine Anspannung mit einem begeisterten »Ja!«. Doch wurde dieser Freudenruf an Phonstärke noch weit übertroffen von dem Schrei, den Anne gleichzeitig in der Küche ausstieß. Besorgt eilte Beaufort zu ihr. Sie stand vor der offenen Kühlschranktür und schaute fassungslos auf einen Traum von Torte mit viel Sahne und Schokolade.

»Das ist nicht dein Ernst! Kaum hast du ein paar Kilos abgenommen, meinst du, dass du dir schon wieder Sahnetorte reinziehen kannst.«

»Es ist Kirschtorte«, verbesserte er. »Frau Seidl wollte uns eine Freude machen und war einfach nicht davon abzubringen. Sie sagt, die Torte ist ganz leicht.«

»Das, mein Lieber, ist eine Kalorienbombe! Da ist bestimmt ein Kilo Sahne drin. Wenn du davon ein Stück isst, musst du mindestens eine Stunde joggen«, sagte Anne schon deutlich milder.

»Echt? Ich dachte, weil da Obst drin ist, kann's so schlimm nicht sein.« Er setzte seinen zerknirschten Dackelblick auf, und Anne musste lächeln, wenn auch noch leicht skeptisch. »Außerdem gibt es Alternativen, was die sportliche Betätigung anbelangt. Ich hätte da schon eine Idee, wie wir die Kalorien gemeinsam verbrennen könnten«, wagte er sich vor.

Anne trat ganz nah an ihn heran, sodass sich ihre Körper berührten. »Frank Beaufort, du bist ein Filou«, sagte sie mit dieser rauchigen Altstimme, die nur besonders intimen Momenten vorbehalten war, »ein ausgesprochen süßer zwar, aber ein Filou.«

Und dann steckte sie ihren Finger in die Sahnetorte und leckte ihn genüsslich ab.

*

»*Wie kommen Sie in der Sache voran?*«

»*Leider bin ich noch nicht sehr weit.*«

»*Ist Ihnen die Gefährlichkeit Ihrer Situation überhaupt bewusst?*«

»*Sicher. Aber ich habe auch noch andere Verpflichtungen.*«

»*Wir haben Ihnen den Namen der Wühlmaus mitgeteilt. Jetzt müssen Sie handeln. Das hat oberste Priorität.*«

»*Ich führe ein ganz anderes Leben heute. Und Sie kommen nach über zwanzig Jahren wie aus heiterem Himmel ...*«

»*Was denken Sie, worauf Sie sich damals eingelassen haben? Wir sind kein Verein, aus dem man so einfach austreten kann.*«

»*Ich dachte, der Verein hat sich aufgelöst.*«

»*Schluss mit der Diskussion. Holen Sie die Akte zurück und vernichten Sie sie. Wir erwarten Nachricht binnen 48 Stunden.*«

»*Und die Wühlmaus?*«

»*Die bringen Sie zum Schweigen. Ende.*«

3. Attaque – Donnerstag, 14. Juli

Erbost stieg Frank Beaufort in der Erlanger Kochstraße aus dem Taxi. Es hatte in dem Wagen so widerlich nach kaltem Rauch gestunken, dass ihm davon beinahe schlecht geworden war. Auf der Fahrt hatte er versucht, sich abzulenken, indem er an die letzte Nacht dachte, doch der Duft von Annes Haut ließ sich in diesem Mief nicht wirklich ins Gedächtnis zurückrufen. Selbst das Grübeln über das Kirschtorten-Paradoxon (Warum schmeckt Kirschtorte besser als Kirschen, obwohl doch die Kirschen das Beste an der Kirschtorte sind?) hatte nichts gebracht. Beaufort sog die frische Morgenluft tief ein. Wenigstens war durch diesen Ärger seine Müdigkeit wie weggeblasen. Normalerweise würde er zu dieser Stunde noch selig schlummern, aber den frühen Termin hatte er sich ja selbst zuzuschreiben.

Geradewegs vor ihm, etwa zwanzig Meter zurückgesetzt von der Straße, erhob sich das sechs Stockwerke hohe, hellbeige verputzte Philosophische Seminargebäude, in dem zwar keine Philosophen saßen, wohl aber Soziologen, Politologen, Historiker, Klassische Philologen, Geografen und Archäologen ihre Institute hatten, oder wie auch immer das heute genannt wurde. Seit Beauforts Studienzeiten hatte sich an der Hochschule begrifflich einiges verändert. Fakultäten und Fachbereiche hießen jetzt neudeutsch Departements, aus dem Magisterstudium waren Bachelor- und Master-Studiengänge geworden, und selbst der Rektor betitelte sich nun als Universitätspräsident. Immerhin sah Beaufort es als gutes Omen an, dass sich gleich rechts neben dem Ziel seines Besuches das Gebäude der Theologen und gleich links der Winkelbau der Juristischen Fakultät mit ihren jeweiligen Bibliotheken befanden. Auch wenn man es aus ethischen Gründen nicht erwarten würde, galten gerade Theologie- und Jurastudenten als die größten Bücherdiebe an Hochschulen. Möglicherweise hatte Schifferli ja in diesem Umfeld Entdeckungen gemacht, die ihm bei der Aufklärung seines Falles weiterhelfen konnten. Er ging den überdachten, mit Waschbetonplatten gepflasterten Gang zum Seminargebäude entlang, an dessen Seitengitter erst ein einziges Fahrrad angekettet war. Auch die Cafeteria in dem kleinen Flachdachbau zu seiner Rechten war noch völlig leer. So früh am Morgen begannen die Studenten der Philosophischen Fakultät noch nicht mit ihren Seminaren. Wenigstens das war seit seinen Studientagen gleich geblieben. Als Beaufort die Stufen zum Eingang hochstieg – das Erdgeschoss befand sich im Hochparterre – bemerkte er einen Krankenwagen und eine Polizeistreife auf dem noch fast leeren Dozentenparkplatz am Ende des Gebäudes. Doch da er schon ein paar Minuten über der vereinbarten Zeit war, unterdrückte er den Impuls der Neugierde und betrat das Haus.

Nachdem er die doppelte Glastür durchschritten hatte, befand er sich in der Lobby mit dem zentralen Treppenhaus. Dem Bau aus den Sechzigerjahren sah man die Benutzung durch mehrere Studentengenerationen deutlich an. Der gemusterte Linoleumboden war abgewetzt, die Türen und Treppengeländer verkratzt und abgestoßen, und auch die abgeblätterten Holzfenster brauchten dringend einen neuen Anstrich. Beaufort fuhr mit dem Fahrstuhl in die dritte Etage und betrat den langen menschenleeren Gang, in dem das Seminar für Mittlere und Neuere Geschichte untergebracht war. Er ging an Bürotüren, aufgereihten Stühlen, Metallspinden und Schwarzen Brettern vorbei, bis er das Zimmer mit der Nummer 318 erreichte. An der Tür klebte ein Zitat von Hugo Loetscher: *Wenn der liebe Gott ein perfektionistischer Schweizer gewesen wäre, würde er heute noch auf den richtigen Moment warten, um die Welt zu erschaffen.* Beaufort schmunzelte. Das traf den schweizerischen Nationalcharakter auf den Punkt. Ob das Schifferli selbst oder ein Kollege dort befestigt hatte, würde er ihn gleich mal fragen. Er klopfte kurz und trat ein.

Vor dem offenen Fenster standen ein Polizist in Uniform und eine grauhaarige Frau mit verweinten Augen und sahen ihn fragend an.

Beaufort stutzte. Er hatte sich doch nicht in der Tür geirrt?

»Guten Morgen. Bin ich hier richtig? Ich habe einen Termin mit Dr. Schifferli. Können Sie mir vielleicht sagen, wo ich ihn finden kann?«

»Dort unten«, sagte die Frau mit tränenerstickter Stimme, wies mit ihrer Hand aus dem Fenster und begann zu schluchzen.

»Das ist doch nicht möglich«, entgegnete Beaufort erschüttert und eilte ans Fensterbrett.

»Einen Moment«, ertönte die Stimme des Polizeibeamten. Doch Beaufort konnte nicht widerstehen und sah hinaus. Direkt unter ihm in etwa zwölf Metern Tiefe lag auf den Betonfliesen des Innenhofes eine grotesk verrenkte, leblose Gestalt. Er erkannte den dunklen Haarschopf und die Kleidung Tom Schifferlis wieder. Ein Sanitäter und ein Polizist breiteten eine goldschimmernde Plane über den Toten.

In diesem Moment legte sich eine Hand auf Beauforts Schulter und zog ihn energisch zurück. »Ihre Papiere, bitte«, sagte der noch recht junge Beamte streng, »und fassen Sie hier ja nichts an.«

Beaufort hob entschuldigend die Hände und setzte eine betretene Miene auf. Dann zog er seine Brieftasche aus dem Sakko und reichte dem Mann seinen Personalausweis. »Wie ist das passiert?«, fragte er, während der Beamte das Dokument prüfte.

»Er ist aus dem Fenster gesprungen. Ich hab ihn entdeckt, als ich ins Büro gekommen bin«, antwortete die Frau automatisch, als sei sie angesprochen worden. Die Arme stand sichtlich unter Schock. Beaufort hielt sie für eine Sekretärin hier am Institut. Er selbst war viel zu sehr damit beschäftigt, sich dieses Zimmer in allen Einzelheiten einzuprägen, um wirklich fassungslos zu sein.

Der Raum war nicht sehr groß, etwa vier mal vier Meter. Die braunen Holzmöbel hatten schon einige Jahrzehnte auf dem Buckel. Neben der Bürotür befand sich ein hohes Bücherregal, in dem zahlreiche Fachbücher standen und Papierstapel aufgeschichtet waren. An der rechten Wand stand ein halbhoher Aktenschrank, auf dem sich eine Kaffeemaschine, einige Leitzordner, eine Gießkanne und eine Grünpflanze den Platz teilten. Dort hingen auch zwei Poster. Eines zeigte ein schneebedecktes Alpenpanorama mit Eiger, Mönch und Jungfrau, das andere war das Plakat zur Ausstellung, an der Schifferli gearbeitet hatte. Darauf war ein ausgestopfter Gorilla abgebildet, der griesgrämig aus einem großen Pappkarton hervorlugte. Darüber prangte in großen roten Lettern: *Ausgepackt. Die Sammlungen der Universität Erlangen-Nürnberg.* An der gegenüberliegenden Wand befand sich der Schreibtisch des Wissenschaftlers, der ziemlich vollgestellt war. Neben der technischen Grundausstattung aus Rechner, Computerbildschirm, Tastatur, Drucker und Festnetztelefon lagen dort jede Menge Akten, aber offensichtlich auch einige Ausstellungsstücke. Beaufort erkannte einen zerklüfteten grauen Gesteinsbrocken, ein großes Standglas mit Deckel, in dem sich eine dickliche schwarze Flüssigkeit befand, mehrere alte Bücher, darunter ein besonders dickes in hellbraunem Leder, und ein paar unscheinbare getrocknete Pflanzen, die auf mehreren Bögen Büttenpapier fixiert waren. Ganz am Rand lag eines dieser modernen flachen Mobiltelefone, die seit einiger Zeit neu auf dem Markt waren. Ein Notizbuch oder einen Terminplaner konnte er nirgends entdecken. Neben dem Schreibtisch am Boden standen ein paar Sportschuhe.

»Was sind Sie von Beruf, Herr Dr. Beaufort?«

»Privatier.«

»Aha.« Der junge Polizist ließ nicht erkennen, ob er verstanden hatte, dass sein Gegenüber keinen Beruf ausübte, oder ob er den Begriff für eine akademische Tätigkeit hielt, und reichte ihm den Ausweis zurück. »Und Sie hatten einen Termin mit Dr. Schifferli? Was wollten Sie von ihm?«

»Nun ... er hat mich in meiner Eigenschaft als Vorsitzender der Fränkischen Bibliophilen darum gebeten, ein paar alte Bücher zu prüfen, die er für Raubdrucke hält«, flunkerte er. »Herr Schifferli bereitet nämlich gerade eine Ausstellung vor. Oder besser gesagt: hat sie vorbereitet. Es fällt mir schwer zu begreifen, dass er tot ist. Denken Sie wirklich, er hat sich umgebracht?«

»Dazu kann ich Ihnen keine Auskunft geben.«

»Aber er hat doch einen Abschiedsbrief hinterlassen! Hier liegt er. In seinem Drucker«, rief die Frau und zog ein Blatt Papier heraus.

Beaufort sah, dass darauf einige wenige Sätze standen. Signiert war der Brief nicht, soweit er das erkennen konnte.

»Nichts anfassen!«, donnerte der Polizist, der langsam die Fassung verlor. »Legen Sie das sofort wieder hin!«

In diesem Moment stürzte eine aufgeregte Frau ins Büro. Beim Anblick des Polizisten in Uniform fuhr sie sich nervös durch ihr schulterlanges, braunes Haar. »Oh, mein Gott!«, rief sie, »es ist also wirklich wahr. Das kann einfach nicht sein. Ich habe doch gestern Abend noch mit Tom telefoniert.«

»Sind Sie seine Frau oder seine Freundin?«, wollte der Polizist wissen.

»Ich bin Charlotte Neudecker, seine Kollegin. Wir organisieren diese Ausstellung da zusammen.« Sie deutete auf das Plakat mit dem Gorilla. »Ich weiß gar nicht, wie ich das jetzt alles allein schaffen soll. Das kann doch nur ein Unfall gewesen sein. Alles andere ergibt keinen Sinn.«

»Er ist gesprungen, Charlotte. Hier ist sein Brief.« Die grauhaarige Frau, die das Blatt aus dem Drucker noch immer in der Hand hielt, reichte es der Kuratorin.

»Jetzt langt es aber endgültig«, schimpfte der Polizist. »Niemand fasst hier irgendetwas an. Sofort weglegen! Sie gehen jetzt alle nach draußen und warten dort, bis wir Ihre Aussagen aufgenommen haben. Ist das klar?«

Es gab einen kleinen Aufruhr, weil die Ausstellungsmacherin dringend wichtige Unterlagen aus Schifferlis Büro brauchte und nicht eher gehen wollte, bis sie die bekommen hatte. Aber schließlich wurde der Beamte wieder Herr der Lage, indem er die Frauen einfach zur Tür hinausschob. Beaufort, der der Szene wortlos zugeschaut hatte, bummelte hinterher.

Im Institutsflur mussten die drei auf den Besucherstühlen an der Wand Platz nehmen, bis sie aufgerufen würden. Dem kurzen Gespräch der beiden Frauen entnahm Beaufort, dass die Grauhaarige tatsächlich eine Sekretärin hier am Institut war, den Toten bei Dienstantritt entdeckt und nicht nur Notdienst und Polizei, sondern auch Frau Neudecker angerufen hatte, woraufhin diese sogleich hergeeilt war. Als zwei weitere Streifenpolizisten und ein Beamter in Zivil eintrafen, wurde zuerst die Sekretärin zur Aussage in einen freien Seminarraum gebeten.

»Und wer sind Sie?«, wandte sich die Kuratorin an ihn.

»Mein Name ist Beaufort, Frank Beaufort.«

»Der ist mir bekannt.«

»Vermutlich aus der Zeitung«, reagierte er geschmeichelt. »Ich war nicht unwesentlich an der Aufklärung eines Serienmordes auf dem Nürnberger Reichsparteitagsgelände beteiligt.«

»Ach, Sie waren das? Nein, daher kenne ich den Namen nicht. Aber ein Johann Christoph Beaufort war hier vor Urzeiten mal der Leiter der Markgräflichen Wunderkammer. Also gewissermaßen ein Vorgänger von Tom und mir.«

»Jean Christophe Beaufort war tatsächlich einer meiner Vorfahren im 18. Jahrhundert«, bestätigte er leicht desillusioniert. »Ich fürchte, er war es sogar, der für das Sammelgen in unserem Stammbaum verantwortlich ist. Praktisch jeder meiner Vorfahren hat seitdem irgendeine Sammlung angelegt, von chinesischem Porzellan über impressionistische Kunst bis hin zu alten Rotweinen. Ich sammle übrigens Bücher.«

»Und was hatten Sie in Toms Büro zu suchen?«

»Ich hatte einen Termin mit Herrn Schifferli.«

»Was? Jetzt? Wo er überhaupt keine freie Zeit hat. Selbst für mich ist er manchmal nicht zu erreichen. Am Montag zum Beispiel war er den ganzen Tag über wie verschollen.« Die Kuratorin blickte ihn skeptisch an. »Darf ich fragen, was Sie von ihm wollten?«

»Oder er von mir«, antwortete er, um Zeit zu gewinnen. Die besten Lügen waren die, die sich nahe der Wahrheit bewegten, das wusste er nicht zuletzt aus der *Odyssee*. »Ich war gestern Mittag zufällig dabei, wie Dr. Schifferli die Ausstellungsstücke in der Handschriftenabteilung ausgewählt hat – Professor Harsdörffer war mein Doktorvater und ist mittlerweile ein guter Freund, müssen Sie wissen. Dabei kam ich mit Ihrem Kollegen etwas intensiver ins Gespräch. Er sagte mir, dass in den Sammlungen der Universität etwas Merkwürdiges vor sich gehe. Und genau darüber wollte er mit mir heute Morgen sprechen. Doch jetzt ist er tot. Glauben Sie, dass er Selbstmord begangen hat?«

»Das kann ich mir nicht vorstellen. Ich habe fast zwei Jahre sehr eng mit ihm zusammengearbeitet. Er war zwar ein Einzelgänger und deshalb nicht gerade der allerbeste Teamplayer, aber immer absolut zuverlässig. Manchmal sogar zu perfektionistisch. Wenn ich für die Ausstellung Nägel mit Köpfen machen wollte, hatte er immer noch Einwände, wollte prüfen und abwägen. Es ist überhaupt nicht seine Art, mich einfach so hängen zu lassen, jetzt, wo am meisten zu tun ist.«

»Könnte ihn vielleicht gerade dieser Stress zu einer Kurzschlussreaktion veranlasst haben?«

Neudecker überlegte. »In der Endphase einer Ausstellung ist die Hektik schon enorm groß. Da wissen Sie oft nicht mehr, wo Ihnen der Kopf steht. Und zum Schlafen kommen Sie auch kaum noch. Aber Tom konnte mit diesem Druck gut umgehen.

Sein Rezept dagegen war das Joggen. Das hat er täglich durchgezogen. Es muss ein Unglücksfall gewesen sein.«

»Und wie erklären Sie sich dann den Abschiedsbrief? Sie haben ihn doch eben gelesen. Was stand denn drin?«

»Ein paar allgemeine Phrasen. *Ich kann nicht mehr. Seid mir nicht böse.* So was in der Art. Den hätte wirklich jeder schreiben können.«

Beaufort schaute die Ausstellungsmacherin aufmerksam an, damit ihm keine Regung entging. »Dann bleibt für mich nur noch eine Möglichkeit übrig«, sagte er leise.

Neudeckers Kiefermuskel zuckte unaufhörlich unterhalb des Ohres. »Sie meinen, jemand muss ihn gestoßen haben?«, flüsterte sie erregt.

»Wenn er nicht selbst gesprungen ist, dann ja. Möglicherweise hat es etwas mit den Vorkommnissen in den Sammlungen zu tun, die er entdeckt haben will. Wissen Sie etwas darüber?«

»Nein, mir hat er nichts verraten. Ich habe Ihnen ja gesagt, dass er ein wenig grüblerisch und eigensinnig war. Typisch Historiker halt. Der fühlte sich am wohlsten in Bergen von Dokumenten und inmitten von Objekten.«

»Haben Sie irgendeine Vorstellung, was Schifferli entdeckt haben könnte?«

Sie schüttelte den Kopf. »Nein. Nicht die geringste.«

»Ist Ihnen sonst etwas aufgefallen?«

Wieder kam ihr »Nein« wie aus der Pistole geschossen.

»Haben Sie etwas über Diebstähle aus den Sammlungen gehört?«

»Auch nicht. Wieso? Ist etwas weggekommen?«

»Das ist nur eine Vermutung. Ich überlege eben, was Ihr Kollege entdeckt haben könnte. Es scheint ja etwas so Wichtiges gewesen zu sein, dass er dafür sterben musste.«

Weiter konnten sie nicht sprechen, da jetzt Beaufort in den Seminarraum gerufen wurde. Ein älterer Zivilbeamter in grauer Bundfaltenhose, sandfarbenem Hemd, hellbrauner Strickkrawatte und mit ausgeprägter Tonsur, die er durch mehr oder weniger geschicktes Haare-über-die-Glatze-Kämmen zu kaschieren versuchte, stellte sich als Hauptkommissar Schnappauf vor und nahm die Aussage auf. Beaufort, nach dem Gespräch mit Charlotte Neudecker davon überzeugt, dass Schifferli ermordet worden war, verschwieg zwar auch dem Kommissar gegenüber die Bücherdiebstähle, blieb aber ansonsten bei der Wahrheit. Er gab in etwa dasselbe zu Protokoll, was er gerade der Kuratorin erzählt hatte, und beendete die Aussage mit seinem Verdacht.

Schnappauf grinste ihn breit an. »Kann es sein, dass Sie zu viel *Tatort* im Fernsehen schauen?«

Das war nicht gerade die Reaktion, mit der Beaufort gerechnet hatte. »Heißt das, Sie glauben mir nicht? Auch nach Frau Neudeckers Einschätzung kann es unmöglich ein Suizid gewesen sein.«

»So, haben Sie mit Ihren Fantastereien also schon meine Zeugen aufgemischt? Na, der Tag fängt ja gut an.« Das Grinsen war von seinem Gesicht verschwunden. »Wenn ich das richtig verstanden habe, haben Sie Herrn Schifferli erst gestern kennengelernt?«

»Ja, in der Handschriftenabteilung. Das habe ich Ihnen doch schon gesagt.«

Schnappauf beugte sich vor. »Nehmen wir mal an – und es fällt mir sehr schwer, diese unwahrscheinliche Hypothese überhaupt zu denken –, dass Herr Schifferli in den Verliesen dieser Universität tatsächlich ein dunkles Geheimnis entdeckt hat.« Der Kommissar raunte ihm die letzten Worte höhnisch zu. »Warum sollte er ausgerechnet Ihnen, einem Wildfremden, dieses Wissen offenbaren?«

»Weil wir uns sympathisch waren? Weil uns eine Schweizer Vergangenheit verband? Weil ich schon mit der Aufklärung von Verbrechen zu tun hatte? Woher soll ich das wissen?«

Beaufort schwoll langsam der Kamm. Er war es nicht gewohnt, verspottet zu werden, schon gar nicht von einem lächerlichen Strickkrawattenträger.

»Und genau da liegt das Problem. Bloß, weil Sie schon einmal in einen Mordfall verwickelt waren ...«

»Zweimal!«, unterbrach er den Kommissar.

»Von mir aus auch zweimal. Nur, weil Sie zufällig in mehr als einen Mordfall verwickelt waren, muss nicht gleich jeder Todesfall in Ihrem Umfeld Mord sein. Da schießt doch Ihre Fantasie wild ins Kraut. Und das habe ich jetzt noch sehr höflich formuliert.« Er lehnte sich selbstzufrieden im Stuhl zurück.

Beauforts Augen blitzten wütend auf. Da machte ihm dieser Schnappauf doch tatsächlich klar, dass er ihn für einen überspannten Spinner hielt, und fuhr dabei auch noch rhetorische Punktsiege ein. Er versuchte dennoch, ruhig zu bleiben. »Ich werde das Gefühl nicht los, für Sie steht schon jetzt definitiv fest, dass es sich bei diesem Todesfall um einen Selbstmord handelt. Was macht Sie da so sicher?«

Schnappauf trommelte mit den Fingern laut auf die Schreibtischplatte. Auch er hatte sichtlich Mühe, Ruhe zu bewahren. »Ich werde mit Ihnen ganz bestimmt keine Ermittlungsansätze diskutieren. Und ich lasse mir hier auch nichts von Ihnen unterstellen.« Der Kommissar erhob sich und fuhr mit höflich-ironischem Ton fort: »Vielen Dank für Ihre wertvollen Hinweise.«

Das war ein eiskalter Rauswurf. Beaufort stand auf und schritt, so würdevoll es ging, zur Tür. Dort drehte er sich noch einmal um. »Viel Erfolg bei Ihren Ermittlungen wünsche ich Ihnen noch. Am Ende werde ich ja doch recht behalten.«

Schnappaufs gebrülltes »Raus!« war noch durch die sich schließende Tür hindurch zu hören.

Dem Gesichtsfeld des Kommissars entkommen, ließ Franks Contenance rapide nach. Er nickte der Kuratorin schmallippig zu, stapfte wütend den Gang entlang und marschierte die drei Stockwerke hinunter. Er riss die Türen auf und steuerte schnurstracks die Cafeteria an. Nachdem er dort sein inneres Gleichgewicht durch einen gar nicht mal so üblen Schokoladenkuchen mit Schlagsahne halbwegs wiederhergestellt hatte, überlegte er sich einen Schlachtplan. Diesem aufgeblasenen Ignoranten würde er es zeigen. Wenn Tom Schifferli wegen etwas getötet worden war, das er in den Sammlungen entdeckt hatte, musste Beaufort sich unbedingt an die Neudecker hängen. Die wusste am allerbesten über ihren Kollegen und seine Arbeit dort Bescheid. Aber noch einmal hochgehen und Schnappauf über den Weg laufen wollte Beaufort auf keinen Fall. Und da er nicht wusste, welches Treppenhaus und welchen Ausgang sie aus dem Gebäude nehmen würde, entschied er sich dafür, bei der Absturzstelle zu warten. Vielleicht ging die Kuratorin dort noch einmal vorbei, ehe sie sich wieder an ihre Arbeit machte.

Im Innenhof, der von den Hochhäusern der Philosophischen Fakultät und dem Audimax flankiert wurde, transportierte man gerade Schifferlis Leiche ab. Zwei Bestatter trugen einen geschlossenen Plastiksarg an Beaufort vorbei zu dem dunkelgrauen Leichenwagen, der in der Feuerwehreinfahrt hielt. Auch die Polizei zog gerade ab. Schaulustige waren kaum zu sehen. Der Hof hatte nur einen Zugang, keinen Durchgangsverkehr also, und war auch nicht für einen längeren Aufenthalt angelegt. Es gab kaum Bänke oder sonstige Sitzgelegenheiten, nur ein paar Sträucher und viel Beton. Beaufort trat an das kleine Areal heran, das um die Absturzstelle herum mit rotweißem Plastikband abgesperrt worden war. Wie er es aus den Fernsehkrimis kannte, waren die Körperumrisse des Toten mit Kreide auf den Boden gemalt worden. Schwarzes Blut klebte auf den Steinplatten, es war komplett getrocknet. Sofern nicht die Hitze dafür verantwortlich war, musste Schifferli schon länger dort gelegen haben. Vielleicht hatte sich der tödliche Sturz bereits am späten Abend oder in der Nacht und nicht erst heute Morgen ereignet.

»Ein grauenerregender Anblick«, sagte Charlotte Neudecker plötzlich neben ihm mit leicht bebender Stimme. »Ich beginne erst jetzt langsam zu begreifen, dass das alles wirklich geschehen ist und dass ich Tom nie mehr lebend wiedersehen werde.«

»Ja, es ist schrecklich«, pflichtete Beaufort ihr bei, »aber ein Sturz aus dieser Höhe ist wohl nicht zu überleben.« Er schaute die Kuratorin an. »Wie verlief denn Ihre Begegnung mit Kommissar Schnappauf?«

»Empörend, wenn auch nicht so laut wie Ihre. Er hat sich überhaupt nicht für das interessiert, was ich gegen die Selbstmordtheorie vorzubringen hatte. So dermaßen voreingenommen war er. Und dann auch noch so onkelhaft ironisch dabei. Er hat mich deutlich spüren lassen, dass er mich für eine hysterische Gans hält. So ein Machoarsch!« Sie schnaubte verächtlich aus.

»Das hätte ich jetzt nicht schöner formulieren können«, lächelte Beaufort. »Mich betrachtet der Kommissar als Angeber mit Profilneurose. Aber der soll sich noch wundern. Ich habe nicht die Absicht klein beizugeben.«

»Und was wollen Sie machen?«

»Eigene Ermittlungen anstellen. Es ist nicht das erste Mal, dass ich das tue.« Er fixierte ihre wasserblauen Augen. Die Kuratorin hatte eine edle schmale Nase und war eine dieser ungeschminkten Schönheiten, die man erst auf den zweiten Blick als solche wahrnahm. »Helfen Sie mir dabei?«

Sie strich sich nervös eine Haarsträhne aus dem Gesicht. »Wenn Sie glauben, dass ich dafür Zeit habe, dann täuschen Sie sich. Ich muss zuerst schauen, wie ich die Ausstellung noch auf die Reihe bekomme«, wehrte sie ab.

»Ich will ja gar nicht, dass Sie selbst etwas unternehmen. Sie würden mir schon weiterhelfen, wenn Sie mir ein paar

Einblicke in die Arbeit Ihres Kollegen geben könnten.« Er sah, wie sie mit sich rang. »Bitte. Es ist für Tom.«

Charlotte Neudecker blickte noch einmal auf den Blutfleck am Boden. »Also gut«, sagte sie schließlich, »Aber nicht hier. Gehen wir in mein Büro.«

*

Während die Kuratorin ihr Fahrrad neben ihm die Universitätsstraße entlangschob, erhielt Beaufort einige wichtige Auskünfte. Sie hatte gestern Abend noch gegen halb elf mit Tom Schifferli in seinem Büro telefoniert. Das war eine gute halbe Stunde, nachdem Beaufort mit dem Wissenschaftler hin- und hergemailt hatte, und es war das bislang letzte definitive Lebenszeichen von ihm. Sie hatte ihm nur kurz mitgeteilt, dass sie heute Morgen etwas später zu dem Treffen mit ihm kommen würde, weil sie vorher noch eine Runde im Freibad drehen wollte. Damit war auch geklärt, wer Schifferlis Halb-9-Uhr-Termin gewesen wäre. In dieser letzten Phase vor der Ausstellung trafen sich die beiden Kuratoren fast täglich, um ihre Schritte miteinander abzustimmen. Auf Beauforts Frage, wann denn das Seminargebäude zugesperrt werde, konnte sie nur eine ungefähre Antwort geben. Meistens schloss der Hausmeister so gegen 9.00 Uhr abends ab, wenn alle Seminare beendet waren. Um halb elf war das Haus mit Sicherheit verriegelt gewesen. Es gab aber eine Menge Wissenschaftler, die einen Schlüssel zum Gebäude hatten, um dort gegebenenfalls auch spät abends, früh morgens oder an den Wochenenden arbeiten zu können. Schifferlis Mörder musste also entweder vorher in das Gebäude gekommen sein und sich irgendwo versteckt haben oder aber mit einem Schlüssel hineingelangt sein. Ein ziemlich großer Kreis an Verdächtigen und somit eine Spur, die derzeit nicht weiterführte, wie Frank fand. Über Schifferlis persönliche Verhältnisse erfuhr er, dass der in einer kleinen Wohnung in Büchenbach lebte, keine feste Beziehung hatte und wohl auch sonst ein ziemlicher Einzelgänger gewesen sein musste.

Frau Neudecker bog in die Krankenhausstraße ein, hielt vor dem repräsentativen grauen Steingebäude am südöstlichen Ende des Schlossgartens, schob ihr Rad dort in einen freien Ständer und kettete es fest. Beaufort hatte dieses klassizistische Bauwerk mit der großen Freitreppe davor, das aus dem Ende des 19. Jahrhunderts stammen musste, schon immer bewundert, doch noch niemals einen Fuß hineingesetzt. Es war das Anatomische Institut, zu dem die Öffentlichkeit keinen Zutritt hatte. Und das war nach Beauforts Meinung auch ganz gut so. Bei dem Gedanken daran, dass dort drinnen gerade Medizinstudenten an toten Körpern herumschnippelten, wurde ihm ganz anders. Er blieb zögernd am Fuß der Treppe stehen, als seine Begleiterin die Stufen hochging.

»Sie wollen doch nicht wirklich dort hinein, oder?«

»Aber natürlich. Da drinnen ist mein Büro. Habe ich Ihnen nicht gesagt, dass ich Ärztin bin – mit einem Zusatzstudium in Medizingeschichte? Sie haben doch nicht etwa Angst?« Sie lächelte ihn von oben herab an, was auch daran liegen konnte, dass sie ja tatsächlich einige Meter über ihm stand.

»Natürlich nicht.« Er nahm sich zusammen und folgte ihr.

Beaufort wusste auch nicht genau, was er erwartet hatte. Einen beißenden Geruch nach Formalin wahrscheinlich und Sektionstische mit fürchterlichen Werkzeugen zum Zerstückeln von Leichen. Aber natürlich war im Foyer von all dem nichts zu bemerken. Im Gegenteil. Er war fasziniert von der riesigen Marmortreppe und der Kassettendecke hoch über ihnen, die dunkelblau und golden schimmerte. Frank folgte der Kuratorin hinauf in den ersten Stock, bis zu dem gut und gern noch zwei Zwischengeschosse Platz gehabt hätten. Vor einer Tür am Ende eines großen, hellen Ganges blieben sie stehen. *Dr. med. Dr. phil. Charlotte Neudecker* stand auf dem

Türschild. Wirklich beeindruckend, dachte Beaufort. Die Doppeldoktorin schloss auf und bat ihn in ihr nicht minder imponierendes Büro. Es war mehr als doppelt so groß wie das von Schifferli, hatte mindestens vier Meter hohe Wände und breite Fenster zur Universitätsstraße. Möbliert war es stilvoller als das ihres Kollegen. Doch auch hier stapelten sich Papierstöße auf dem Schreibtisch, und auf einem Ecktisch fanden sich ungewöhnliche Gegenstände. Beaufort ging näher heran, um sie sich anzuschauen: eine groteske rote Maske mit gefletschten Zähnen, ein langes Blasrohr mit gezackten Verzierungen, ein gekrümmtes Schwert mit einer flachen Schneide, der Schädel eines Tieres mit langen Reißzähnen, ein lebensechter Arm aus Wachs mit entstellenden weißen Pocken darauf, das Profil eines naturalistischen Wachsgesichtes mit kleinen roten Pusteln.

»Das sind alles Exponate für unsere Ausstellung. Gefallen sie Ihnen?«

»Sagen wir mal so: In meinem Wohnzimmer würde ich mir das nicht gerade aufhängen«, scherzte er.

»Dazu sind diese Dinge ja auch gar nicht gedacht. Die Dämonenmaske, das Blasrohr und das Kopfjägerschwert stammen von einer Expedition aus dem Jahr 1892 nach Borneo. Die sind aus unserer völkerkundlichen Sammlung, die wir der Münchener Universität als Dauerleihgabe überlassen haben, weil es hier schon lange keinen Ethnologie-Lehrstuhl mehr gibt.«

»Dieser Tierschädel da, ist der auch aus Borneo?«

»Nein, aus der Fränkischen Schweiz. In der letzten Eiszeit gehörte er einem Höhlenbären. Ein Prachtstück aus unserer Paläontologischen Sammlung.«

»Und diese grässlichen Wachsdinger?«

»Sind Moulagen aus einer Lehrsammlung. Das hat man noch bis in die Sechzigerjahre hinein als Anschauungsmaterial in der Hautklinik benutzt. An diesem Arm hier haben

Medizinstudenten gelernt, wie Blattern aussehen. Und das Gesicht zeigt Syphilis im Spätstadium. Krankheiten, die man heute kaum mehr zu sehen bekommt.«

»Weil sie Gott sei Dank ausgestorben sind.« Beaufort schüttelte sich.

»Darauf würde ich mich nicht verlassen. Wenn die Menschheit es erst geschafft hat, Bakterien resistent gegen Antibiotika zu machen, kehren die alle wieder. Und wir sind auf dem besten Wege dahin, wenn man bedenkt, dass Antibiotika in der industriellen Tierhaltung massenhaft eingesetzt werden.«

»Sie verstehen es wirklich, einem die Zukunft schmackhaft zu machen.«

»Fürs rosige Ausmalen ist die Wissenschaft nicht zuständig. Wir liefern nur die Fakten und wagen dann Prognosen. Tee?«

Doppeldoktor Neudecker hängte zwei Beutel in heißes Wasser, und kurz darauf schlürfte Beaufort etwas Warmes mit undefinierbarem Geschmack, dem er selbst niemals die Bezeichnung Tee gegeben hätte. Währenddessen klärte sie ihn über ihre Zusammenarbeit mit Schifferli auf. Die beiden Kuratoren hatten die Sammlungen untereinander aufgeteilt und selbstständig betreut. Als Medizinerin war sie für alle Sammlungen aus diesem Bereich zuständig, also Anatomie, Pathologie, Medizintechnik, Moulagen und Pharmakognosie. Außerdem für Schulgeschichte, Musikinstrumente, Paläontologie, Völkerkunde und das Universitätsarchiv. Tom Schifferli hatte sich als Historiker um die Ur- und Frühgeschichte und die Antike, die Universitätsbibliothek und die Astronomie, aber auch die botanischen und die zoologischen Sammlungen, die Geologie und die Informatik gekümmert. Frau Neudecker druckte Beaufort eine Liste aller Universitätssammlungen mit Adressen und Ansprechpartnern aus. Zudem ließ er sich eine Aufstellung sämtlicher Exponate geben, die in der Ausstellung im Stadtmuseum gezeigt werden sollten.

»Und in all diesen Fachgebieten kennen Sie sich aus?«, fragte Beaufort ungläubig.

»In einigen mehr, in anderen weniger. Man fuchst sich im Laufe der Zeit auch in Themen hinein, mit denen man vorher überhaupt nichts anfangen konnte. Ich hätte zum Beispiel nie gedacht, dass mich solche Masken irgendwie wissenschaftlich interessieren könnten. Und Tom ist richtig zu einem Kenner exotischer Pflanzen geworden. Der war fast Dauergast im Botanischen Garten.«

Ihr Redeschwall stockte, als unmittelbar in der Nähe eine leise Alphornmelodie erklang. Frau Neudecker sah Beaufort fragend an, doch der schaute gleichgültig zurück.

»Ich glaube, Ihr Handy klingelt. Wollen Sie nicht rangehen?«

Plötzlich kam Bewegung in den Amateurdetektiv, und er klopfte hektisch seine Sakkotaschen ab. »Natürlich, mein Telefon! Aber wissen Sie was: Ich will das Gespräch jetzt gar nicht annehmen.« Er ließ es weiterläuten. »Das ist der Klingelton meines Finanzberaters.«

»Komisch, die gleiche Melodie hatte Tom auch auf seinem iPhone.«

»Ach wirklich? Mein Finanzberater ist Schweizer. Da fand ich das Alphorn witzig«, sagte er leicht errötend. Endlich hörte es auf zu läuten.

»Ich weiß gar nicht, wie ich Tom überhaupt ersetzen soll«, bekannte die Kuratorin in einem kurzen Anflug von Mutlosigkeit, den sie sogleich mit Tatendrang zu kompensieren versuchte. »Ich muss dringend den Präsidenten um Verstärkung bitten. Und im Stadtmuseum muss ich auch Bescheid sagen. Und dann natürlich die Sammlungsleiter verständigen, dass ich ihre Hilfe brauche. Sie haben bestimmt Verständnis dafür, dass ich Sie jetzt verabschieden muss?«

Das war ein ziemlich abruptes Ende, und Beaufort versuchte herauszuholen, was noch ging. »Kennen Sie die

Termine Ihres Kollegen? Wissen Sie, was er gestern getan hat? Was er heute tun wollte?«

»Gestern war er in der UB und in der Antikensammlung. Und heute wollte er, glaube ich, zu Dr. Paschek in die Informatiksammlung. Da gab es irgendein Problem mit einem der Exponate. Ach herrje, ich habe ja noch einen Termin im Germanischen Nationalmuseum in Nürnberg. Da befinden sich die meisten unserer historischen Musikinstrumente. Ich muss jetzt wirklich los.«

Sie erhob sich, und auch Beaufort stand notgedrungen auf. Er stellte den halbvollen Teebecher auf dem Schreibtisch ab.

»Wissen Sie, wo Schifferlis Notizbuch ist?«

»Ich erinnere mich nicht, dass er eines hatte. Er hat seine Termine elektronisch verwaltet, schätze ich.«

Sie bewegten sich Richtung Tür.

»Wann hatte er eigentlich Geburtstag?«

»Am 18. Oktober.«

»Was war sein Lieblingsbuch?«

»Keine Ahnung.«

»Und sein Lieblingsfilm?«

»Das weiß ich genau. *Wenn die Gondeln Trauer tragen*. Tom war nämlich ein echter Venedig-Fan. Aber wozu wollen Sie das alles wissen?«

»Man kann in so einem Fall nie genug Informationen sammeln.«

Sie legte die Hand auf die Türklinke und hielt einen Moment inne. »Und was wollen Sie jetzt konkret anstellen?«

»Um den Mörder zu finden, muss ich herausbekommen, was Ihr Kollege entdeckt hat. Und die Antwort darauf liegt irgendwo in den Sammlungen versteckt. Also werde ich mir die mal genauer anschauen.«

Dr. Dr. Neudecker reichte ihm die Hand. »Na, da haben Sie sich ja einiges vorgenommen. Ich wünsche Ihnen viel Erfolg dabei.«

»Rufen Sie mich an, falls Ihnen noch irgendetwas einfällt?«

Sie nickte und schloss die Tür hinter ihm.

Wieder erklang die Alphornmelodie. Beaufort ging schnell den Gang entlang, um außer Hörweite zu kommen und zog das flache schwarze iPhone aus der Sakkotasche. Es hatte Schifferli gehört. Als der junge Polizist die aufgebrachten Frauen aus dessen Büro geschoben hatte, hatte er es rasch eingesteckt. In einem spontanen Akt, ohne sich viel dabei zu denken. Und auch ohne allzu großes schlechtes Gewissen. Der Kurator brauchte es schließlich nicht mehr, die Polizei schien sich nicht dafür zu interessieren, aber ihm konnte es womöglich helfen, seinen Mörder zu finden. Beaufort versuchte, das Gespräch anzunehmen, doch da das Telefon keine Tasten hatte, war das gar nicht so einfach. Er hatte noch nie ein Smartphone in Händen gehalten und keine Ahnung, wie man es bediente. Er wusste nur, dass die Leute immer mit den Fingern darauf herumwischten. Das machte er auch, aber es nutzte offensichtlich nichts. Dann hielt er sich das Handy einfach ans Ohr und sagte: »Ja?«

»Van der Veldt hier. Wir haben seit einer halben Stunde einen Termin, und ich muss bald weg in meine Vorlesung. Also beeilen Sie sich bitte.« Es war die knarzende Stimme einer vermutlich älteren Frau, die da sprach. Nur jahrelanger Konsum von Tabak und harten Alkoholika konnten solch ein Organ formen.

»Äh, natürlich ...«, improvisierte Beaufort. »Wo stecken Sie noch mal?«

»Im Botanischen Garten, wo denn sonst.« Die Stimme klang auf einmal skeptisch. »Wer sind Sie? Sie sind nicht Dr. Schifferli.«

»Hier ist die Polizei. Es hat einen Unfall gegeben, müssen Sie wissen. Dr. Schifferli ist tot.«

Betretenes Schweigen.

»Sind Sie noch dran?«

»Das ist ja schrecklich. Wie ist das passiert?«

»Am besten schicke ich jemanden vorbei, der es Ihnen erklären kann. Wo genau im Botanischen Garten findet Sie der Kollege?«

»Im Wirtschaftsgebäude, 1. Stock.«

»Gut. Er ist in fünf Minuten da.«

Auch wie man das Gespräch wieder beendete, wusste Beaufort nicht. Doch das Display wurde bald von allein dunkel, und so ließ er das Handy einfach in seine Tasche zurückgleiten.

*

Seit bald zweihundert Jahren befand sich der Botanische Garten an der Nordseite des Schlossparks mitten in der Erlanger Innenstadt. Auf nur knapp zwei Hektar wuchsen hier mehr als viertausend Pflanzenarten, winzig kleine Flechten ebenso wie der mächtige Ginkgobaum. Nahezu sämtliche Vegetationszonen der Erde konnte der Besucher in der Anlage kostenlos durchschreiten. Von der arktischen Tundra bis zum tropischen Regenwald reichte das Spektrum, in allen Formen, in allen Farben: orangefarbene Wildsonnenblumen aus Mexiko, leuchtend roter Island-Mohn, rosarote kerzenartige Teide-Natternköpfe von den Kanaren, lilafarbene Schwertlilien aus Sibirien, knallgelbe Orchideen aus dem Amazonasurwald und weiße Waldanemonen aus Oberfranken. Von allen Sammlungen der Universität war der Botanische Garten nicht nur die bekannteste, sondern auch die schönste. Beaufort mochte diesen Ort der Vielfalt und der Versenkung und kam gern hierher. So konnte man sich den Paradiesgarten vorstellen, fand er. Für ihn war das eine Art Eden auf Erden. Doch auch wenn er gerade von der Anatomie, dem Haus des Todes, kommend das Areal des Lebens betrat, hatte er in diesem Moment keinen Blick für dessen Schönheiten. Achtlos durchquerte er auf wenigen Metern die Nadelwälder Nordamerikas, Mitteleuropas und Asiens, ließ die faszinierende Alpenvegetation des Hochgebirges gleichgültig links liegen und passierte selbst die tropischen Wasserbecken mit den blühenden Seerosen und Lotosblumen völlig teilnahmslos. Das alles nur, weil er es eilig hatte, die wissenschaftliche Leiterin des Gartens zu treffen, aber gleichzeitig noch nach einer Strategie suchte, wie er ihr gegenübertreten sollte. Woran man wieder einmal sehen konnte, wie leicht sich der schäbige Schatten des Schwindelns auf den schönen Schimmer der Schöpfung legen konnte.

Das Wirtschaftsgebäude, ein zweigeschossiger Flachdachbau aus den späten Siebzigern, lag am Hof hinter den großen Gewächshäusern. Hier gab es einen voluminösen Komposthaufen, große Behälter mit verschiedenen Erden und Düngern und allerlei Arbeitsgerät für die Gärtner. Als er das Haus betrat, entschloss er sich, das Theater, in das ihn seine spontanen Ausreden und Aktionen gebracht hatten, einfach weiterzuspielen und den Polizeibeamten zu mimen. Die Chance, jetzt sofort, quasi von Amts wegen, mit einer Sammlungsleiterin über Schifferli sprechen zu können, wollte er sich einfach nicht entgehen lassen. Während draußen alles grünte und blühte, schien hier drinnen alles tot zu sein. Die Wände und der Treppenaufgang waren mit getrockneten Pflanzenteilen zugestellt und zugehängt – »geschmückt« konnte man dieses Sammelsurium aus Holzstücken, Schaukästen mit Samen und Vitrinen, vollgepfropft mit für den Laien unansehnlichen Wurzeln und Blättern, eher nicht nennen. Des Eindrucks ungezügelter Sammelleidenschaft konnte man sich auch oben im schlauchförmigen Büro der Kustodin nicht erwehren. Die Tür zu dem Raum, an dem der Name Dr. Mareike van der Veldt prangte, stand offen. Als Beaufort klopfte, befahl von ganz weit hinten eine raue Stimme, dass er einfach durchkommen solle. Doch so einfach ging das nicht. Das Büro war so zugestellt mit weit in den Raum hineinragenden, prall gefüllten Bücherregalen, dass er nur in Schlangenlinien durch dieses Labyrinth hindurchgehen konnte. Selten hatte er so viele Bücher auf so engem Raum gesehen. Auch sämtliche Tische, die er auf seinem Weg passierte, waren oft hoch mit Büchern und Papieren vollgestapelt. Es gab nicht eine größere freie Abstellfläche hier. Ganz am Ende des Parcours saß eine kleine, drahtige Frau mit grauem Pagenkopf über ein Mikroskop gebeugt und brachte dabei auch noch das Kunststück fertig zu rauchen.

»Einen kleinen Moment noch«, sagte Dr. van der Veldt, ohne aufzublicken, drehte an einem Rädchen des Vergrößerungsgeräts, notierte etwas und begrüßte erst dann ihren Besucher, der sich als Müller von der Kripo Erlangen vorstellte. Ein Allerweltsname schien ihm am sinnvollsten für seine erschwindelte Identität zu sein.

»Viele Bücher haben Sie hier«, stellte er fest, sich ganz in das Gemüt eines Polizisten hineindenkend, der sich bestimmt nicht häufig in Bibliotheken aufhielt.

»Das ist meine kleine Handbibliothek, lauter botanische Fachliteratur.«

Klein war gut. Das hier waren bestimmt hundertfünfzig Regalmeter voller Bücher und Periodika. Aber Beaufort ersparte sich die Müllersche Laienfrage, ob sie die denn auch alle gelesen habe – man musste es mit dem Einfühlungsvermögen ja auch nicht übertreiben – und klärte die Biologin kurz über den tragischen Fenstersturz des Kurators auf, der vermutlich kein Unfall, sondern ein Suizid gewesen sei. Aber so ganz genau könne man das natürlich erst nach der Obduktion und nach einigen Routinenachforschungen sagen, weshalb er von ihr etwas über Dr. Schifferlis momentane Ausstellungsarbeit zu erfahren hoffe.

Van der Veldt gab kurz ihrer Erschütterung Ausdruck und sah auf ihre Armbanduhr. »Dann schießen Sie mal los. Ich habe noch vierzehn Minuten, danach muss ich in meine Vorlesung.«

»Wann hatten Sie zuletzt Kontakt mit dem Toten?«

»Mit dem Toten überhaupt keinen. Nur mit dem Leben-
den.« Sie blies eine Rauchwolke in die Luft und drückte ihre
Zigarette in einem übervollen Aschenbecher aus. »Sie müssen
Ihre Fragen schon präziser stellen.«

Beaufort war richtig froh, dass er kein Student bei ihr war.
»Also gut, wann hatten Sie zuletzt Kontakt mit dem lebenden
Dr. Schifferli?«

»Wollen Sie wissen, wann ich ihn zuletzt gesehen habe?
Oder wann ich zuletzt mit ihm telefoniert habe? Oder wann
ich das letzte Mal eine E-Mail von ihm erhalten habe?«, fragte
sie gönnerhaft.

Diese exakten Naturwissenschaftler mussten aus einer
simplen Frage gleich eine Seminararbeit machen. »Am besten
alles drei.«

»So aus dem Stegreif kann ich Ihnen das natürlich nicht
beantworten. Da muss ich nachschauen.« Sie zündete sich die
nächste Zigarette an, zog ein Notizbuch aus der Handtasche,
in dem sie länger blätterte, prüfte den Anrufmanager in ihrem
Mobiltelefon und durchsuchte ihr E-Mail-Postfach im Computer. Während dieser mehrminütigen Recherche war sie nicht
bereit, weitere Fragen zu beantworten.

So viel also zur vielgerühmten Multitaskingfähigkeit von
Frauen, dachte Beaufort bei sich. Das wäre doch mal eine wis-
senschaftliche Untersuchung wert, ob die wirklich existierte.
Wenn Dr. van der Veldt für jede seiner Fragen fünf Minuten
Recherchezeit brauchte, konnte er ja bloß noch zwei stellen.

»Also«, sagte sie schließlich, über ihre Lesebrille schauend,
»zuletzt getroffen habe ich Herrn Schifferli vor genau einer
Woche hier im Botanischen Garten. Er hat versucht, mich
davon zu überzeugen, doch einige seltene Orchideen aus dem
Tropenhaus in die Ausstellung zu geben, schließlich ist das
hier ja die einzige Universitätssammlung, die aus lebenden
Dingen besteht. Doch da die dort eingehen könnten, habe ich
das abgelehnt.«

»Um stattdessen was auszustellen?«, hakte Beaufort nach.

»Immer schön der Reihe nach, Herr Müller«, maßregelte sie ihn und inhalierte tief den Rauch ihrer Zigarette. »Gemailt hat er mir zuletzt am Dienstagvormittag, um seinen Besuch heute anzukündigen. Und das letzte Mal angerufen hat er mich gestern Abend um 22.30 Uhr.«

»Und was wollte er?«, fragte Beaufort aufgeregt.

»Das kann ich Ihnen nicht sagen. So spät pflege ich keine Gespräche mehr anzunehmen.«

»Hat er denn keine Nachricht auf Ihrer Mailbox hinterlassen?«

»Die habe ich nicht aktiviert. Das bedeutet nämlich nur, dass ich auf meine Kosten Leute zurückrufen muss, die mir nicht nur Zeit, sondern auch noch Geld stehlen.«

»War es normal, dass Dr. Schifferli Sie so spät noch anruft?«

»Nein, es war völlig unüblich. Und auch ein wenig ungehörig. Finden Sie nicht?«

Beaufort war nicht bereit, diese Spur gleich wieder aufzugeben. »Dann muss es Dr. Schifferli sehr wichtig gewesen sein. Haben Sie eine Vorstellung, um was es ihm gegangen sein könnte?«

»Nicht die Bohne«, sagte sie, für eine Botanikerin doch eine recht unpräzise Metapher benutzend. »Sie haben noch sieben Minuten.«

»Zeigen Sie mir bitte die Exponate, die Herr Schifferli für die Ausstellung haben wollte.«

Sie drückte die Zigarette aus. »Dann kommen Sie mal mit.«

Beaufort folgte ihr beim Slalom durch die mindestens achttausend Bücher und wäre dabei fast über ein Paar ausgelatschte Filzpantoffeln gestolpert. Offenbar hatte sich die Biologin in dem Büro, das definitiv nichts für Klaustrophobiker war, häuslich eingerichtet.

Direkt vor der Tür ihres Arbeitszimmers klopfte sie gegen eine große Glasvitrine, in der ein hässlicher mannshoher brauner Strunk steckte. Das pflanzliche Gebilde sah aus wie ein riesiger Nagel mit ein paar vertrockneten länglichen Blättern dran. »Das hier geht in die Ausstellung. Es ist eine Welwitschia mirabilis. Eine sehr seltene Pflanze, die nur an wenigen Stellen in der Namib-Wüste im südlichen Afrika wächst. Deshalb auch diese lange Pfahlwurzel. Sie kann Jahrhunderte alt werden und ist so einzigartig, dass wir sie auch als lebendes Fossil bezeichnen. Welwitschia steht unter strengem Naturschutz. Wenn Sie heute so ein Ding ausgraben, werden Sie schwer bestraft. Aber die hier ist schon vor über hundert Jahren zu uns gekommen, durch einen Afrika-Forscher, der hier Professor war.«

Wenn die resolute van der Veldt über ihr Fachgebiet sprach, blühte sie förmlich auf, fand Beaufort. »Das ist, ehrlich gesagt, ein ziemlich hässliches Ding. Aber mit Ihren Erklärungen dazu wird es ein richtig interessantes Objekt.«

»Genau das zu vermitteln ist übrigens der Sinn dieser ganzen Ausstellung im Stadtmuseum. Falls Sie mal eine lebende Welwitschia sehen wollen, dann schauen Sie doch noch im Gewächshaus vorbei. Wir haben dort einige kleine Exemplare.«

Beaufort folgte der Leiterin des Botanischen Gartens in einen hellen Raum mit modernen weißen Einbauschränken, in dem eine kurzhaarige Frau mit einer Spiegelreflexkamera durch ein beeindruckendes Teleobjektiv hindurch Stechäpfel fotografierte. So stand das jedenfalls auf dem Glasgefäß, in dem noch einige Exemplare steckten. Die Chefin nickte der Mitarbeiterin, die sich in ihrer Arbeit nicht weiter stören ließ, zu und öffnete eine der Schranktüren. Zum Vorschein kamen lauter Standgläser, in denen Pflanzen in Konservierungsflüssigkeiten aufbewahrt wurden. Der altertümlichen Beschriftung nach zu urteilen, mussten sie darin schon sehr lange schwimmen. Nach kurzer Suche brachte sie schließlich ein Gefäß mit einer Frucht zutage, die Beaufort endlich einmal erkannte.

»Und hier ist die Ananas für die Ausstellung«, sagte sie.

»Ich verstehe. Das muss eine ganz besonders seltene Sorte sein. Wahrscheinlich eine Albino-Ananas, weil sie ganz weiß ist, genauso wie die Blätter da oben dran.« Beaufort war richtig stolz auf seinen neuerworbenen botanischen Scharfsinn.

»Nein, das ist eine ganz normale Ananas. Man merkt doch gleich, dass Sie Polizist sind und kein Wissenschaftler. Die Konservierungsflüssigkeit, die aus Ethanol und Eisessig besteht, sorgt zwar dafür, dass die Frucht nicht schimmelt und ihre Form behält, aber leider nicht ihre Farbe. Dieses Feuchtpräparat ist ebenfalls so um die hundert Jahre alt. Damals war das noch eine wirklich seltene und sehr exotische Frucht in Deutschland. Deshalb wurde sie aufbewahrt. Wir könnten sie jederzeit aus dem Glas nehmen, aufschneiden und anatomische Studien damit betreiben. Aber das tut natürlich keiner, nachdem sie schon so lange überlebt hat. Wenn wir heute den Aufbau der Ananas erforschen wollen, kaufen wir uns eine im Supermarkt.« Van der Veldt schaute auf ihre Uhr. »Jetzt muss ich aber wirklich los zu meinen Studenten.«

»Ist das alles, was in die Ausstellung gehen soll? Oder gibt es noch mehr Exponate?«

»Es werden auch Herbarbelege gezeigt. Das sind getrocknete Pflanzen aus unserem Herbarium im Südgelände. Aber die hat sich Dr. Schifferli schon abgeholt. Ich hoffe nur, dass er die auch sicher verwahrt hat. Da sind nämlich Exemplare darunter, die einmalig sind.«

»Welche?«

»Ausgestorbene Pflanzen etwa. Wir besitzen zum Beispiel die letzten Exemplare des Dechsendorfer Strandlings. Ein unersetzlicher Genpool ist das. Das macht mir jetzt aber schon Sorgen.« Ihre Stimme klang noch eine Spur rauer als ohnehin schon.

»Soweit ich weiß, lagen in Herrn Schifferlis Büro einige Bögen mit getrockneten Pflanzen. Aber ob die noch komplett waren, kann ich Ihnen nicht sagen.«

»Dann gehe ich nach der Vorlesung gleich dort vorbei und schaue nach dem Rechten. Geben Sie mir die Nummer Ihres zuständigen Kollegen? Dann sage ich schnell noch Bescheid, dass ich komme.«

Das Gespräch nahm eine Wendung, die Beaufort in echte Bedrängnis brachte. Auf der einen Seite interessierte ihn natürlich, ob etwas von den Ausstellungsstücken weggekommen war, weil das mit dem Motiv des Mörders zu tun haben konnte. Auf der anderen Seite durfte er Frau van der Veldt keinesfalls auf Kommissar Schnappauf treffen lassen. Wenn der herausbrachte, dass er sich hier als Polizist ausgab und Schifferlis Handy hatte, war er geliefert. Dann bekam er hundertprozentig ein Strafverfahren an den Hals. Dafür würde der Ordnungshüter schon sorgen – und es mit Wonne auskosten.

»Das ist leider nicht möglich. Das Büro von Herrn Schifferli wurde amtlich versiegelt«, fantasierte er. »So stellen wir sicher, dass nichts verändert wird, falls wir doch umfangreichere Ermittlungen durchführen müssen.«

»Und wie lange dauert das? Ich brauche dringend Klarheit.«

»Das könnte schon eine Woche dauern. Aber wenn Sie mir eine Liste der getrockneten Pflanzen geben, werde ich nachschauen, ob alle noch da sind.«

Frau van der Veldt dachte kurz nach. »Gut. Das ist eine Möglichkeit. Geben Sie mir Ihre Mailadresse, Herr Müller, dann schicke ich Ihnen die Aufstellung noch heute Abend zu.«

Schon lauerte die nächste Falle. Wie sollte er an ein Müller-Postfach bei der Polizei herankommen? So langsam redete er sich um Kopf und Kragen. »Oh, das ist nicht nötig. Ich hole die Liste einfach morgen im Laufe des Tages hier ab.« Er lächelte übertrieben freundlich. »Sie wissen ja: die Polizei, dein Freund und Helfer.«

*

Das war gerade noch mal gut gegangen. So schnell wie möglich verließ Kommissar Müller den Botanischen Garten und eilte quer durch den Schlosspark, um in der Nähe des Kollegienhauses als Frank Beaufort erschöpft auf eine schattige Parkbank zu sinken. Allzu häufig sollte er sich in nächster Zeit lieber nicht mehr dort blicken lassen. Das könnte peinlich enden. Aber die Liste würde er sich morgen ganz sicher noch holen. Denn »unersetzlicher Genpool« klang für ihn als passionierten Krimikenner irgendwie nach dunklen Machenschaften von Pharmaforschung, Futtermittelindustrie oder Biotechnikkonzernen.

Die Sonne stand hoch am Himmel, und es war heiß. Überall im Gras sah er junge Menschen sitzen und liegen, in Gruppen diskutierend, still lesend oder einfach nur sonnenbadend. Doch er kehrte seine Augen vom beschaulichen studentischen Treiben wieder ab, um sie schweren Herzens der modernen Technik zuzuwenden. Er angelte Schifferlis Telefon aus der Tasche und versuchte, dem Smartphone irgendwelche Informationen zu entlocken. Am meisten interessierte ihn natürlich, ob er darin ein elektronisches Notizbuch mit den Terminen des Kurators finden würde, doch er schaffte es noch nicht mal bis zu der Stelle, wo man einen Code eingeben musste, so wenig Ahnung hatte er von der Bedienung eines Handys ohne Tasten. Das Telefon blieb einfach schwarz, so viel er auch mit den Fingern über das Display hinwegstrich. Vielleicht konnte Anne ihm weiterhelfen. Allerdings wusste er nicht, ob sie heute Abend bei ihm oder bei sich übernachten wollte.

Eine Fahrradklingel schreckte ihn aus seinen Gedanken. Daniel Kempf radelte unerlaubterweise durch den Park in Richtung des Botanischen Gartens und winkte ihm im Vorbeifahren zu. Er machte ein paar Fechtbewegungen in der Luft, wohl um ihm zu signalisieren, dass er bis nächsten Dienstag noch Angriffe üben sollte, und verschwand hinter einer Gruppe von Bäumen. Sport war das Letzte, woran Beaufort jetzt denken wollte. Im Gegenteil: Er verspürte Hunger und Durst und brauchte dringend eine Stärkung. Sofort hatte er das Bild einer appetitlichen Leberkässemmel mit viel Senf drauf vor Augen. Also verließ er den Schlossgarten und ging zur Universitätsstraße, um sich von dort aus auf die Suche nach einem Metzger zu machen. Doch als er in etwa zwanzig Metern Entfernung einen schlaksigen tätowierten Studenten wiedererkannte, der mit einem Leinenbeutel unter dem Arm im Kollegienhaus verschwand, fiel ihm siedendheiß ein, dass er ja noch bei der Leiterin der Universitätsbibliothek vorbeischauen musste, um sich die Liste der gestohlenen Bücher abzuholen. Diesen Fall hatte er angesichts der heutigen Ereignisse ganz aus den Augen verloren. Er musste dringend herausfinden, ob der Bücherdiebstahl und der tödliche Sturz womöglich etwas miteinander zu tun hatten oder ob das zwei getrennte Verbrechen waren.

Frank betrat die alte Universitätsbibliothek, deren Vorhalle ihm nach seinem Besuch im Anatomischen Institut nicht mehr ganz so prachtvoll vorkam, und ging hinauf in die erste Etage. Gleich links im Vorzimmer erfuhr er von der Sekretärin, dass Frau Dr. Krüger-Fernandez schon nach ihm gefragt habe.

Beaufort klopfte, öffnete die für Chefbüros typischen Doppeltüren, durch die kein Laut hinein- oder hinausdrang, und trat in einen der eindrucksvollsten Amtsräume, den es an der Universität gab. Es war ein großzügiges Eckzimmer mit hohen Wänden, Fenstern zu beiden Seiten und einem schmucken verglasten Erker, von dem aus man auf den Vorplatz und den Eingang der neuen UB hinabschauen konnte. Darin stand ein achteckiger Tisch mit zwei Stühlen. Der Clou aber war das einheitliche Jugendstilambiente des Raumes. Nicht nur die Fenster, die Türen und die Nasszelle mit ihren lilafarbenen Kacheln wiesen dezente Jugendstilverzierungen auf, der ganze Raum war mit entsprechenden Schränken und einem Schreibtisch aus dieser Epoche möbliert. Sogar die modernen

DIN-A4-Ordner waren einer ästhetischen Alterungskur unterzogen und ihre Rücken mit marmoriertem Papier beklebt worden. Das Holz der Möbel war für Beauforts Geschmack zu dunkel, um sich dort wirklich wohlzufühlen, aber irgendwie passte diese steife, nur ganz dezent verspielte Vornehmheit sehr gut zur Direktorin. Auch das wäre doch mal aufschlussreich und eine Forschungsarbeit wert: herauszufinden, ob Büros den Geschmack ihrer Benutzer widerspiegelten oder ihn umgekehrt erst ausbildeten und beeinflussten.

Die Hausherrin bat ihn, im Erker Platz zu nehmen. Da sie ohnehin keine Meisterin des Smalltalks war, kam sie gleich zur Sache und reichte ihm die versprochene Liste. Bislang hatte man einundzwanzig Fehlbestände entdeckt, mit deutlichem Schwerpunkt auf dem 17. und 18. Jahrhundert. Auffallend viele Bücher mit Stichen waren darunter. Aber um noch mehr Gemeinsamkeiten herauszufinden, die womöglich auf einen bestimmten Bibliotheksbenutzer hindeuteten, musste er die Aufstellung intensiver studieren und detailliertere Informationen über die Bücher zusammentragen. Ob außer dem Dürer weitere Grafiken fehlten, konnte noch nicht festgestellt werden. Beaufort ließ sich von der Bibliotheksdirektorin anhand der Signaturen der fehlenden Bücher die jeweiligen Magazinstandorte erklären und vermerkte sie jeweils auf der Liste. Dann bat er noch um ein Verzeichnis aller Mitarbeiter, die Schlüssel zu den Magazinen hatten. Während die Direktorin nebenan ihre Sekretärin damit beauftragte, sah Beaufort durch das Fenster, wie Mike Meier zurück in die neue UB ging. Lange war der ja nicht im Kollegienhaus gewesen, dachte er, dann hatte er heute wohl keine Vorlesung, sondern Dienst in der Bibliothek. Frau Krüger-Fernandez kehrte zurück und erklärte, da nicht alle Schlüsselbesitzer zu allen Magazinen Zugang hätten, würde die Erstellung der Liste etwa eine halbe Stunde Zeit in Anspruch nehmen. Beaufort war das nur recht. So konnte er in der Zwischenzeit endlich seine Leberkässemmel-Vision

Wirklichkeit werden lassen. Als er eine Stunde später von einem verspäteten Mittagessen gestärkt zurückkehrte, lag die Schlüssel-Übersicht bereits in einem Umschlag für ihn bereit. Eigentlich hätte er jetzt die Benutzerkartei des Handschriftenlesesaals des letzten halben Jahres durcharbeiten müssen, doch hatte er dazu momentan weder Geduld noch Lust. Außerdem war es sinnvoller, vorher alle Listen der Direktorin genau zu studieren, um dann gezielter suchen zu können, redete er sich ein. Viel brennender interessierte ihn, was die Polizei mittlerweile über Tom Schifferlis Tod herausgefunden hatte. Und er hatte da auch schon eine Idee, wie er an diese Informationen herankommen konnte. Außerdem wurde es Zeit, endlich dieses verflixte Handy zu knacken.

*

Am Bahnhofsplatz bestieg Beaufort das erste Taxi in der Reihe.

»Nach Nürnberg«, bestimmte er.

»Mann, hab ich ein Glück. Ich hatte schon Angst, dass ich ohne Fahrgast zurückfahren muss.« Der Taxler setzte den Blinker und startete. »Erlangen ist nämlich gar nicht mein Gäu. Aber ich hatte vorhin eine Fahrt vom Flughafen hierher. Da hab ich gedacht, versuch's mal am Bahnhof, vielleicht haben da mal wieder die Regionalzüge Verspätung, und du erwischst einen Kunden, der dringend nach Nürnberg muss.« Er strahlte übers ganze Gesicht und verbreitete ansteckend fröhliche Stimmung.

Ein gut gelaunter Taxifahrer – das ist ja mal eine ganz neue Erfahrung, dachte Beaufort amüsiert. Sein Fahrer war dunkelhäutig, etwa Ende zwanzig, hatte kurzes krauses Haar und sprach mit deutlich vernehmbarem fränkischen Akzent. Beaufort schielte auf den Dienstausweis an der Konsole: *Carl Löblein* stand darauf. »Wie kommen Sie denn zu diesem urfränkischen Namen?«, fragte er neugierig.

»Das wundert Sie, gell? Ist aber schnell erklärt. Mein Vater ist Franke, meine Mutter Afrikanerin. Und ich bin, wie man so sagt, die Frucht dieser Liebe. Die beiden haben sich in Namibia kennengelernt, wo mein Vater ein Kraftwerk mitgebaut hat. Er ist Ingenieur bei Siemens. Und als das Projekt abgeschlossen war, hat er meine Mutter geheiratet und sie mit nach Erlangen genommen. So einfach ist das.«

»Aus Namibia stammt Ihre Mutter. Haben Sie denn Kontakt dahin?«

»Meine Mama hat eine große Familie, da besuchen wir uns schon gegenseitig. Und wissen Sie, was unser traditionelles Festessen bei diesen Familientreffen ist? Schäufele mit Couscous. Ehrlich, das ist kein Witz.« Carl Löblein lachte so mitreißend, dass Frank mit einstimmen musste.

»Sagen Sie, haben Sie schon mal eine Welwitschia gesehen?«

»Ja klar, in der Namib-Wüste. Echt beeindruckende Pflanzen. Die sind völlig staubig, aber Sie müssten mal sehen, wie schön die blühen. Rote Dolden haben die. Im Botanischen Garten gibt's auch ein paar Exemplare, aber das sind Zwerge. Wo soll's denn hingehen in Nürnberg?«

»Zum Justizpalast in der Fürther Straße.«

»Da nehme ich besser die A 73, auch wenn der Feierabendverkehr schon losgeht. Was wollen Sie denn da? Sind Sie etwa Richter?«

»Dazu bin ich leider völlig ungeeignet«, bekannte Beaufort. »Aber ich besuche dort einen Freund, der Richter ist.«

»Ich hab auch mal ein paar Semester Jura studiert, habe aber schnell kapiert, dass man als Anwalt seinen Klienten weismachen muss, dass der kürzeste Weg zwischen zwei Punkten eine Schlangenlinie ist.«

»Eine schöne Umschreibung«, schmunzelte Beaufort, »die muss ich unbedingt Ekki erzählen. Es könnte sogar sein, dass er mit Ihnen einer Meinung ist.«

Im Verlauf des Gesprächs mit dem kommunikativen Taxifahrer, der ausgesprochen nett und höflich war, erfuhr Beaufort, dass Löblein es auch schon mit Geografie und Informatik versucht hatte, doch dass nach insgesamt 17 Semestern ohne Abschluss sein Studentenjob irgendwie zu seinem Hauptberuf geworden war. Dabei machte er nicht den Eindruck eines gescheiterten Akademikers, sondern eher den eines Lebenskünstlers. Als das Taxi die Nürnberger Stadtgrenze passiert hatte und in der Ausfahrt zum Westring im üblichen Stau stand, zog Beaufort das Mobiltelefon aus der Tasche, um einen weiteren unbeholfenen Versuch zu starten, dessen Geheimnisse zu ergründen.

»Cool, das ist ja das ganz neue Modell«, lobte Carl.

»Tatsächlich? Ehrlich gesagt habe ich von diesen neumodischen Telefonen überhaupt keine Ahnung. Das hat mir ein Freund geliehen, damit ich mich mal damit vertraut mache. Aber ich habe schon wieder vergessen, wie man das Ding überhaupt in Betrieb nimmt. Kennen Sie sich damit aus?«

Der Taxifahrer zeigte ihm, wo man drücken musste, um die Anzeige zu aktivieren, und wie simpel die Bedienung mit den Fingern war. »Jetzt müssen Sie hier nur noch den vierstelligen Code eintippen, und Sie können telefonieren, surfen, E-Mails schreiben, den Wetterbericht lesen, Filme anschauen, fotografieren oder was immer Sie wollen.« Er reichte ihm das Telefon zurück, weil die Ampel grün war.

Da Beaufort wusste, dass die meisten Menschen in solchen Fällen gern persönliche Daten benutzten – er selbst bildete da keine Ausnahme –, versuchte er es mit dem einzigen Trumpf, den er hatte: Tom Schifferlis Geburtstag. Er tippte die 1810 und hatte auf Anhieb Glück. Der kleine Bildschirm des Smartphones öffnete sich und präsentierte ihm eine Vielzahl kleiner bunter Symbole. Wieder fühlte er sich überfordert, und abermals half Carl ihm weiter. Er erklärte ihm, dass jedes der Bilder für eine sogenannte App, ein bestimmtes Anwenderprogramm, stehe. Er müsse es nur antippen. Beaufort berührte eines der bunten Zeichen, und sofort öffnete sich ein Videospiel, aber nun wusste er nicht, wie er es wieder schließen konnte. Als das Taxi kurz darauf vor dem Gerichtsgebäude anhielt, zeigte sein Fahrer ihm auch das. Er demonstrierte geduldig, wie man wieder ins Hauptmenü zurückkam und sich durch die verschiedenen Programme klicken konnte. Beaufort dankte für die hilfreichen Ausführungen, gab reichlich Trinkgeld und steckte Löbleins Visitenkarte ein. Von diesem patenten Taxler würde er sich bestimmt noch häufiger chauffieren lassen.

Jetzt musste er sich aber sputen, um Ekki noch zu erwischen. Es ging auf 17.00 Uhr zu, und womöglich machte der Justizpressesprecher schon Feierabend, oder er saß in irgendeiner spektakulären Urteilsverkündung, von der er die Öffentlichkeit noch in Kenntnis setzen musste. Beaufort hatte Glück. Als er das repräsentative Büro im dritten Stock erreichte, war zwar der Sekretär im Vorzimmer schon heimgegangen, nicht aber der Chef. Ekkehard Ertl, sein bester Freund seit frühen Schultagen, saß über Akten gebeugt und blickte unwirsch zur Tür. Doch seine Miene hellte sich schlagartig auf, als er Beaufort erkannte. Er eilte hinter seinem Schreibtisch hervor, um ihn zu begrüßen.

»Hallo, Frank. Hattest du Sehnsucht nach mir, weil ich wegen der Konferenz in Jena unseren kulinarischen Herrenabend gestern absagen musste?«

»Oh, ich habe mich auch ohne dich ganz gut amüsiert. Frau Seidl hat Anne und mir Krenrouladen gekocht. War deine Exkursion wenigstens erfolgreich? Oft sind Konferenzen ja Sitzungen, in die zwar viele hineingehen, bei denen aber nur wenig herauskommt.«

»Ich fürchte, so falsch liegst du da mit deiner Einschätzung leider nicht. Viel gebracht hat mir der Ausflug tatsächlich nicht. Dafür muss ich jetzt nacharbeiten, was die letzten beiden Tage liegen geblieben ist – und das bei diesem schönen Wetter. Aber setz dich doch. Magst du einen Tee?«

Beaufort lehnte dankend ab. Ekkis grüner Tee hatte nichts mit dem hellen duftigen Getränk gemein, das landläufig unter diesem Namen bekannt war, sondern war ein fast schwarzer bitterer Sud, der selbst mit viel heißem Wasser verdünnt ungenießbar blieb. Da nahm er lieber ein Glas Leitungswasser.

»Was führt dich zu mir? Wenn du mir hier deine Aufwartung im Gehäus machst, hast du doch meistens einen Hintergedanken.«

»Du hast mich durchschaut«, bekannte Beaufort. »Um es kurz zu machen: Ich bin heute Morgen über eine Leiche gestolpert und benötige ein paar Informationen.«

»Das meinst du jetzt aber rein metaphorisch, oder?«, fragte Ekki misstrauisch. Ihm war das Interesse seines Freundes an ungeklärten Todesfällen nur allzu bekannt.

»Leider nein. Es hat heute Nacht einen Mord an der Uni gegeben.«

»Davon müsste ich doch etwas gehört haben. Ich bekomme schließlich täglich den Polizeibericht.«

»Erstens ist der Mord in Erlangen geschehen, und zweitens denkt die Polizei nicht, dass es einer war.« Beaufort berichtete in knappen Worten, was ihm Tom Schifferli angedeutet hatte und was er heute im Historischen Institut mit Kommissar Schnappauf erlebt hatte. Seinen Handyklau und das daraus resultierende Gespräch mit der Chefin des Botanischen Gartens verschwieg er aber lieber. Auch die mysteriösen Bücherdiebstähle, die er aufklären sollte, behielt er für sich.

»Mit Schnappauf bist du aneinandergeraten? Das wundert mich nicht bei seinem Ruf. Er kann intellektuelle Schlauberger nicht leiden, ist sehr von sich überzeugt und verteidigt sein Revier rigoros. Deshalb nennen sie ihn auch den Gockel. Aber er gilt als guter Ermittler.«

Beaufort feixte hämisch. »Den Gockel? Wie passend! Er benimmt sich tatsächlich wie ein Hahn, der fest davon überzeugt ist, dass die Sonne erst dann aufgehen darf, wenn er gekräht hat.«

»Und was genau willst du wissen? Erlangen gehört zwar zum Bereich des Oberlandesgerichts Nürnberg-Fürth, aber wie du weißt, werde ich nur tätig, wenn es einen festgenommenen Verdächtigen gibt. Und hier liegt ja noch nicht mal ein amtliches Verbrechen vor.«

»Weil dieser Kommissar eben voreingenommen ist. Aber wenn ihr konkrete Hinweise hättet, würde der Staatsanwalt doch ermitteln?«

Der Justizsprecher bestätigte das.

»Gut, dann werde ich auf alle Fälle eigene Recherchen anstellen. Hilfst du mir dabei?«

»Du glaubst ja wohl nicht, dass ich jetzt auch noch anfange, Detektiv zu spielen? Ich habe wirklich Besseres zu tun. Wenn du es nicht lassen kannst, ist das dein Problem. Ich weiß ja, dass es zwecklos ist, dir etwas ausreden zu wollen, was du dir einmal in den Kopf gesetzt hast. Ich darf dich aber daran erinnern, dass deine letzten Nachforschungen dich fast das Leben gekostet hätten.«

Das war ein wunder Punkt, über den Beaufort nicht gern sprach. »Ekki, ich verlange ja nichts dergleichen von dir. Ich brauche nur ein paar Hintergrundinformationen über Schifferlis Tod. Du kommst doch an den Obduktionsbericht ran. Lass uns einen Handel machen. Wenn du mich davon überzeugen kannst, dass nichts an meinem Verdacht dran ist, lasse ich die Finger davon. Versprochen! Wenn ich aber etwas Bedenkliches herausbekomme, erfährst du es als Erster und kannst dann selbst entscheiden, was du mit den Informationen anstellst. Du willst doch auch nicht, dass da womöglich ein Mörder frei herumläuft.«

Ekki seufzte. Beaufort war in diesen Dingen eine echte Nervensäge. »Also gut, Frank. Du weißt, ich halte nichts von deinen Einmischungen in die Polizei- und Justizarbeit. Aber jetzt bin ich neugierig geworden. Ich werde mich morgen in diesem Fall schlau machen. Und wenn ich es vertreten kann, lass ich dir ein paar Fakten zukommen. Dafür zahlst du aber nächsten Mittwoch das Essen. Wo wollen wir hingehen?«

»Danke, Ekki. Ich wusste doch, dass ich mich auf dich verlassen kann. Wenn deine Informationen etwas taugen, lade ich dich sogar in ein Edel-Restaurant ein. Was hältst du von *Koch und Kellner*?«

»Moment«, wehrte Ertl ab, »noch habe ich dir ja nichts verraten.« Er setzte eine amtliche Miene auf. »Außerdem muss ich natürlich darauf achten, ob hier nicht der Straftatbestand der Bestechlichkeit erfüllt ist. Gilt dein Angebot auch dann, wenn meine Auskünfte nicht nach deinem Geschmack ausfallen sollten?«

»Logisch. Wenn ich falsch gelegen habe, muss ich mich doch umso mehr mit einem guten Essen trösten.«

»Apropos Essen. Was macht eigentlich deine Diät?«

Beaufort verdrehte theatralisch die Augen. »Und so einer will nun dein Freund sein.«

Das Handy klingelte. Glücklicherweise erklang diesmal kein Alphorn, sondern *I will survive*. Das war Annes Melodie auf seinem Mobiltelefon. Die Journalistin wollte ihren morgigen freien Tag mit einem Gläschen Wein bei Wolf-Dieter begießen. Sie verabredeten sich dort in einer Stunde. Ekki musste leider passen, er hatte noch zu arbeiten.

＊

Als Beaufort bei seiner Stammkneipe am Weinmarkt ankam, die streng genommen gar keine war, sondern eine Weinhandlung mit abendlicher Ausschanklizenz, saß Anne schon draußen an einem der wenigen Tische und unterhielt sich mit Wolf-Dieter, der neben ihr Platz genommen hatte. Noch waren erst zwei weitere Gäste da, und der Weinhändler hatte Zeit für ein

Glas und ein Schwätzchen. Wobei Wolf-Dieter auch im hektischen Hochbetrieb jederzeit zu einem Meinungsaustausch und einem Achtel aufgelegt war, was gerade Neukunden nicht immer goutierten, wenn sie deshalb auf ihre Bestellung warten mussten. Wer das aber zu kritisieren wagte, konnte schon mal heftig verbal abgewatscht werden. Entweder akzeptierte man diesen etwas rauen Hart-aber-herzlich-Ton oder man kam nie wieder. Echte fränkische Gastfreundschaft bedeutete für Wolf-Dieter nicht, dass sich der Wirt bedingungslos jedem Kunden anbiederte, sondern dass umgekehrt der Gast sich seine Freundlichkeit und Freundschaft erst einmal erwerben musste. Diese war ihm dann aber auch lange sicher.

»Ihr lasst es euch ja gut gehen«, begrüßte Beaufort die beiden, gab Anne einen Kuss und tätschelte dem Weinhändler die Schulter.

»*Ob ich morgen leben werde, weiß ich freilich nicht; aber wenn ich morgen lebe, dass ich morgen trinken werde, weiß ich ganz gewiss*«, rezitierte Wolf-Dieter und trank sein Glas leer.

»Na, der alte Goethe, den du sonst so gern im Munde führst, war das aber nicht«, stellte Beaufort fest.

»Nein, das stammt vom jungen Lessing, bekannt aus Schule, Funk und Fernsehen.« Er versuchte eine elegante Armbewegung, die aufgrund bereits leicht eingeschränkter Koordinationsfähigkeit verunglückte. »Das war reinste anakreontische Lyrik.«

»Nein, das war ein Schüttelreim. Mich hat es jedenfalls geschüttelt, als du es aufgesagt hast. Statt schlechter Verse aufs Zechen hätte ich lieber etwas Gutes zu bechern. Was trinkt ihr denn da?«

»Eine wunderbar fruchtige fränkische Scheurebe aus Sommerhausen. Aber ich weiß nicht, ob ich einem Anti-Anakreontiker davon überhaupt zu kosten geben mag.«

»Wenn ich an diesem Tisch neben dieser wunderschönen Frau hier sitze«, Beaufort deutete auf Anne, die huldvoll nickte, »und nach einem deiner hervorragenden Tropfen verlange, kannst du mir doch nicht vorwerfen, dass ich ein Verächter von Wein, Weib und Gesang bin.«

»Wo du recht hast, hast du recht«, bestätigte Wolf-Dieter und ging die Flasche und ein neues Glas holen. Als er zurückkam, zuerst Anne nachschenkte und dann Beaufort den Weißwein eingoss, verschüttete er beide Male ein wenig.

»Du hattest heute wohl schon eine Menge Kunden? Oder wie soll ich deine kleinen motorischen Unsicherheiten sonst deuten?«

Der Weinhändler schaute ihn aus leicht glasigen Augen würdevoll an. »Du kennst meinen Wahlspruch, Frank: Die Straße des Exzesses führt zum Tempel der Weisheit. Und mit ebendieser Weisheit erkenne ich, dass ich jetzt mal lieber ein Stück Brot essen und eine Tasse Kaffee trinken sollte.« Sprach's und verschwand für einige Zeit in seinem Laden.

Beaufort brannte darauf, Anne von Schifferlis Tod zu erzählen. Da sie etwas abseits saßen, berichtete er ihr mit gedämpfter Stimme vom Fenstersturz in der Kochstraße und seinen Recherchen in Erlangen. Während er sonst sehr genau abwog, wem er welche Aspekte anvertraute, sagte er Anne die ganze Wahrheit, in kurzen Worten zwar, aber ohne Abstriche. Als er geendet hatte, sah sie ihn vorwurfsvoll an.

»Sag mal, spinnst du? Du kannst doch nicht einfach das Handy mitgehen lassen! Das ist ein Beweisstück.«

»Die Polizei interessiert sich doch überhaupt nicht dafür«, verteidigte er sich.

»Das würde ich mir auch einreden, wenn ich es gemopst hätte. Natürlich wird die Polizei nach dem Telefon suchen. Was hast du dir bloß dabei gedacht?«

»Die Gelegenheit war einfach zu günstig. Ich wollte wissen, wer Schifferli und wen er zuletzt angerufen hat. Und ich dachte, vielleicht benutzt er den elektronischen Terminkalender im Handy. Auf seinem Schreibtisch habe ich nämlich keinen anderen entdecken können.«

Besonders reumütig klang ihr Freund nicht gerade, fand Anne. Andererseits war sie als Journalistin von Natur aus neugierig und musste bei der Informationsbeschaffung auch mal fünf gerade sein lassen. »Na ja, wenn du das Ding schon da hast, können wir auch mal reinschauen.«

Er angelte es aus der Sakkotasche und reichte es seiner Freundin. »Kannst du damit umgehen?«

»Ich hatte noch kaum ein iPhone in der Hand. Seit die blöde Ines extra nach New York geflogen ist, um die erste mit so einem Teil zu sein und es bei jeder sich bietenden Gelegenheit in der Redaktion aus der Tasche holt, um schnell etwas im Internet nachzuschauen, ist mir die Lust an diesen Smartphones etwas vergangen. Aber so schwer sind die nicht zu bedienen.«

Es gelang Anne flott, an die entsprechenden Informationen heranzukommen. Da Tom Schifferli seine elektronische Adressdatei gut gepflegt hatte, ließen sich die Telefonate der vergangenen vierundzwanzig Stunden alle zuordnen. Die letzten beiden Anrufe waren heute am späten Vormittag von Dr. van der Veldts Büro im Botanischen Garten eingegangen. Der späteste Anruf gestern Abend war um 22.24 Uhr von Dr. Neudeckers Handy aus erfolgt. Am frühen Abend hatten noch ein Professor Corrodi aus Bamberg angerufen, den Beaufort anhand der Liste der Kuratorin als Chef der Sternwarte und der Astronomischen Sammlung identifizieren konnte, und seltsamerweise Professor Harsdörffer. Beide Gespräche hatte Schifferli angenommen. Bei den ausgehenden Telefonaten gab es eines gegen 17.00 Uhr mit einem Professor Adler in Nürnberg, der sich als Betreuer der Zoologischen Sammlung entpuppte, sowie eines gegen 18.30 Uhr mit Professor Gäbelein. Beaufort erinnerte sich sofort an den etwas steifen Gelehrten auf Harsdörffers Jour fixe, der enthemmt vom Bier dann noch dessen Cognacvorräte dezimiert hatte. Auch er leitete eine Sammlung, wie ein Blick auf Neudeckers Liste zeigte: die der

Ur- und Frühgeschichte in der Kochstraße. Schifferlis letzter Anruf um 22.32 Uhr war vergeblich gewesen, denn Mareike van der Veldt hatte das Telefonat nicht angenommen. So weit deckten sich die Aussagen der Biologin also mit den Fakten. Beaufort holte sein ledernes Notizbuch hervor und notierte darin alle Anrufe. Der Anrufbeantworter auf dem Smartphone war leider leer.

Dann öffnete Anne den elektronischen Terminkalender im Handy. Tatsächlich hatte Tom Schifferli ihn benutzt, aber nur sehr kryptische Einträge gemacht. Für heute etwa standen dort: 8.30 CHA, 11.00 VV, 15.00 ZOO, 19.00 KWmA. Anne diktierte und Beaufort schrieb sich sämtliche Termine der vergangenen und der kommenden acht Tage bis zur Ausstellungseröffnung auf.

»Wie wollen wir die bloß alle entschlüsseln?«, entfuhr es Anne.

»Ganz leicht wird das nicht«, stimmte er zu, »aber ein paar kann ich aus dem Stegreif herleiten. Den Termin mit mir heute um halb acht hat er nicht eingetragen, aber um halb neun war ein Treffen mit der Neudecker vorgesehen. Ich denke mal, dass CHA für ihren Vornamen Charlotte steht. Dieses Kürzel findet sich ja fast täglich in seinen Terminen. Mit VV ist ganz bestimmt van der Veldt gemeint. Denn mit der hatte er ja am Vormittag etwas ausgemacht. Und ZOO könnte natürlich ein Name sein, aber auch für die Zoologie stehen. Das würde Schifferlis Telefonat mit diesem Professor Adler erklären. Vielleicht haben sie gestern Nachmittag den Termin ausgemacht.«

»Aber was bitteschön ist KWmA?« Anne legte das iPhone auf den Tisch zurück.

»Das kleine m steht vermutlich für ›mit‹. Dann ist das vielleicht ein Treffen mit zwei Personen.«

»Nur wer ist KW? Und wer ist A? Und schau mal hier: Am Montag hatte er nur einen einzigen Termin, obwohl er sonst doch täglich vier bis fünf hatte. Findest du das nicht merkwürdig? BB in B, steht da. Das kann ja wirklich alles Mögliche bedeuten.«

»Bert Brecht in Berlin?«, schlug Beaufort vor.

»Oder Benjamin Blümchen im Botanischen Garten«, konterte sie.

»Mit dem Namen passt er da ja super hin. Es könnte aber auch Bibi Blocksberg im Biologikum sein; das ist im Erlanger Südgelände.«

»Und was hältst du von Brigitte Bardot in Baris?«

Er lachte. »Wie ich dir erzählt habe, war Schifferli Schweizer und nicht Franke. Da wird er wohl kaum Probleme mit dem harten und dem weichen B gehabt haben.«

Das amüsierte Gelächter der beiden zog die Aufmerksamkeit der anderen Gäste auf sie. Als Frank und Anne sich wieder beruhigt hatten, mahnte sie ihn leise: »Zuallererst solltest du aber jetzt dieses Telefon da komplett ausschalten. Denn die Polizei wird es ganz bestimmt vermissen. Womöglich versucht sie es zu orten. Und du willst ja wohl auf keinen Fall von diesem komischen Kommissar als Dieb ertappt werden. Am besten du nimmst sogar den Chip raus.«

Es dauerte ein wenig, bis sie es gemeinsam geschafft hatten, das Smartphone zu deaktivieren.

»Ist der Tod des Ausstellungsleiters eigentlich nichts für eure Regionalnachrichten?«

»Solange das offiziell ein Suizid ist, läuft bei uns gar nichts. Ist dir schon mal aufgefallen, warum du fast nie etwas über Selbstmörder im Radio hörst, im Fernsehen siehst oder in der Zeitung liest? Es gibt da ein Übereinkommen in fast allen Medien, das lautet: Über Selbstmord wird nicht berichtet.«

»Warum denn nicht?« Tatsächlich hatte Beaufort das noch nie bemerkt.

»Weil die Polizei festgestellt hat, dass es nach einer umfangreichen Berichterstattung häufig Nachahmer gibt. Wenn sich ein Lebensmüder vor den Zug wirft, passiert das die nächsten Tage noch häufiger. Und dafür wollen wir nicht die Verantwortung tragen.«

»Wenn bei euch im Verkehrsfunk von Störungen auf der Bahnstrecke die Rede ist, war das also ein Selbstmörder?«

»Nicht immer. Das kann so sein, muss aber nicht.«

Beaufort nickte.

»Erinnerst du dich noch an das Familiendrama vor drei Wochen, wo ein Mann wegen drohender Zwangsvollstreckung erst seine Familie ausgelöscht und dann sich selbst getötet hat? Da haben wir zwar den Selbstmord erwähnt, nicht aber, wie er es gemacht hat. Er ist nämlich von der Freiung der Kaiserburg in den Tod gesprungen. Das müssen wir ja nicht noch als Selbstmordtipp verbreiten.« Anne lehnte sich in ihrem Stuhl zurück und trank einen Schluck Scheurebe. »Aber sag mal, kann es sein, dass du nur deshalb nach den Nachrichten fragst, weil du möchtest, dass ich dir auch bei diesen Recherchen helfe?«

»Natürlich wünsche ich mir das. Erstens macht es viel mehr Spaß mit dir zusammen. Zweitens komme ich nicht überall in die Sammlungen rein, du als Journalistin aber schon. Und drittens hättest du eine exklusive Story, wenn wir beweisen könnten, dass es Mord war.«

Anne dachte nach. »Es könnte nicht schaden, ein paar Extrapunkte in der Redaktion zu sammeln. In anderthalb Jahren geht unsere Chefin in Pension, und schon jetzt versucht sich diese karrieregeile Ines in Position zu bringen. Auf die als Chefin kann ich dankend verzichten.«

»Morgen hast du ja zufällig frei«, ergänzte Frank.

»Und nächste Woche habe ich noch zwei freie Tage. Ich wäre morgen zwar lieber mit dir an den Brombachsee rausgefahren – aber gut. Schließlich interessiert mich der Fall ja auch. Wie wollen wir vorgehen?«

Beaufort war sofort Feuer und Flamme. Mit so geringem Widerstand von Anne hatte er gar nicht gerechnet. »Ich bin fest davon überzeugt, dass Schifferli etwas in den Sammlungen entdeckt hat, das so brisant ist, dass ihn dieses Wissen das Leben gekostet hat. Ich wette, der Mörder kommt aus dem Umfeld der Universität, hat das belastende Material an sich gebracht und den Kurator mitsamt seinem Wissen aus dem Fenster befördert. Deshalb müssen wir uns alle Sammlungen anschauen, die Schifferli betreut hat. Vielleicht finden wir dort etwas Verdächtiges. Manche sind frei zugänglich wie der Botanische Garten, andere wie das Herbarium sind es nicht.«

»Dann überzeuge ich am besten den Chef vom Dienst davon, dass wir über die Ausstellung nächste Woche berichten. Dazu muss ich ja in der einen oder anderen Sammlung ein Interview führen.« Anne schaute auf die Uhr. »Noch müsste er in der Redaktion sein.« Sie rief ihn an und erhielt problemlos den Auftrag.

Die beiden entwarfen einen Schlachtplan. Nicht öffentlich waren die Zoologische Sammlung von Professor Adler, das Herbarium im Südgelände, für das ebenfalls Dr. van der Veldt verantwortlich war, die Sternwarte von Professor Corrodi, die Geologische Sammlung, die derzeit keinen Beauftragten hatte, und die Schatzkammer der Universitätsbibliothek, in die Beaufort über Professor Harsdörffer aber jederzeit hineinkonnte. Durch die Informatiksammlung, die ein Juniorprofessor namens Libor Paschek betreute, gab es jeden zweiten Sonntag öffentliche Führungen. Der Botanische Garten war täglich geöffnet. Die Antikensammlung von Professor Degen, den Beaufort auf Harsdörffers Jour fixe bereits kennengelernt hatte, war am Wochenende geöffnet. Dasselbe galt für die Ur- und Frühgeschichtliche Sammlung von Professor Gäbelein.

»Höre ich da gerade den Namen Professor Gäbelein? Das ist doch der Mann, der den Erlanger Neandertaler entdeckt und beschrieben hat?« Wolf-Dieter war mit der Flasche Scheurebe herausgekommen, um ihnen nachzuschenken und hatte den letzten Brocken des Gespräches aufgeschnappt.

»Erlanger Neandertaler?«, entgegnete Beaufort erstaunt.
»Das sagt mir nichts. Ich bin dem Professor vor ein paar Tagen
bei meinem alten Doktorvater begegnet, weiß aber weiter
nichts über ihn. Kennst du den?«

»Der Mann ist eine echte Koryphäe auf seinem Gebiet. Er
hat in einer Höhle, die der Universität gehört, Ausgrabungen
geleitet und ist auf Knochenreste von Neandertalern gestoßen.
Offenbar eine Sensation in Wissenschaftskreisen. Das ist aber
schon etliche Jahre her.« Wolf-Dieter wirkte wieder ganz nüch-
tern.

»Seit wann interessierst du dich für Frühgeschichte?«,
wollte Anne wissen.

»Tue ich ja gar nicht. Aber der Professor ist ein Kunde
von mir und hat's mir erzählt. Er kauft immer einen Karton
von meinem Elbling. Der steht nämlich auch wahnsinnig auf
Antike, und der Elbling ist eine uralte Rebsorte, die schon von
den Römern kultiviert wurde, heute aber nur noch von einer
Handvoll Winzer in Deutschland angebaut wird. Ein recht
rarer Tropfen.«

»Und warum hast du uns von dem nie etwas angeboten?«,
fragte Beaufort mit gespielter Entrüstung.

»Ein schweres Versäumnis. Dann gehe ich mal eben eine
Flasche holen.« Und wieder verschwand Wolf-Dieter in seinem Laden.

»Ein Frühgeschichtler, der sich für Griechen und Römer
interessiert? Da schau her. Und da behaupten die Leute immer,
unsere Wissenschaftler leben in einem Elfenbeinturm und
sind reine Fachidioten. Dabei überblickt dieser Mann ganze
Jahrtausende der Menschheitsgeschichte.«

»Da ist er aber eindeutig die Ausnahme«, widersprach
Anne energisch. »Wenn ich mich an mein erstes und einziges
Semester Germanistik erinnere, kann ich das nicht bestätigen.
All diese überflüssigen Literaturtheorien: Strukturalismus,
Dekonstruktion, Hermeneutik. Da bekomme ich jetzt noch

einen Ausschlag, wenn ich dran denke. Diese Hermeneutiker beschäftigen sich doch den ganzen Tag mit nichts anderem, als aus Texten etwas herauszuholen, was gar nicht drin steht.«

Beaufort musste über Annes Furor lächeln. »Aber dafür sind sie doch Theoretiker und keine Praktiker. Wenn jemand über Dinge schreiben darf, die er nicht kennt, dann ein Theoretiker.«

Ein Argument, das Anne nicht zu überzeugen vermochte.

»Für unsere Ermittlungen ist das sogar von Vorteil, wenn du dem Universitätsbetrieb gegenüber so kritisch eingestellt bist. Dann lässt du dich nicht so leicht beeindrucken. Schließlich könnte ja einer der Akademiker, die wir befragen, der Mörder sein.«

Der Weinhändler servierte zwei Gläser Elbling, den sie überraschend gut fanden: herb, kernig und fruchtig. Dann klappte Anne ihren Laptop auf und schrieb Mails an die Sammlungsbeauftragten mit der Bitte um ein baldiges Interview für den BR. Das Anatomische Institut mailte sie ebenfalls an, obwohl das nicht in Schifferlis Ressort gehört hatte. Aber Anne fand es wichtig, auch ein paar Informationen über Charlotte Neudecker einzuholen. Außerdem interessierte sie sich als ehemalige Krankenschwester für diese Sammlung ganz besonders, worüber Beaufort die Nase rümpfte. Er konnte auf den Anblick von Leichenteilen in Formalin gut verzichten. Noch mehr störte ihn, dass Anne auch seinen Doktorvater und die Direktorin der UB in den Kreis der Verdächtigen miteinbezog. Schließlich sei es gut möglich, argumentierte sie, dass Schifferlis Geheimnis etwas mit der Bibliothek zu tun haben könnte. Und Harsdörffers später Anruf gestern auf dem iPhone des Schweizers war zumindest suspekt, das musste auch Beaufort zugeben.

Weil immer mehr Stammgäste eintrafen, die die beiden ins Gespräch zogen, war an eine weitere Erörterung des Falles nicht mehr zu denken. Als der laue Sommerabend schon längst in eine Sommernacht übergegangen war und über ihnen die Sterne am wolkenlosen Himmel leuchteten, schaute Anne noch einmal in ihr elektronisches Postfach und teilte ihrem Freund mit, dass Professor Corrodi gerade geantwortet habe. Er erwartete sie schon morgen Vormittag um 11.00 Uhr im Observatorium. Dass gerade dieser Sammlungsleiter sich als Erster gemeldet hatte, erstaunte Beaufort nicht. Schließlich waren Astronomen schon von Berufs wegen Nachtmenschen.

4. Parade – Freitag, 15. Juli

Anne parkte ihren gelben Golf unterhalb der Bamberger Sternwarte am E.T.A. Hoffmann-Gymnasium direkt vor einem blauen Dixi-Klo. *So schön ist Franken!*, stand darauf in fetten schwarzen Lettern geschrieben.

Beaufort deutete auf die Aufschrift: »An dem Slogan müssen die aber noch ein bisschen feilen.«

Seine Freundin schmunzelte. »Bei *Rock im Park* hab ich mal eine ganze Reihe solcher Plumpsklos gesehen, die einen noch schrägeren Werbespruch hatten: *Ihr Geschäft ist unser täglich Brot.*«

»Du willst mich veräppeln.«

»Ich schwöre dir, dass es wahr ist«, beteuerte Anne und schaute sich um. Zu ihren Füßen lag die Bamberger Altstadt mit dem großen Dom. »Mit Ausnahme dieses hässlichen Klohäuschens ist es hier aber wirklich schön«, stellte sie fest. »Eine richtige Stadtrandidylle.«

Sie spazierten die Sternwartstraße hinauf und blieben vor einer roten Backsteinvilla aus der Gründerzeit stehen. Auf dem weitläufigen, parkähnlichen Gelände erhoben sich im Hintergrund die beiden Observatoriumstürme mit ihren charakteristischen graugrünen Kuppeln. *Dr. Remeis-Sternwarte. Astronomisches Institut der Universität Erlangen-Nürnberg*, lasen sie auf einem Bronzeschild neben dem Eingangsportal.

»Kaum zu glauben, dass in so einem schönen alten Gebäude moderne Naturwissenschaft betrieben wird«, fand Anne.

»Lassen Sie sich vom äußeren Schein nicht trügen. Astronomie kann man nahezu überall betreiben, wo man einen leistungsstarken Computer zur Verfügung hat«, sagte eine freundliche Stimme hinter ihnen. Sie gehörte zu einem älteren Mann, der aussah, als sei er hundert Jahre zu spät auf die Welt gekommen. Er war mittelgroß, von kräftiger Statur, trug einen hellen Sommeranzug mit einem weißen Hemd, einen cremefarbenen Panamahut auf dem Kopf und stützte sich auf einen Spazierstock aus Ebenholz mit Elfenbeinintarsien. Der graue Spitzbart und die randlose Brille vollendeten den Retro-Eindruck. »Sie sind die Dame vom Bayerischen Rundfunk, nehme ich an. Mein Name ist Gotthilf Corrodi. Ich leite die Sternwarte.« Er lüpfte höflich seinen Hut.

»Anne Kamlin«, stellte sie sich vor, »und das ist mein Kollege Frank Beaufort.« Wie hätte sie seine Anwesenheit sonst erklären sollen, wenn nicht mit dieser kleinen Notlüge. »Verraten Sie mir, Professor, warum das Observatorium zur Uni Erlangen gehört und nicht zur Uni Bamberg?«

»Gern. Die Sternwarte wurde 1889 von dem reichen Amateurastronomen Karl Remeis gegründet. Aber nach zwei Weltkriegen und zwei Währungsreformen war das Stiftungskapital irgendwann perdu, und alles ging in kommunale Hände über. Doch die Stadt Bamberg hatte auch kaum Geld übrig, um den Betrieb hier zu gewährleisten. Deshalb sind wir 1962 gern unter das Dach der Erlanger Universität geschlüpft. Die Bamberger Hochschule kam dafür niemals infrage, denn die hat überhaupt keine Naturwissenschaftliche Fakultät.«

»Das weiß in Erlangen kaum ein Mensch. Ich wette, selbst die meisten Professoren nicht.«

»Dann können Sie im Rundfunk ja dazu beitragen, es etwas bekannter zu machen.« Der Professor lächelte.

Sie folgten Corrodi ins Gebäude, stiegen durch ein gediegenes Treppenhaus mit einem schönen schmiedeeisernen Geländer in den ersten Stock hinauf und nahmen in dem hellen Büro des Professors Platz, von dem aus der Blick über Bamberg noch schöner war. Der Raum war geschmackvoll mit edlen alten Möbeln und teurer moderner Kunst eingerichtet und gefiel Beaufort auf Anhieb. Ein Mitarbeiter servierte Espresso und eisgekühltes Mineralwasser.

»Wie kann ich Ihnen also behilflich sein?«

Anne zog ihr Aufnahmegerät aus der Handtasche. »Ich arbeite an einem längeren Bericht über die Sammlungen der Erlanger Universität.« Tatsächlich hatte sie heute Morgen den Leiter der Featureabteilung davon überzeugen können, eine Stundensendung für Bayern 2 über das Thema machen zu dürfen. »Arbeitstitel: *Weggeschmissen wird nichts. Von der Sammelleidenschaft einer Universität.*«

Corrodi schmunzelte. »Ein interessanter Titel. Natürlich werfen wir nichts weg, was noch irgendwie von Nutzen sein könnte, nur manchmal ist das schwer zu entscheiden. Eine Universität muss zwar nach vorne schauen, doch hat sie auch die Aufgabe zu bewahren, ähnlich wie ein Museum. Denn Zukunft braucht Herkunft. Jede Sammlung an dieser Universität dokumentiert die Entwicklung der Wissenschaft. Ich glaube, wenn eine Universität das Sammeln vergisst, dann vergisst sie auch ihre Geschichte und hat irgendwann ihren Sinn verloren.«

Der Professor war ein kluger und eloquenter Interviewpartner. Einer, der über den Tellerrand seiner Wissenschaft weit hinausblickte. Das zeigten Beaufort schon die vollen Bücherregale hier, in denen sich Werke verschiedenster Fachrichtungen fanden, vor allem philosophische, historische und kunstgeschichtliche.

»Was sammeln Sie hier eigentlich?«, fragte Anne, »Sterne können es ja wohl nicht sein.«

Der Professor führte seine Espressotasse mit abgespreiztem kleinen Finger zum Mund und trank sie leer. »Doch, genau die sammeln wir. Wir holen sie sogar vom Himmel. Zumindest ihr Abbild. Aber das zeige ich Ihnen am besten bei einem kleinen Rundgang.«

Sie verließen die Villa und gingen durch den sonnendurchfluteten Park zu dem ehemaligen Hausmeistergebäude. Dort schloss Corrodi die Haustür auf. Innen war es warm und roch muffig. Der Raum stand voller massiver Stahlschränke. Corrodi öffnete den nächstgelegenen, zog einen kleinen, schweren Karton hervor und entnahm ihm eine der quadratischen Glasplatten, die er enthielt. Sie war etwa fünfzehn mal fünfzehn Zentimeter groß und zeigte winzig kleine schwarze Punkte.

»Das sind unsere Sterne. Hier sehen Sie ein Glasnegativ vom südlichen Sternenhimmel aus den späten Sechzigerjahren. Davon besitzen wir rund sechsunddreißigtausend Stück. Auf diesen Glasplatten haben unsere Astronomen in Bamberg und in Bloemfontain in Südafrika mehrere Jahrzehnte lang bis in die Siebzigerjahre hinein systematisch bestimmte Himmelsegmente immer wieder aufs Neue durch das Teleskop fotografiert. Hier ist die Geschichte des Himmels bewahrt. Die Platten zeigen mitunter Phänomene, die auch zukünftig noch interessant sein könnten.«

»Zum Beispiel?«, wollte Anne wissen.

»Pulsierende Sterne oder Doppelsterne etwa, die sich durch Helligkeitsveränderungen nachweisen lassen. Wir haben dafür noch eine alte Maschine, einen Blinkkomparator. Aber mittlerweile sind die Fotoglasplatten fast alle digitalisiert und den Forschern weltweit zugänglich.«

»Wird davon etwas in Erlangen gezeigt?«

»Ja, einige dieser Platten geben wir in die Ausstellung. Und dann natürlich einige astronomische Instrumente. Davon haben wir eine hübsche kleine Sammlung.«

Anne und Frank folgten Professor Corrodi hinaus in den Park und zurück zur Villa, von wo aus ein langer Gang das Hauptgebäude mit dem Observatorium verband. Hier waren die historischen Instrumente ausgestellt: Sextanten und Oktanten, Fernrohre und Teleskope, Weitwinkelkameras und Sternenkarten. Meisterwerke der Feinmechanik aus matt schimmerndem Kupfer, edlen Tropenhölzern und mit fein geschliffenen Linsen. Die Journalistin steuerte auf das größte Exponat zu, ein etwa vier Meter langes, dickes Fernrohr aus dunklem Holz mit Metallbeschlägen, und strich mit der Hand darüber. »Das sieht ja schön aus. Kommt das auch in die Ausstellung?«

»Nein, das ist viel zu sperrig und zu empfindlich. Aber dieses kleine Tischfernrohr zeigen wir.« Er deutete auf ein unterarmlanges Holzfernrohr mit Messingbeschlägen auf einem Stativ. »Seitdem ich da hindurchgeschaut habe, ist mein Respekt vor Admirälen wie Lord Nelson erheblich gestiegen. Der hat mit so etwas den Horizont nach feindlichen Schiffen abgesucht. Dabei ist das Gesichtsfeld total winzig, nur etwa daumennagelgroß, und mit dem unserer heutigen Feldstecher überhaupt nicht zu vergleichen.«

»Und wie kommen die Stücke jetzt ins Stadtmuseum, nachdem Dr. Schifferli so plötzlich gestorben ist?« Beaufort fixierte sein Gegenüber.

»Sie kannten Herrn Schifferli?«, fragte Corrodi überrascht.

»Er war es, der uns auf die Idee mit der Rundfunksendung gebracht hat«, sprang Anne ein. »Wie haben Sie von seinem Tod erfahren?«

»Seine Kollegin Frau Neudecker hat gestern alle Kustoden benachrichtigt. Ein tragisches Ereignis, nicht wahr? So ein engagierter junger Kollege. Aber man sieht den meisten Menschen ihre Depression nicht an.«

»Ist denn schon geklärt, ob es ein Suizid war?«

»Was sollte es denn sonst gewesen sein?«

Corrodi neigte zu Gegenfragen, stellte Beaufort fest. »Wann hatte sich Dr. Schifferli eigentlich mit Ihnen verabredet, um die Exponate für die Ausstellung abzuholen?«, hakte er nach.

»Er wollte am Montagvormittag herkommen. Aber nun werde ich die Stücke Frau Neudecker wohl persönlich vorbeibringen, die sehr überlastet scheint. Das haben Sie jetzt aber nicht alles aufgenommen, Frau Kamlin?«

»Nein, natürlich nicht.« Anne hatte ihr Aufnahmegerät tatsächlich ausgeschaltet.

»Gut, dann wollen wir mit der Besichtigung fortfahren und zu unseren Herzstücken vordringen.«

Am Ende des Ganges betraten die drei den ersten Observatoriumsturm und stiegen eine schmale Wendeltreppe hinauf. Der Professor erläuterte schnaufend, dass sich im Inneren des Turms eine gemauerte Säule befand, die mit der Innenwand und der Treppe nicht verbunden war. Das Teleskop oben ruhte allein auf dieser Säule, die tief im Keller ein eigenes Fundament hatte. So war das empfindliche Gerät nicht den Erschütterungen des Gebäudes ausgesetzt. Wenn sie, wie jetzt, die Treppe hochgingen, stand das Teleskop absolut still, was für astronomische Messungen unerlässlich war. Oben in der Kuppel angekommen, setzte Corrodi den Hut ab und wischte sich mit einem Taschentuch den Schweiß von der Glatze.

»Wer zu den Sternen will, muss hoch hinaus«, scherzte Beaufort.

Es war heiß und recht dunkel in dem kreisrunden Raum. Direkt vor ihnen stand das große Teleskop. Man stieg eine altmodische Trittleiter hoch, um hindurchschauen zu können. Die Beobachtungskuppel über ihnen war geschlossen. Corrodi drehte kräftig an einem Steuerrad aus Metall, das an der Wand angebracht war, und die Kuppel öffnete sich einen Spalt, sodass Sonnenschein hereinflutete.

»Der Boden, auf dem wir stehen, lässt sich außerdem drehen, damit man das Teleskop in jede gewünschte Position bringen kann, um den Himmel zu observieren. Das geht natürlich nur, wenn es dunkel und wolkenlos ist.«

»Haben Sie gestern Nacht hier gesessen und Sterne beobachtet?«, wollte Anne wissen.

»Nein, nein«, lächelte Corrodi, »in Bamberg herrscht viel zu viel Lichtverschmutzung. Um gescheite Entdeckungen machen zu können, ist es hier einfach zu hell.«

»Dann wird das Observatorium gar nicht mehr benutzt?«

»Doch, natürlich. Hier bringen wir Studenten in praktischen Übungen den Umgang mit dem Teleskop bei. Diese
beiden Türme sind Teil unserer wissenschaftlichen Lehrmittelsammlung. Denn bei den großen Sternwarten in den Wüsten
oder Hochgebirgen ist gar keine Zeit mehr für die Ausbildung
der Astronomen, weil die teuren Instrumente im Dauereinsatz sein müssen.«

Der Leiter der Sternwarte schloss die Kuppel wieder und
führte die beiden über einen Steg auf dem Dach des Gebäudes, der die beiden Türme miteinander verband, hinüber in
die andere Beobachtungskuppel. Hier stand ein noch größe-
res weißes Teleskop. Schließlich stiegen sie im zweiten Turm
die Wendeltreppe hinab und betraten das Verbindungsge-
bäude, auf dessen Dach sie gerade herumgeturnt waren. Hier
war die umfangreiche astronomische Bibliothek untergebracht. Dazu gab es einen bestuhlten Vortragssaal und etliche
Vitrinen, in denen einhundertfünfzig Jahre alte Mondkarten
sowie weitere sternenkundliche Bücher aus verschiedenen
Jahrhunderten ausgestellt waren. Auch das obere Stockwerk
beherbergte Regale voller Astronomiebücher. Doch handelte
es sich hierbei um die persönliche Fachbibliothek des Stern-
warteleiters, die er lieber im Institut um sich haben wollte
als daheim. Dort hing auch seine beachtliche private Kunstsammlung mit Abbildungen des Mondes und anderer Him-
melskörper, darunter etliche alte Ölgemälde. Sogar ein Aqua-
rell von Caspar David Friedrich erkannte Beaufort. Auf dem
Schreibtisch lagen einige Auktionskataloge, in denen kleine
Zettelchen steckten. Schon wieder ein Kustos, den die Sammelleidenschaft auch privat gepackt hatte, stellte Beaufort
fest. Das ging seinem Doktorvater und Frau van der Veldt ja
auch nicht anders. Als er den Professor darauf ansprach, antwortete der: »Ich bin mir gar nicht sicher, ob ich die Bücher
und Bilder wirklich sammle. Manchmal habe ich das Gefühl,
sie sammeln mich.«

Der Rundgang war beendet, und der Hausherr begleitete seine Besucher durch den Garten zurück zum Ausgang. An dem kleinen Institutsparkplatz verstaute Corrodi noch schnell zwei Bücher, die er aus seiner Bibliothek mitgenommen hatte, auf dem Rücksitz seines Wagens. Die große dunkelgrüne Limousine war wuchtig und hoch und sah sehr luxuriös aus, ausgestattet mit viel Leder und Edelhölzern im geräumigen Innenraum.

»Das nenne ich mal ein schönes Fahrzeug«, sagte Beaufort anerkennend, der von Autos nicht die geringste Ahnung hatte. Er konnte mangels Interesse einen BMW kaum von einem Volvo unterscheiden, aber dieses Modell hier gefiel ihm wirklich. »Was ist das für eine Marke?«

Anne verdrehte die Augen angesichts einer so naiven Frage. Doch der Professor stützte sich ruhig auf seinen Spazierstock und antwortete schlicht: »Ein Rolls Royce.«

Beaufort war beeindruckt und lobte die Eleganz der Edelkarosse.

»Es ist schon ein etwas älteres Modell, das ich gebraucht erworben habe. Aber es ist in der Tat ein äußerst komfortables Fahrzeug«, fügte Corrodi erläuternd hinzu, verabschiedete sich schließlich von den beiden und ging in die Sternwarte zurück.

»Ein sympathischer Mann«, bemerkte Frank, als er mit Anne den Hügel wieder hinunterspazierte.

»Ja, das ist er wirklich. Und es war auch eine interessante Besichtigung. In so einem alten Observatorium stelle ich mir das Sternegucken noch richtig romantisch vor. Aber für unsere Mordrecherchen hat der Besuch nichts gebracht. Corrodi wäre physisch wohl kaum dazu in der Lage, Schifferli gewaltsam aus dem Fenster zu stoßen. Dem ging ja schon die Puste aus, als er den Turm hoch ist.«

»Aber er lebt auf ganz schön großem Fuße, findest du nicht? Auch ein Lehrstuhlinhaber hat keine unbegrenzten finanziellen Möglichkeiten.«

»Vielleicht geht's ihm ja so wie dir, und er hat geerbt.« Sie waren beim Golf angekommen, in dem die Hitze stand, sodass sie erst mal die Türen öffneten, um durchzulüften. »Warum schaffst du dir eigentlich keinen Rolls Royce an?«, fragte Anne. »Der würde dir gut stehen.«

»Wenn du deinen Job aufgibst und mich den ganzen Tag durch die Gegend chauffierst, herzlich gern.« Er zog sie an sich und knabberte zärtlich an ihrem Ohrläppchen. »Da hätte es auch reichlich Platz auf dem Rücksitz.«

Anne machte sich kichernd los. »Ihr Kerle seid doch alle gleich«, stellte sie kopfschüttelnd fest. »In deinem tiefsten Innern bist du auch nur ein ganz normaler Mann.«

»Dann möchte dieser normale Mann jetzt aber wenigstens ein Bier und etwas zu essen«, konterte Beaufort. »Was hältst du von einer netten kleinen Brotzeit auf einem schattigen Bierkeller mit einem Schlenkerla dazu? Rauchbier gehört ja wohl zum Pflichtprogramm, wenn man schon mal in Bamberg ist.«

»Daraus wird nichts werden. Hast du vergessen, dass wir um drei einen Termin in der Anatomie haben? Der Chefpräparator hat gleich heute Morgen auf meine Mail geantwortet. Und die Herbariums-Liste musst du auch noch aus dem Botanischen Garten holen, ehe sie schließen.«

»Wenn du denkst, dass ich mit leerem Magen in die Anatomie reingehe, hast du dich aber getäuscht«, entgegnete Beaufort bestimmt.

»Fürchtest du dich etwa vor ein paar Leichenteilen?«, frotzelte Anne. »Ich glaube, ich habe mich getäuscht, und du bist doch kein normaler Mann.«

*

Erfrischt durch zwei belegte Brötchen und eine Flasche Bionade und ausgestattet mit Mareike van der Veldts Aufstellung der Herbarbelege, die sie Schifferli überlassen hatte,

fand Beaufort sich um fünf vor drei am Eingang des Anatomischen Instituts ein. Er hatte die Liste ohne Probleme von
einem Mitarbeiter des Botanischen Gartens bekommen. Sie
lag in einem Umschlag bereit, der an Hauptkommissar Müller adressiert war. Anne dagegen war von ihrer Stippvisite ins
Philosophische Seminargebäude noch nicht zurückgekehrt.
Sie wollte versuchen, dort unbemerkt in Schifferlis Büro zu
kommen und sich auf die Suche nach dem Geheimnis des
Kurators machen. Möglicherweise hatte er es dokumentiert
und irgendwo versteckt – vielleicht zwischen den Papieren in
seinen Aktenordnern.

Während Beaufort wartete, studierte er die Aufstellung.
Vier Bögen mit getrockneten Pflanzen hatte Tom Schifferli
aus dem Herbarium erhalten. Neben dem Dechsendorfer
Strandling (Litorella uniflora) waren es Blätter und Früchte
einer Zwergpalme aus Theben (Chamaerpos humilis), eine
Sand-Radmelde (Kochia arenaria) aus dem Jahr 1801, benannt
nach dem Gründer des Erlanger Herbariums Wilhelm Daniel
Josef Koch, und eine Nymphendolde (Astydamia latifolia) von
den Kanarischen Inseln. Da Beaufort von Botanik kaum etwas
verstand, würde er die Pflanzen in der Universitätsbibliothek
nachschlagen müssen. Vielleicht waren sie ein Mosaikstein-
chen zur Aufklärung des Mordes. Er steckte den Umschlag ins
Sakko und zog sein Notizbuch hervor. In seinen Abschriften
von Schifferlis elektronischem Terminkalender überprüfte
er den kommenden Montag. Dort waren am 18. Juli um
10.00 Uhr die Buchstaben BA eingetragen. Wenn das der Termin mit Professor Corrodi sein sollte, standen die Buchstaben
wahrscheinlich für das Autokennzeichen von Bamberg. Eine
erkennbare Systematik herrschte nicht gerade in den Kürzeln
des Kurators, mal bezeichneten die Buchstaben eine Person,
mal eine Institution, mal einen Ort. Doch wie es aussah, hatte
der Leiter der Sternwarte nicht gelogen in Bezug auf den Mon-
tagstermin.

Anne bog mit schnellen Schritten und gehetztem Gesichtsausdruck um die Ecke.

»Du bist spät dran«, empfing er sie erwartungsvoll, »dann warst du also in Schifferlis Büro?«

Sie schüttelte den Kopf. »Nein, das ist von der Polizei versiegelt worden. Da kommt keiner mehr rein. Vielleicht ermitteln sie jetzt doch wegen Mordes. Es war leider niemand mehr im Institut, mit dem ich darüber hätte sprechen können. Aber das war ja zu erwarten am Freitagnachmittag.«

»Und was hast du die ganze Zeit über getrieben?«

»Einen Parkplatz gesucht«, antwortete sie genervt. »Und wegen der blöden Einbahnstraßen musste ich einmal ganz um den Pudding fahren. Als Autofahrer bist du hier echt aufgeschmissen, wenn du dich nicht gut auskennst.«

»Erlangen ist eben die Stadt der Radler«, stellte Beaufort fest und ließ den Deckel seiner Taschenuhr aufschnappen. »Wir sind acht Minuten über der Zeit.« Er schritt die Freitreppe hinauf.

»So mutig voran?«, zog sie ihn auf. »Hast dich wohl gestärkt?«

»Nur ein bisschen«, wiegelte er ab, um nicht wieder eine Kaloriendiskussion führen zu müssen.

In der Eingangshalle erwartete sie schon der Chefpräparator. Irgendwie hatte sich Beaufort so einen hauptberuflichen Leichensezierer als kleines, hageres, blasses und humorloses Männlein vorgestellt, doch dieser Bursche sah aus wie Jung Siegfried persönlich. Er trug lange blonde Locken, hatte stahlblaue Augen und ein makelloses weißes Gebiss, mit dem er mühelos Kronkorken von Bierflaschen hätte herunterbeißen können. Sein athletischer Körper wurde von einem blauen OP-Dress regelrecht umschmeichelt, dessen V-Ausschnitt ein Stück der muskulösen, rasierten Brust freigab. Sein Händedruck war kräftig, sein Lächeln sympathisch offen und sein leichter französischer Akzent bezaubernd. Er stellte sich als

André Ciseaux vor. Beaufort mutmaßte, dass seinetwegen zahlreiche Medizinstudentinnen plötzlich ihr Herz für die Anatomie entdeckten. Auch Anne interessierte sich, wie er missbilligend feststellte, weniger für die architektonische Schönheit des Foyers als für die des Muskelmannes, mit dem sie bereits ganz vertraut scherzte. Ciseaux führte die beiden Besucher in die erste Etage, bog glücklicherweise aber nicht nach rechts in Richtung Neudeckers Büro ab, sondern nach links und lotste sie in einen großen Saal am Ende des Ganges. Durch die vielen Fenster fiel helles Sonnenlicht auf das, was Beaufort im Detail so genau gar nicht sehen wollte. Hier standen in großen Vitrinenschränken zahlreiche Gläser, in denen präparierte Leichenteile in Fixierlösungen schwammen. Da gab es Herzen und Lungen, Lebern und Nieren und allerlei ab- und aufgeschnittene Stücke von Organen, die Beaufort nicht auf Anhieb zuordnen konnte. Diese Präparate hatten erstaunlicherweise wenig Erschreckendes. Vielleicht lag es an der Ästhetik der Erscheinung – wenn die Sonnenstrahlen durch die Gläser drangen, schienen die Organe wie schwerelos zu schweben – vielleicht aber auch an den schönen historischen Etiketten. Was darauf in geschwungener Handschrift mit Tinte rot umrändert geschrieben stand, war reine Poesie: Nierenkelch, Blasengrund, Darmrosette, Zungenbein, Magenschlucht und Venenstern.

Ziemlich prosaisch und einschüchternd war dagegen eine Sammlung von Köpfen und Kopfteilen wie Zunge, Kehlkopf, Augen. Hier sah man überdeutlich, dass sie einmal Teil lebender Menschen gewesen waren. Sie hatten mit diesen Köpfen gerochen, gesehen, gehört, gekaut und geschluckt, genauso wie er und Anne. Doch jetzt waren sie tot und ihre Sinne erstorben.

»In diesem Raum stellen wir unsere Feuchtpräparate aus«, erläuterte Ciseaux. »Er ist noch nicht vollständig ausgestattet, denn es gibt immer noch Körperregionen, die Sie hier kaum vertreten finden. Zum Beispiel die Geschlechtsorgane. Daran werden wir in den kommenden Jahren noch arbeiten.«

Beaufort verschränkte unwillkürlich seine Hände in der Leistengegend und wirkte dabei wie ein Fußballspieler beim Freistoß in der Mauer. Anne steuerte interessiert auf die Sammlung der Häupter zu und blieb vor einem rechteckigen Gefäß stehen, in dem ein halbierter Kopf schwamm. Der Schnitt hatte Stirn, Nase, Mund, Kinn und Hals der Länge nach gespalten, sodass man ins Innere des Schädels blicken konnte.

»Schau mal«, sagte sie begeistert zu Frank, »das ist ein Sagittalschnitt durch den Kopf. Hier erkennst du die Gehirnhälfte und das verlängerte Rückenmark, das in die Wirbelsäule hineingeht. Dann hier vorn den Mund und die Nebenhöhlen – kaum zu glauben, dass die so groß sind. Das da sind die zur Zunge führenden Nerven und die starke Muskulatur im Kieferbereich, und das der hintere Schlund und der Kehlkopfdeckel. Ist doch toll, das mal aus dieser Perspektive zu sehen.«

Beaufort schluckte und fasste sich an den Hals. »Sehr imposant«, sagte er mit belegter Stimme und starrte die halbierte Zunge an. Sie war riesig und nahm den kompletten Unterkiefer ein. Was er erblickte, wenn er seine Zunge vorm Spiegel ausstreckte, oder spürte, wenn er Anne küsste, war höchstens ein Drittel des kompletten Organs.

»Sie kennen sich ja gut aus«, lobte Ciseaux, »sind Sie vom Fach?«

»Ich bin examinierte Krankenschwester, und Anatomie hat mich immer besonders interessiert. Aber jetzt bin ich schon einige Jahre Journalistin.«

»Schade, dass Sie die Medizin aufgegeben haben. Aber schauen Sie sich mal die andere Seite des Kopfes an.« Er führte Anne um das Gefäß herum, wo Nase, Augenlid und Ohr noch so aussahen, wie die Natur sie geschaffen hatte, aber der Rest des Gesichts freipräpariert worden war. »Hier ist die Haut und alles Bindegewebe entfernt worden, teilweise sogar noch tiefere Schichten. Zu sehen sind die mimische Muskulatur und ein Teil der Kaumuskulatur.«

Anne beugte sich vor, um alles noch genauer betrachten zu können. Der blondgelockte Chefschnippler tat es ihr gleich und erklärte Details des Präparats.

»Das muss ja eine Wahnsinnsarbeit gewesen sein, das alles freizulegen«, stellte sie fest und strich sich eine dunkle Haarsträhne hinters Ohr. »Wie lange haben Sie daran gesessen?«

»Dieses Werk stammt nicht von mir, sondern von einem meiner Vorgänger. Aber an so einer tieferen Gesichtspräparation arbeitet man viele, viele Wochen.«

Es war Zeit, dieses traute Tête-à-Tête-à-Tête zu stören, fand Beaufort und stellte die Sinnfrage: »Braucht man solche Sammlungen heute überhaupt noch? Schnittbilder durch den Körper liefern doch auch Computertomografen und Ultraschallgeräte. Und zwar, ohne dass man dafür tot sein muss.«

Ciseaux richtete sich auf und wandte sich ihm zu. »Das stimmt. Es gibt wirklich hervorragend fotografierte Anatomie-Atlanten und ganze Datenbanken digitaler Bilder aus dem Inneren des Körpers, aber ein echtes Präparat können die nicht ersetzen. Erst hier verstehen Sie wirklich, dass das kein Bild ist, sondern mal der Kopf eines lebendigen Menschen war. Oder dass das Herz dort drüben mal in einem Körper geschlagen hat. Ein Präparat ist authentisch und macht viel mehr Eindruck. Man kann es in den Händen halten, drehen und wenden.«

»Na ja, aber eine gewisse makabre Faszination hat das alles hier schon«, fand auch Anne.

»Das ist nicht makaber, sondern real. Das ist unsere Zukunft. Da geht es hin, für jeden von uns. Den Toten, die wir jetzt anschauen, werden wir unausweichlich nachfolgen. Und was wir jetzt noch sind – lebendige Menschen – das waren die hier auch einmal.«

»Die Anatomische Sammlung als Memento mori«, resümierte Beaufort. »So kann man es natürlich auch sehen.«

Beim Betrachten der nach Größe aufgereihten Kinderskelette waren die Exkrankenschwester und der Oberpräparator dann schon wieder am Fachsimpeln. Beaufort trottete leicht gelangweilt hinterher. Für die Mordermittlung schien auch dieser Besuch eher unergiebig zu sein, aber was tat man nicht alles, um seiner Freundin eine Freude zu bereiten.

Sie betraten einen zweiten, kleineren Raum, der zur Universitätsstraße hin lag. Darin fanden sich Vitrinen voller menschlicher Schädel, mehrere Skelette, altertümlich wirkende medizinische Modelle aus Kunststoff und in einem hohen Schrein, vor dem sie stehen blieben, zwei aufrechte Tote, an denen Muskeln, Blutgefäße und innere Organe freilagen.

»Das ist unser Raum mit den Trockenpräparaten. Hier befinden sich unsere ältesten Stücke. Dieses Pärchen hier ist schon über zweihundert Jahre alt. Möglicherweise stammen diese beiden Ganzkörperpräparate sogar noch von der Universität Altdorf aus der Sammlung des großen Anatomen Lorenz Heister.«

Beaufort, der schon länger nichts mehr gesagt hatte, wurde hellhörig: »Ist das der Arzt, der ein Standardwerk der Medizin geschrieben hat?«

Ciseaux sah ihn verblüfft an. »Genau. Es gibt sogar zwei große Bücher von Heister. Einmal das *Compendium Anatomicum* und dann seine berühmte *Chirurgie*, das erste Werk überhaupt, das sich wissenschaftlich mit einem Gebiet befasste, für das damals noch die niederen Wundärzte zuständig waren, die alle nicht studiert hatten.«

»Sie kennen sich ja bestens aus«, stellte Beaufort nachdenklich fest.

»Sie aber auch.«

»Frank ist ein richtiger Bibliomane – bei Büchern ist er Experte«, verkündete Anne stolz. Dann deutete sie auf den aufrecht stehenden Toten, bei dem die Arterien rot, die Venen blau und die Nerven gelb gefärbt waren. »Die schaut aber klein aus, die Leber. Und die anderen inneren Organe auch alle.«

»Die sind bei der Konservierung damals geschrumpft. Wahrscheinlich hat man sie zuerst im Alkoholbad entwässert und dann den ganzen Leichnam in flüssiges Wachs gedrückt. Aber fällt Ihnen sonst nichts auf an dem Mann?«

»Mit dem angewinkelten Arm und dem zurückgelegten Kopf wirkt er irgendwie so inszeniert. Das erinnert mich ein bisschen an Gunter von Hagens *Körperwelten*.«

»Auf den wir nicht gut zu sprechen sind, weil das nur Show ist und keine Wissenschaft. Aber ein wenig erinnert dieses Präparat hier tatsächlich an anatomisches Theater, das ist richtig. Aber das meinte ich nicht.« Ciseaux' blaue Augen schauten erwartungsvoll von Anne zu Beaufort.

»Dieser Mann trägt das Herz auf dem rechten Fleck, würde ich sagen.«

»Mensch, Frank, das stimmt! Ist mir überhaupt nicht aufgefallen. Alle Organe sind spiegelverkehrt. Hat da der Präparator gepfuscht?«

Jung Siegfried lächelte wissend. »Da kann ich Ihnen ja doch noch etwas Neues beibringen in Anatomie, Frau Kamlin. Das ist ein Situs inversus, bei dem sämtliche Organe im Brust- und Bauchraum seitenverkehrt gewachsen sind. Kommt sehr selten vor, ist aber keine Krankheit. Die Leber tut auch links ganz normal ihren Dienst.«

»Apropos Krankheit. Wo sind eigentlich Ihre pathologischen Präparate? Ich würde gerne mal sehen, wie zum Beispiel eine Leberzirrhose aussieht.«

»Das ist eine traurige Geschichte. Diese Sammlung ist in einem sehr schlechten Zustand. Aber ich kann sie Ihnen natürlich gern zeigen. Auch daraus gehen Exponate in die große Ausstellung.«

Während sie die repräsentativen Schauräume der Anatomischen Sammlung hinter sich ließen und immer tiefer hinabstiegen, bis sie nach der Durchquerung des kompletten Gebäudes an einem abgelegenen Keller anlangten, erklärte Ciseaux, dass die Pathologische Sammlung in den vergangenen Jahrzehnten kaum mehr gepflegt und mehrfach verkleinert worden sei. Als das Pathologische Institut vor ein paar Jahren saniert werden sollte, sei die Sammlung zur Zwischenlagerung hierhergekommen, wo sie sich noch heute befinde. Leider immer noch in einem ziemlich erbärmlichen Zustand, da auch in der Anatomie kaum Kapazitäten frei seien, um die Sammlung zu restaurieren. Als der Präparator die Tür öffnen wollte, stellte er verwundert fest, dass sie gar nicht abgeschlossen war und innen Licht brannte.

»Hallo, ist da jemand?«, rief Ciseaux in den komplett zugestellten Keller hinein. Auf engstem Platz waren Reihe an Reihe moderne Metallregale aufgebaut, in denen dichtgedrängt staubige Gläser voller Organe standen.

»Ja, ich«, kam eine zaghafte Antwort aus der Tiefe des Raumes.

»Roswitha? Bist du das?«

»Äh, ja«, ließ sich die näherkommende Stimme vernehmen, und einige Sekunden später tauchte eine Frau auf, die eine schwere Fotoausrüstung mit sich schleppte. Sie war um die fünfzig, mittelgroß, ein bisschen füllig um die Hüften, trug Blue Jeans und T-Shirt und einen biederen Kurzhaarschnitt, in dem schon viele graue Fäden steckten. Beaufort erkannte sie sofort wieder. Es war van der Veldts Mitarbeiterin, die gestern die Stechäpfel im Botanischen Garten fotografiert hatte. Sie schaute schüchtern in die Runde und ließ sich nicht anmerken, ob sie Beaufort ebenfalls wiedererkannte.

»Was tust du denn hier?«

»Ich musste noch ein paar Fotos nachmachen für den Katalog. Aber ich bin gerade fertig geworden. Schönes Wochenende noch.« Und mit einer Geschmeidigkeit, die man ihr bei dem sperrigen Gepäck gar nicht zugetraut hätte, schlängelte sie sich rasch an den dreien vorbei und verließ fast fluchtartig den Keller.

»Wer war denn das?«, wollte Anne wissen.

»Das war Roswitha Weyrauch, unsere Universitätsfotografin.«

»Universitätsfotografin? Das hat ja fast einen Touch von königlich-bayerischem Hoffotograf. Hat die überhaupt genug zu tun?«

»Na, überlegen Sie mal, was allein in den Sammlungen zu fotografieren und zu dokumentieren ist. Ganze Sammlungsbereiche werden digitalisiert, um Bilder von Steinen, Scherben, Münzen oder Pflanzen im Internet zugänglich zu machen.«

»So wie die Himmelsfotos aus der Bamberger Sternwarte?«, fragte Beaufort.

»Bamberg?« Ciseaux war irritiert. »Nein, die haben eine eigene Uni. Ich rede von unserer Friedrich-Alexander-Universität.«

Frank und Anne lächelten sich vielsagend an.

»Außerdem macht Roswitha die Fotos für den *Ausgepackt*-Katalog«, fuhr der Präparator fort. »Und ab und zu knipst sie auch welche für die Presseabteilung.«

Dann fuhr André Ciseaux mit der Besichtigung fort und zeigte den beiden einige der über hundert Jahre alten Präparate, an denen man die Auswirkungen bestimmter Krankheiten auf den Körper in einzigartiger Weise hätte studieren können, wenn sie denn in gutem Zustand gewesen wären. Doch viele der Glasgefäße waren staubig und teilweise beschädigt. Die Versiegelung war porös geworden, sodass sich der Alkohol verflüchtigt hatte und manche Präparate vertrocknet waren. Andere Organe waren von Schimmelpilzen befallen oder kaum noch in ihren Zylindergläsern zu erkennen, weil sich die einst klaren Konservierungsflüssigkeiten zu einer gelben Brühe verfärbt hatten. Denn Formaldehyd, erläuterte der Präparator, löst die Fette aus den Geweben und färbt sie ein.

Beaufort fühlte sich extrem unwohl hier unten. Das alles erinnerte ihn mehr an eine Gruft als an eine wissenschaftliche Sammlung. Hinter jedem Präparat steckte eine individuelle Lebens- und Leidensgeschichte, die tödlich geendet hatte. Bei allem Verständnis fürs Sammeln – für Frank waren hier die Grenzen seiner Pietät überschritten. Anne sah das anders, aber Gott sei Dank hatte auch sie bald genug von Staublunge und Syphilis-Gehirn, Zehengangrän und Zuckergussmilz, und sie verließen den engen Keller wieder. Beaufort atmete befreit auf, als Ciseaux die Tür hinter ihnen abschloss. Doch wurde seine Erleichterung gleich wieder zunichte gemacht, als Anne fragte: »Wo restaurieren Sie eigentlich die pathologischen Präparate? Ich nehme ja nicht an, dass Sie die so in die Ausstellung geben.«

»Im Leichenraum. Möchten Sie ihn sehen?«

»Ja!« »Nein!«, ertönten die simultanen Antworten. Die eine mit Enthusiasmus, die andere mit Abscheu ausgesprochen.

Anne wandte sich halb belustigt, halb befremdet an Frank. »Jetzt sei kein Frosch.«

Wenn er nicht als Waschlappen dastehen wollte, musste er sich fügen, obwohl ihm schon ganz flau im Magen war. Beaufort erkannte sich selbst nicht wieder. Gut, er war nicht besonders scharf auf diese Sammlungen hier, aber ein Feigling war er gewiss nicht. Und der Anblick von Toten, selbst der von Mordopfern, hatte ihn bislang nie groß aus der Fassung gebracht. »Wenn's denn sein muss, komme ich mit«, lächelte er schief.

Wieder folgten sie dem blonden Hünen, doch diesmal ging es nach oben ins Foyer und von dort durch Flure und Gänge bis vor eine große Tür. Deren untere Hälfte war mit Edelstahl beschlagen, in Kopfhöhe hatte sie ein Bullauge. Der Präparator schloss auf.

»Hereinspaziert in den Leichenkeller, der bei uns eigentlich ein Leichenerdgeschoss ist.«

Sie betraten einen großen gekachelten Raum mit hellen Bodenfliesen. Zahlreiche Deckenleuchten sorgten dafür, dass hier drinnen nichts im Dunkeln blieb. In der Mitte thronte ein großer steinerner Seziertisch. An der Außenwand befanden sich, in Reih und Glied, mehrere gekachelte, badewannenartige Tanks, die mit Edelstahldeckeln verschlossen waren. Zwischen zwei dieser Wannen stand eine stählerne Bahre auf Rollen. Darauf lag ein in blaues Plastik eingewickelter Toter – eine starre, bleiche Hand schaute darunter hervor. Neben einer zweiten Tür war eine weitere Edelstahlbahre, auf der ebenfalls eine Leiche lag, deren Umrisse sich unter dem feuchten blauen Tuch abzeichneten. Es war kalt und roch unangenehm süßlich.

»Das müffelt aber ungut hier«, stellte Beaufort fest.

»Ich muss Ihnen gestehen: Ich rieche es nicht«, bekannte Ciseaux. »Aber da mir das jeder sagt, der hier reinkommt, gehe ich mal davon aus, dass es stimmt. Wahrscheinlich liegt das an der Balsamierungsflüssigkeit.« Er deutete auf die gekachelten Wannen. »Da drunter sind große Tanks in den Boden eingelassen. Bis zu achtzehn Leichen können wir hier aufbewahren, ehe sie von den Studenten seziert und präpariert werden.«

»Geschieht das hier drin?«, wollte Anne wissen.

»Nein, dazu sind es zu viele Studenten. Der große Präparationssaal ist oben im zweiten Stock direkt über der Anatomischen Sammlung. Da erkunden die Medizinstudenten dann Schicht um Schicht die toten Körper.«

»Warum eigentlich? Die könnten sich doch auch einfach Ihre Sammlung anschauen?«

»Das muss sein«, sagte der Präparator im Brustton der Überzeugung. »Nur an einem echten Körper lernen die Studenten, dass der Mensch kein Plastikmodell ist. Wenn Sie einmal selbst eine Aorta freigelegt haben, werden Sie später eine Herzkatheteruntersuchung ganz anders durchführen.«

»Und wo stellen Sie jetzt die alten Organe aus dem Keller wieder her?« Beaufort verspürte leichte Übelkeit wegen des Geruchs und wollte endlich raus hier.

Ciseaux führte sie in einen Nebenraum, wo in einem Porzellanbecken drei blaue Plastikeimer standen, in die blubbernd Wasser hinein- und wieder herausfloss.

»Hier werden die Pathologiepräparate unter leicht fließendem Wasser vierundzwanzig Stunden lang gespült, nachdem sie zuvor wochenlang in einer Fixierlösung waren.« Er griff in den Eimer und hob ein Gehirn heraus. »Das war total schimmelig, jetzt sind nur noch ein paar Reste von dem Pilz dran. Es wird anschließend noch einmal chemisch behandelt und dann mit neuer Konservierungsflüssigkeit zurück ins gereinigte Glas gegeben.«

»Ist da ein Loch in dem Gehirn?«

»Sehr aufmerksam, Frau Kamlin. Dieses Präparat ist über hundert Jahre alt und stammt aus der Gerichtsmedizin. Da wir die Sektionsunterlagen von damals noch haben, lässt sich der Fall rekonstruieren. Der Besitzer dieses Gehirns kam zu Tode, weil ihm jemand mit voller Wucht eine Schere in den Schädel gerammt hat.«

»Der Pathologe weiß alles, nur leider zu spät«, frotzelte Anne.

Ciseaux lachte herzlich. »Den Satz muss ich mir merken.« Er ließ das Präparat behutsam in den Eimer zurückgleiten. »Frau Neudecker hätte das Gehirn ja gern in der Ausstellung gehabt, aber es wird wohl nicht mehr rechtzeitig fertig werden.«

»Haben Sie vom Tod Ihres Kollegen Tom Schifferli gehört?«, fragte Beaufort.

»Natürlich. Die Nachricht hat sich unter uns Sammlungsleuten wie ein Lauffeuer verbreitet. Es soll ja wohl ein Suizid gewesen sein, was man so hört.«

»Kannten Sie ihn gut?«

»Nicht besonders. Wir sind uns hier ein paarmal begegnet und haben immer ein wenig geplaudert. Meistens auf Französisch, er war ja Schweizer. Netter Kerl. Aber viel zu tun hatte ich nicht mit ihm. Für die Anatomie ist Frau Neudecker zuständig.«

»Die hat jetzt ganz schön viel Arbeit, wenn sie die Ausstellung noch rechtzeitig fertig bekommen will, die Arme«, bemerkte Anne.

»So arm dran ist sie nun auch wieder nicht. Ich schätze, dass sich unter ihre Tränen der Trauer auch ein paar Krokodilstränen gemischt haben.«

»Wie meinen Sie das?«, fragte Beaufort, die Erregung in seiner Stimme mühsam unterdrückend.

Der Präparator kratzte sich hinterm Ohr. »Na ja, ich weiß ja nicht, wie gut Sie die beiden kennen. Aber Neudecker und Schifferli waren nicht nur Kollegen, sondern auch Konkurrenten. Denn zum ersten Mal seit zweihundert Jahren hat die Universität wieder die Stelle eines hauptamtlichen Kustos ausgeschrieben. Das ist der oberste Wächter über alle unsere Sammlungen. Und die besten Chancen auf diesen Posten, der nächsten Monat besetzt wird, hatten natürlich die zwei. Aber nur einer kann ihn auch bekommen.« Er schaute sich um, aber da waren nur die Toten im Nebenraum. »Was man so hört, soll ihre Zusammenarbeit in den letzten Wochen nicht gerade sehr harmonisch gewesen sein.«

»Und wie hat sich das geäußert?«

»Ich kann Ihnen nichts Konkretes sagen. Aber wenn Sie die überaus ehrgeizige Mademoiselle Neudecker, die sich auf ihre beiden Doktortitel Wunder was einbildet, so gut kennen würden wie ich, dann können Sie sich gut vorstellen, wie das abläuft. Man verschweigt wichtige Termine, gibt unvollständige Informationen weiter, sichert sich Herrschaftswissen, sorgt dafür, dass der Konkurrent Fehler macht, und tut dann alles, damit diese Fehler auch publik werden. Und bei alldem gibt man sich nett und vertrauensvoll. Killing with kindness. Glauben Sie mir: Frau Neudecker hat das Handbuch der Intrigen intensiv studiert. Darin könnte sie glatt ihren dritten Doktor machen – und zwar summa cum laude.«

*

Anne reckte ihr Gesicht in die Sonne, während Beaufort ihr gegenüber auf der Bierbank im Halbschatten saß und die Speisekarte des *Entlas Kellers* studierte. Sie genossen den Blick vom Burgberg hinunter in die Stadt. Schade eigentlich, dass sie so selten hierherkamen. Aber meistens berichtete ein ortsansässiger BR-Kollege aus Erlangen.

»Als André Ciseaux vorhin die Intrigenkompetenz der Kuratorin beschrieben hat, musste ich gleich an meine liebe Kollegin Ines denken. Die hat haargenau die gleichen Machenschaften drauf. Scheint ja ein richtiges kleines Biest zu sein, diese Neudecker.«

»Das kann ich nicht unbedingt bestätigen«, erklärte Frank, ohne von der Karte aufzublicken. »Sie ist eine ganz aparte Frau, die eben weiß, was sie will. Schickes Büro, geschmackvolle Garderobe, hübsches Gesicht, beeindruckendes Dekolleté. Und obendrein noch klug. Also mir hat sie ausnehmend gut gefallen.«

Anne schwieg einige Sekunden, dann lachte sie laut auf. Beaufort schaute verblüfft hoch. Das war nicht die Reaktion, mit der er gerechnet hatte.

»Ein schwacher Versuch, mich eifersüchtig zu machen, Frank, ganz schwach. Aber goldig, ja geradezu liebenswert.« Sie legte zärtlich ihre Hand auf seine und streichelte sie. »Dabei bist du es doch, der hier eifersüchtig ist.«

»Du hast mit diesem französischen Bodybuilder aber auch mächtig rumgeschäkert«, brummte Beaufort ertappt. »Ich wette, der stemmt statt Hanteln Oberschenkelknochen.«

»Erstens war es schön, mal wieder ein bisschen zu fachsimpeln. Zweitens hätte uns Ciseaux nichts über die Neudecker erzählt, wenn er nicht Vertrauen zu mir gewonnen hätte.
Und drittens stehe ich nicht auf Männer, die sich die Brust
und sonst noch was rasieren – die erinnern mich nämlich an
gerupftes Geflügel.« Sie beugte sich über den Tisch, um ihm
einen Kuss zu geben, schob dabei ihre Hand unter sein Hemd
und kraulte sein Brusthaar.

»Aber das ist schon ein Ding mit der Neudecker«, sagte
Anne, nachdem sie sich wieder hingesetzt hatte. »Traust Du
ihr den Mord zu?«

»Aus Konkurrenzgründen? Wohl kaum. Da muss schon
noch ein stärkeres Motiv dazukommen.«

»Du weißt ja nicht, wie Schifferli sich gegen ihre Hinterlis-
ten gewehrt hat. Vielleicht betrifft das Geheimnis gerade seine
Kollegin, und er hat einen dunklen Punkt in Neudeckers Vergangenheit entdeckt, den sie unbedingt verheimlichen muss.
Eine gefälschte Doktorarbeit zum Beispiel. Das ist ja gerade
ziemlich en vogue bei unseren Politikern.«

»Ich will das nicht ausschließen. Aber rein körperlich
scheint sie mir nicht dazu in der Lage, Schifferli aus dem Fenster zu stoßen.« Beaufort war skeptisch. »Und wenn sie es wirklich gewesen wäre, hätte sie doch froh sein müssen, dass die
Polizei an einen Unfall oder Selbstmord glaubt. Da hätte sie
doch nicht bei mir und beim Kommissar auf Mord insistiert.«

»Das überzeugt mich nicht. Wenn die Neudecker wirklich
so raffiniert ist, wie Ciseaux sagt, dann ist sie auch clever genug,
die Mordtheorie aufzubringen, um erst recht als unschuldig
dazustehen. Dann baut sie doch geradezu auf deine Argumen-
tation. Darauf, dass du sie wegen ihrer Reaktion gleich aus der
Liste der Verdächtigen streichst.«

»Ja. Wenn. Aber ich würde die Aussagen von unserem
französischen Jung Siegfried trotzdem mit Vorsicht genießen. Er kann auch übertrieben haben. Warum erzählt er uns

Wildfremden solche intimen Sachen? Möglicherweise ist er ja der Intrigant, der es als erfahrener Nicht-Akademiker nicht ertragen kann, von einer jungen Ärztin Instruktionen zu erhalten, und sie deshalb ein wenig mobbt. Frei nach dem Karriere-Motto: Wer andern keine Grube gräbt, fällt selbst hinein. Für mich zählt dein Oberpräparator nämlich auch zum Kreis der Verdächtigen.«

Beaufort klärte Anne darüber auf, dass Heisters *Chirurgie* zu den gestohlenen Büchern aus der UB gehörte, und Ciseaux merkwürdig viel über das Werk wusste, obwohl es schon ewig lang nicht mehr ausgeliehen worden war. Weil ihm der Präparator nicht ganz geheuer war und Anne bei ihren Zweifeln im Hinblick auf die Neudecker blieb, einigten sie sich darauf, bei ihren Ermittlungen auf beide ein Auge zu werfen.

»Sag mal, ist das Dekolleté wirklich so beeindruckend?«, fragte Anne ganz beiläufig.

Frank unterdrückte die Genugtuung in seiner Stimme. »Das ist es«, sagte er wahrheitsgemäß. »Aber ihr Charmefaktor lässt erheblich zu wünschen übrig. Sie hat mich gestern regelrecht aus ihrem Büro geworfen. Und sie kocht einen lausigen Tee.«

Anne lächelte beruhigt.

»Apropos Tee«, Beaufort schaute sich suchend um, »siehst du die Bedienung irgendwo? Ich hab vielleicht einen Durst.«

»Kannst es wohl nicht erwarten, dein Wasser zu bekommen?«

»Ich hock mich doch nicht auf den *Entlas Keller*, um Wasser zu trinken«, entgegnete er entrüstet. »Ich nehme eine Maß Zwickelbier.«

»Einen ganzen Liter? Und du denkst auch an die Kalorien, die da drinstecken?«, fragte sie süffisant.

»Teilen wir uns die Maß?«, schlug er vor.

Anne nickte. »Übrigens ist in diesem Teil des Biergartens Selbstbedienung. Steht jedenfalls da vorn auf dem Schild.«

»Dann gehe ich uns mal was holen.« Beaufort, ganz Kavalier, erhob sich. »Was darf ich dir zu essen mitbringen? Die Schweinshaxen hier kann ich sehr empfehlen.«

»Für mich bitte nur eine Portion Rettich und eine Brezel.« Sie schaute ihn herausfordernd an.

Da schwand sie hin, die Haxe. »Ja, so was in der Art werde ich dann wohl auch nehmen.«

Fünf Minuten später war er wieder da – mit zwei großen Brezeln und je einer Portion Obatzdn, Wurstsalat und Rettich. Und so, wie sie sich das Bier teilten, machten sie es auch mit dem Essen: zwei Drittel für Beaufort, ein Drittel für Anne.

Mit einem zufriedenen Seufzer stellte Beaufort den schon viel leichter gewordenen Maßkrug zurück auf den Tisch neben die leeren Teller. »Das war gut«, verkündete er. »Und wie gehen wir jetzt weiter vor?«

»Am Wochenende musst du erst mal ohne mich auskommen. Morgen bin ich für *Heute im Stadion* beim Club-Heimspiel. Am Sonntag mache ich dann für *B5 aktuell* einen Bericht von der Stimmung nach dem Spiel. Und dann muss ich noch meine Moderationen für *Sport in Franken* vorbereiten.«

Seit Kurzem moderierte Anne jeden zweiten Sonntagabend eine kleine Sportsendung im Bayerischen Fernsehen und kam großartig rüber auf der Mattscheibe, das fand nicht nur Beaufort. Er hatte bislang keine ihrer Sendungen verpasst, obwohl er sich für die meisten Sportarten überhaupt nicht interessierte.

»Na, dann werde ich mir derweil mal die Sammlungen anschauen, die am Wochenende geöffnet sind. Morgen besichtige ich die beiden Ausstellungen in der Kochstraße, und am Sonntag tue ich mir eine Führung durch die Informatiksammlung an. Die wird bestimmt superspannend«, sagte er ironisch.

»Ein wenig Technik-Nachhilfe kann dir nicht schaden. Am Montag darfst du mich dann in die Zoologie begleiten. Ich habe nämlich für den Vormittag einen Interviewtermin ausgemacht.«

»Wenn du mich fragst, sind tote Tiere im Vergleich zu alten Computern nur eine unwesentliche Verbesserung.« Er zog ein Gesicht. »Was mich aber viel mehr beschäftigt, ist die Frage, wie wir in Schifferlis Büro reinkommen. Ich würde das liebend gern mal genauer unter die Lupe nehmen. Vor allem auch seinen Computer. Da muss doch was Aufschlussreiches zu finden sein.«

Anne schob ihre Sonnenbrille ins Haar. »Da kommen wir, wie gesagt, nicht mehr rein. Das Büro ist versiegelt.«

»Aber warum eigentlich? Glaubst du wirklich, die Erlanger Kripo ermittelt jetzt doch wegen Mordes? Das kann ich mir nach der Begegnung mit diesem Strickkrawattenkommissar überhaupt nicht vorstellen.«

»Dann ruf Ekki an und frag ihn. Wollte er dir nicht sowieso das Obduktionsergebnis verraten? Das müsste er ja schon längst haben.«

Frank wählte die Handynummer des Justizsprechers. Es war ein relativ kurzes Gespräch, bei dem seine Miene immer ernster wurde.

»Was hat er gesagt?«, fragte Anne gespannt, nachdem er aufgelegt hatte.

»Die Polizei hat die Ermittlungen eingestellt.«

»Wie bitte? Das kann doch nicht wahr sein! Was steht denn im Obduktionsbericht?«

»Er ist durch den Sturz aus dem Fenster gestorben. Mehrfache Schädelfraktur und diverse weitere Knochenbrüche. Davon abgesehen keine Zeichen äußerer Gewalteinwirkung.«

»Wie wollen die das denn auch feststellen? Falls ihn jemand mit einer Waffe bedroht oder unerwartet aus dem Fenster gestoßen hat, hinterlässt das ja wohl kaum Spuren an der Leiche.«

»Für die Polizei ist es Selbstmord. Sie sagen, er muss aus freien Stücken gesprungen sein.« Beaufort biss seine Kiefer fest aufeinander und schaute Anne düster an.

»Aber warum? Bloß wegen dem Abschiedsbrief? Warum hat er den nicht unterschrieben? Das sieht doch jeder, dass daran etwas faul ist.«

»Die Beamten haben seine Krankenakte studiert. Schifferli war vor zwei Jahren wegen einer Depression länger in ärztlicher Behandlung. Die Kripo geht davon aus, dass er einen neuen Schub bekommen hat und sich dem Stress der Ausstellung nicht mehr gewachsen fühlte.«

»Könnte das stimmen?«, fragte Anne nachdenklich. »Wie war er denn so drauf, als du ihm begegnet bist?«

»Auf mich hat Tom Schifferli keinen deprimierten Eindruck gemacht. Auch wenn er schon mal eine Depression hatte, bedeutet das ja nicht, dass er noch mal eine bekommen muss. Aber Ekki sagt, ich soll mich an unsere Abmachung halten und aufhören, Mörder zu jagen, wo es keine gibt.«

Anne schaute ihn ratlos an. »Und was machen wir jetzt? Geben wir auf?«

Beaufort setzte den Krug an seine Lippen, trank ihn in einem Zug leer und ließ ihn mit Wucht auf den Tisch zurücksausen. »Natürlich nicht!«

*

»Haben Sie die Wühlmaus erwischt?«

»Sie ist ausgeschaltet.«

»Gut. Was ist mit dem belastenden Material?«

»Das konnte ich noch nicht an mich bringen.«

»Warum nicht?«

»Es ist nicht ganz reibungslos abgelaufen. Ich musste die Aktion vorzeitig abbrechen und sehen, dass ich wegkomme.«

»Wir haben Sie besser ausgebildet.«

»Das ist schon so lange her.«

»Sie müssen die Akte finden. Ihre Sicherheit hängt davon ab. Ende.«

5. Riposte – Samstag, 16. Juli

Ein fetter Geländewagen, der mehrfach versuchte, rückwärts in eine für ihn viel zu kleine Parklücke zu stoßen, blockierte die Stubenlohstraße. Das Taxi dahinter wartete geduldig, bis der Fahrer des picobello gepflegten Porsche Cayenne die Unmöglichkeit seines Unterfangens endlich einsah, einen Kavalierstart hinlegte und mit mehr als doppelter Geschwindigkeit durch die Tempo-30-Zone raste, wie um die verplemperte Zeit wieder einzuholen.

Carl Löblein hinterm Steuer schüttelte den Kopf. »Der Typ benimmt sich genauso, wie man das von einem erwartet, der so einen Kleinpanzer fährt.« Er legte den ersten Gang ein und fuhr los.

»Man fragt sich sowieso, wozu jemand in der Stadt überhaupt einen Geländewagen braucht«, erwiderte sein Fahrgast Frank Beaufort neben ihm. »Das Auto sah jedenfalls nicht danach aus, als ob es schon mal über einen Feldweg gefahren wäre, geschweige denn durchs Gelände.« Er hatte den netten Taxifahrer heute den ganzen Nachmittag gebucht und eine großzügige Pauschale mit ihm vereinbart.

»Der kennt anscheinend das neue Schlammspray noch nicht.«

»Das was?«

»Spray on Mud – eine englische Erfindung. Das sprüht man auf den Lack, und schon denken alle, man kommt direkt von der Rallye Paris-Dakar.«

»Wie paradox ist das denn, sein Image aufzupolieren, indem man etwas dreckig macht?«

»Dumm därfmer scho sei, mer mussi bloß zu helfn wissn.« Löblein hatte offenbar ein Faible für fränkische Lebensweisheiten.

Ein paar Minuten später hielt das Nürnberger Taxi in der Erlanger Kochstraße vor dem Philosophischen Seminargebäude.

»Sie können sich die nächsten zwei Stunden die Zeit vertreiben. Die Sammlungen, von denen ich Ihnen erzählt habe, sind beide in dem Haus dort untergebracht. Ich rufe Sie dann an, wenn ich fertig bin.«

»Da drin gibt's ein Museum? Jetzt habe ich so lange an dieser Uni studiert und weiß nichts davon. Ich werde den Wagen parken und auch mal reinschauen, wenn Sie nichts dagegen haben.«

»Tun Sie das. Ich war da auch noch nie. Aber nach dem zu urteilen, was ich darüber gelesen habe, scheint sich der Besuch zu lohnen.«

Beaufort stieg aus und sah das Taxi auf der Suche nach einem freien Parkplatz langsam die Straße entlangrollen. Er drehte sich um und blieb stehen, um das große Gebäude zu mustern. Mit seinen Augen tastete er das Stockwerk ab, aus dem Tom Schifferli in den Tod gestürzt war. Der Kurator war nicht freiwillig aus dem Fenster gesprungen, sondern getötet worden. Das spürte er ganz einfach. Dieses Verbrechen aufzudecken und seinen Mörder zu finden, war der letzte Dienst, den er dem toten Wissenschaftler erweisen konnte. Nach dieser privaten Gedenkminute löste er sich aus seiner Erstarrung und ging denselben überdachten Gang entlang, den er bereits vor zwei Tagen durchschritten hatte. Für einen vorlesungsfreien Samstagnachmittag herrschte heute erstaunlich viel Betrieb. Ein sich angeregt unterhaltendes Rentnerpaar kam ihm entgegen. Und geradewegs vor ihm betrat ein Vater mit seinen beiden Söhnen im Grundschulalter das Gebäude. Er folgte ihnen in die Lobby und von dort die Treppe hinunter ins Souterrain. Während die drei mit quietschenden Schritten auf dem alten, aber blankpolierten Linoleum nach rechts zur Antikensammlung abbogen – von dort drang lautes Stimmengewirr herüber –, entschloss Beaufort sich dafür, chronologisch vorzugehen und mit der Frühgeschichte zu beginnen. Er hielt sich links und kam nach wenigen Metern in einen ziemlich stillen Teil des Gebäudes. Vor einer geschlossenen Tür blieb er stehen.

Ur- und Frühgeschichtliche Sammlung der Universität Erlangen-Nürnberg las er auf einem Papierschild, das von einem dicken schwarzen Trauerrand eingerahmt war. Na, wenn das mal kein böses Omen ist, dachte er, klopfte an und trat ein.

Rundherum an den Wänden eines nicht allzu großen Zimmers standen Vitrinenschränke aus dunklem Holz und Glas, in denen Faustkeile und Knochen lagen. Fenster begannen erst ab zwei Metern Höhe, weshalb man nicht hinausschauen konnte. Und da sie massiv vergittert waren, kam man sich ziemlich eingesperrt vor. Dieses Gefühl wurde noch verstärkt durch die Tatsache, dass Beaufort der einzige Mensch in dem Raum war. Er ging ein paar Schritte hinein und sah, dass es rechts eine ganze Flucht weiterer Zimmer in derselben Ausstattung gab – auch sie menschenleer. Die Ausstellungsstücke hier waren bestimmt Hunderttausende von Jahren alt, aber die Einrichtung, die aus den Fünfziger- oder Sechzigerjahren stammen mochte, wirkte beinahe musealer als sie. Die ziemlich verstaubt anmutende Sammlung hatte mit moderner Museumspädagogik etwa so viel zu tun wie Wiener Walzer mit Hip Hop. Kein Wunder, dass sich der Zuspruch in Grenzen hielt.

»Hallo!« Beauforts Stimme hallte durch die Räume.

Hinter ihm öffnete sich eine grüne Tür, und eine dürre Gestalt mit grauem Haar, grauem Anzug und grauem Teint ließ sich blicken. »Sieh an. Hat sich also doch noch ein Besucher hierher verirrt«, knurrte der Mann und schaute Beaufort anklagend an, so als sei er dafür verantwortlich, dass niemand sonst die Ausstellung sehen wollte. Wenn Kurt Gäbelein zu allen Gästen so nett war, wunderte ihn die gähnende Leere hier nicht. Beaufort erkannte den Professor sofort wieder. Umgekehrt war das offenbar nicht der Fall.

»Ich würde mir gern die Sammlung anschauen.«

»Nur zu, nur zu. Hoffentlich bekommen Sie auch alles zu sehen bei dem Gedrängel hier.«

»Gibt es einen Audioguide?«

»Audioguide? Leben wir nicht ohnehin schon im Zeitalter der Massenredseligkeit? Sie erwecken mir doch den Anschein, als seien Sie des Lesens kundig. Es steht alles angeschrieben.«

Sollte Gäbelein jemals seine akademische Laufbahn an den Nagel hängen, würde er als Türsteher vor einem Szenenachtclub ganz bestimmt eine brillante Zweitkarriere starten können. Beaufort, der großen Wert auf Höflichkeit und gute Manieren legte, hätte unter anderen Umständen auf der Stelle kehrtgemacht, nicht ohne dem Mann vorher noch die Meinung zu geigen. Aber in diesem Fall wollte er ja etwas von ihm. Da half ein erprobtes Mittel: Schmeichelei.

»Sind Sie nicht der berühmte Professor Gäbelein, der den Erlanger Neandertaler entdeckt hat? Mein Doktorvater, Professor Harsdörffer, hat mir davon auf seinem letzten Jour fixe erzählt, bei dem Sie ja auch anwesend waren. Und da dachte ich mir, Ihre Sammlung muss ich bei nächster Gelegenheit unbedingt anschauen.«

»Harsdörffer hat mich gelobt?« Gäbelein schaute ungläubig. »Das hätte ich von dem Kollegen ja gar nicht erwartet. Er steht nämlich recht eng mit Professor Degen, und mit dem verbindet mich eine intime Feindschaft, müssen Sie wissen.«

»Der Professor sprach in den höchsten Tönen von Ihnen«, log Beaufort. In Wahrheit war er recht sauer auf ihn gewesen, weil der angeheiterte Gäbelein seinen besten Cognac weggezecht hatte. »Aber worin besteht Ihr Konflikt mit Professor Degen? Harsdörffer gilt er als großes Talent.«

»Talent? Manche Talente bewahren ihre Frühreife bis ins Alter, ohne sie je zur Entfaltung zu bringen. Ich halte Degen für einen äußerst unseriösen Wissenschaftler. Sie brauchen bloß mal hinüber in seine Sammlung zu gehen: Videospiele und römisches Brotbacken! Das hat doch mit Antikenvermittlung nichts mehr zu tun. Der Mann macht aus seiner Sammlung einen Circus Maximus. Und das vor meiner Haustür. Er ist ein Scharlatan. Nur Schein statt Sein.«

Beaufort wunderte diese Missgunst gegenüber dem Leiter der Antikensammlung nicht. Er selbst hatte sich auf Harsdörffers Party angenehm mit Degen unterhalten, und dieser war sowohl von der Erscheinung als auch vom Charakter her das komplette Gegenstück zu Gäbelein. Allein mit seiner fröhlich-enthusiastischen Art musste er zwangsläufig mehr Erfolg haben – und Gäbelein ein Dorn im Auge sein.

»Wenn Sie mich so nachhaltig warnen, werde ich den Besuch drüben besser sein lassen. Schließlich bin ich ja gekommen, um mir Ihre Sammlung anzuschauen. Was für ein Glück, dass ich Sie sogar persönlich antreffe.«

»Mich können Sie hier jeden Tag finden. Im Gegensatz zu gewissen anderen Herren in diesem Hause, die die Wissenschaft mit einem Disney-Park verwechseln, betreibe ich meine Forschungen ernsthaft und mit Fleiß.« Er nestelte an seiner Fliege. »Habe ich das richtig verstanden: Sie interessieren sich für die Ur- und Frühgeschichte im Allgemeinen und für meine Untersuchungen im Besonderen?«

»Tut das nicht jeder? Schließlich erforschen Sie die Wiege der Menschheit«, trug Beaufort dick auf. Ein so vergrätzter staubtrockener Miesepeter war ihm noch nicht untergekommen. Der Mann war eine Witzfigur mit einer bösen Zunge, den er einfach nicht ernst nehmen konnte. So langsam begann er zu begreifen, was Tom Schifferli mit seinem Satz von den wunderlichen Existenzen unter dem akademischen Führungspersonal hier gemeint hatte. »Allerdings ist es ein reines Laieninteresse, muss ich eingestehen.«

»Dann fangen wir am besten am Anfang an. Wenn Sie mir bitte folgen wollen.« Gäbelein wies auf eine Vitrine mit ziemlich ähnlich aussehenden Faustkeilen und fuhr im Deklamationsstil fort: »Dies sind die ältesten von Menschen hergestellten Werkzeuge. Sie sind rund 1,5 Millionen Jahre alt und stammen aus der Olduwai-Schlucht in Ostafrika, die als Wiege der Menschheit gilt. Normalerweise müssten Sie nach Afrika fahren, um die im Original zu sehen, denn sie dürfen schon lange nicht mehr ausgeführt werden. Wir haben diese Stücke in den Sechzigerjahren geschenkt bekommen, als das noch möglich war. Von einem Arzt, der in Tansania gearbeitet hatte. Unsere Erlanger Sammlung umfasst rund zweihunderttausend Objekte und ist damit eine der größten prähistorischen Universitätssammlungen Deutschlands.«

Beaufort lächelte, Interesse mimend. Er hoffte inständig, dass Gäbelein ihm die nicht alle zeigen wollte.

»Sehr schöne Exponate besitzen wir auch aus der Altsteinzeit von der französischen Fundstätte Laugerie-Haute mit ihren beeindruckenden Höhlenmalereien. Ich habe dort selber mal als wissenschaftlicher Assistent geforscht ...«

Es dauerte über eine ermüdende Stunde, bis sie endlich zu den Neandertalerknochen kamen. Dabei waren die gesammelten Objekte, die der Professor ihm gezeigt hatte, durchaus interessant gewesen. Nicht nur diverse verzierte Gegenstände aus Stein, Knochen und Elfenbein, sondern auch Fundstücke aus der unmittelbaren Umgebung: Bronzeschmuck vom Walberla, ein Eisenschwert aus Muggendorf, eine Graburne aus Bubenreuth, Rudernadeln aus Strullendorf, Schalen aus Kersbach und ein Antennenschwert aus Möhrendorf. Nur hatte er seine Schätze so dröge angepriesen und seine Auskünfte so dermaßen heruntergeleiert, dass Beaufort mehrfach ein Gähnen unterdrücken musste. Er fühlte sich nach dem Rundgang ähnlich erschöpft wie nach einer Fechtstunde, und das wollte etwas heißen. Doch nun standen sie zum Abschluss vor einer Vitrine mit unscheinbaren Knochenfragmenten und -splittern, und in Gäbelein brach sich auf einmal so etwas wie Leidenschaft Bahn.

»Hier liegen die Überreste eines fünfzigtausend Jahre alten Neandertalerbabys, das ich persönlich ausgegraben habe. Das Baby ist etwa auf dem Entwicklungsstand des achten Schwangerschaftsmonats und wurde vermutlich tot geboren. Aber die

Mutter hat es nicht einfach liegen lassen, sondern in der Siedlung beerdigt, ansonsten wären die Knochen von Raubtieren mitgenommen worden. Diese Skelettteile sind der einmalige Beweis dafür, dass schon die Neandertaler ihre Toten bestattet haben. Das hatte man bis dato von unseren angeblich so primitiven Vorfahren nicht erwartet. Sie sehen hier einen ganz seltenen und wissenschaftlich äußerst wertvollen Fund.«

»Und warum heißt er Erlanger Neandertaler? Haben Sie die Knochen hier gefunden?«

»Nicht direkt, aber doch in geografischer Nähe. Dazu müssen Sie wissen, dass die Erlanger Universität Eigentümerin einer eigenen Ausgrabungsstätte ist. Es handelt sich um die ehemalige Neandertalersiedlung in der Sesselfelsgrotte im Altmühltal. Viele Jahre lang haben meine Kollegen und ich dort in den Sommern gegraben. Natürlich nicht mit dem Spaten, sondern ganz vorsichtig mit Löffel, Spatel und Pinsel. Über hunderttausend zum Teil winzig kleine Objekte kamen dabei zum Vorschein. Aber das Neandertalerbaby ist meine Entdeckung. Das hat nicht nur in der Fachwelt für Aufsehen gesorgt, das können Sie mir glauben.«

Diesem Fund verdankte Gäbelein offenbar seinen wissenschaftlichen Ruf. Allerdings war der Ruhmesglanz dieser Entdeckung in den vergangenen fünfzehn Jahren wohl reichlich matt geworden, denn sonst wäre hier eindeutig mehr los. Aber wahrscheinlich taugten ein paar alte Babyknochen ohnehin nicht als Publikumsmagnet.

»Das stelle ich mir aufregend vor, den Schreibtisch zu verlassen, um auf Expedition zu gehen.«

»Denken Sie sich das nicht zu romantisch. Es war oft kalt und regnerisch. Da gab es Sommer, in denen wir den ganzen August über das Feuer schüren mussten, um nicht zu erfrieren. Aber auch wenn die Arbeit unendlich mühsam ist, ist man dabei doch glücklich. Und man freut sich über jeden noch so kleinen Fund. Deshalb gehe ich nächsten Donnerstag auch wieder auf eine Ausgrabung – für sechs Wochen nach Afrika.«

Kaum zu glauben, dass der Professor auch mal glücklich gewesen sein sollte. Doch nach diesem kleinen Ausbruch positiver Weltanschauung fiel Gäbelein sogleich wieder in seine gewohnte Grantelhaltung zurück, als Beaufort ihn auf die große Ausstellung im Stadtmuseum ansprach. Von so einer Leistungsschau der Universitätssammlungen halte er überhaupt nichts, moserte Gäbelein, weshalb er auch nur Repliken der Erlanger Neandertalerknochen und weiterer Fundstücke entsende. Wenn dort nur die unseriöse Disneysierung der Wissenschaft vorangetrieben werde, seien Kopien doch völlig ausreichend. Für einen solchen Mummenschanz gebe er ganz gewiss keine unersetzlichen Originale aus der Hand. Weder an Charlotte Neudecker noch am toten Tom Schifferli ließ er ein gutes Haar, weil denen die pseudowissenschaftliche Inszenierung von Objekten à la Professor Degen wichtiger sei als seriöse Forschung und wahre Erkenntnis.

Wenn es nicht so traurig gewesen wäre, hätte Beaufort darüber lachen können. Er war heilfroh, nach anderthalb Stunden endlich dem ewigen Lamento von Professor Gäbelein entkommen zu können. Gegen diese Schwerstarbeit der Recherche war der Besuch in der Anatomie gestern ja das reinste Wattepusten gewesen.

*

Gegenüber in der Antikensammlung herrschte das pralle Leben. Eine Klangwolke aus Kinder- und Erwachsenenstimmen umhüllte Beaufort, als er durch die geöffneten grünen Flügeltüren einen breiten Gang entlangschritt, von dem zu beiden Seiten Arbeitsräume abgingen. In einer der Werkstätten waren Jugendliche damit beschäftigt, unter Anleitung eines Studenten Gipsabgüsse einer Caesarbüste herzustellen.

Ein Zimmer weiter saß ein Großvater mit seinen Enkeln vor einem Computerspiel. Und an einem langen Arbeitstisch bastelten Hochschüler an dem Modell einer antiken Villa und diskutierten eifrig über architektonische Details. Applaus brandete auf, als Beaufort am Ende des Ganges um die Ecke bog und einen beeindruckend großen Saal betrat, in dem Hunderte überlebensgroßer antiker Statuen standen. Der Beifall galt natürlich nicht ihm, sondern einem wissenschaftlichen Mitarbeiter der Sammlung, der gerade einen Rundgang beendet hatte. Das musste eine Familienführung gewesen sein, denn unter den rund vierzig Teilnehmern der Gruppe waren die Hälfte Kinder. Während die angeregt plappernden Besucher hinausströmten, schaute Beaufort sich um. Der Saal hatte zwei Ebenen, etwa ein Drittel der Fläche lag einen guten Meter tiefer. Die Fülle der kalkweißen Standbilder war enorm, und er erkannte etliche berühmte Plastiken wieder: die Venus von Milo etwa, die auch ohne Arme eine Schönheit war, oder den armen Laokoon, der nun schon seit über zweitausend Jahren im Todeskampf mit den Würgeschlangen lag. Beaufort hatte die Laokoongruppe im Original bereits in den Vatikanischen Museen in Rom besichtigt. Sämtliche Statuen hier waren Kopien und bestanden nicht aus Marmor, sondern aus Gips. Das tat ihrer Wirkung aber wenig Abbruch. Wieder blieb er vor dem Abguss einer berühmten Figur stehen, deren Name ihm jedoch nicht einfallen wollte. Es war ein überlebensgroßer Mann im Legionärsrock mit Brustpanzer und Schärpe um die Hüfte, der seinen Arm nach vorne ausstreckte.

»Sie interessieren sich für Kaiser Augustus? Ein wirklich interessanter Herrscher, weshalb er auch heute noch in jedem Lateinlehrbuch abgebildet wird. Ich freue mich, Sie hier wiederzutreffen, Herr Beaufort.«

Die tiefe, freundliche Stimme gehörte Professor Sixtus Degen, der dem unerwarteten Besucher herzlich die Hand schüttelte. Der Leiter der Antikensammlung war groß und

kräftig, er trug sein langes, weißes Haar zu einem Pferdeschwanz gebunden. Sein weißer Vollbart und eine imposante
Nase, deren Profil man getrost als griechisch bezeichnen
konnte, prägten sein Gesicht. Bekleidet war er mit Jeans und
einem weit aufgeknöpften Leinenhemd. Seine nackten Füße
steckten in Jesuslatschen.

»Ich erinnere mich, dass dieser Augustus auch in meinem
Geschichtsbuch abgedruckt war.«

»Ja, diese Plastik ist zu einer Ikone geworden. Nur können
die wenigsten Menschen sie heute noch lesen.«

»Wie soll ich das verstehen?«

»Schauen Sie genau hin. Augustus steht im Panzer vor
uns, aber er hat weder einen Helm auf noch Schuhe an. Das ist
nicht die Uniform eines Legionärs, was bedeutet, dass das kein
normaler Brustpanzer ist. In Wirklichkeit trägt er den Panzer
von Stammvater Mars. Er zeigt sich in der Figur des Gottes,
der den Fortbestand des Römischen Staates sichert, und stellt
sich damit in dessen Nachfolge. Alle Attribute dieser Figur sind
letztendlich Verweise auf seine Politik. Das ist nicht irgendein
Abbild von Augustus, sondern die bis ins Detail durchdachte,
in ihrer Symbolik ausgefeilte Präsentation eines Imperators.
Dasselbe Prinzip gilt heute noch bei Herrschern, bloß merken wir es nicht mehr. In einer Welt, die uns via Computer
und TV täglich mit Bildern bombardiert, haben wir verlernt,
die Zeichen zu deuten. Ob ein arabischer Diktator im Anzug
auftritt oder in Uniform ist kein Zufall. Und wenn der amerikanische Präsident plötzlich eine Fliegerjacke trägt, ist es das
auch nicht. Dann will er uns wieder auf irgendeinen Kampf
gegen den Terror einschwören.« Der Professor tätschelte dem
Kaiser die Hüfte. »Aber mit diesem Augustus hier können wir
das richtige Lesen der Bilder wieder lernen. Er ist wie ein fer-
ner Spiegel für uns.«

»Dann ist die klassische Archäologie ja richtige Detektivarbeit«, lachte Beaufort.

»Das ist sie. Wirklich, das ist sie«, erklärte Degen mit Nachdruck. »Der Archäologe gewinnt einen Großteil seiner wissenschaftlichen Erkenntnisse nicht durch Lektüre, sondern durch Detektion. Wir spüren auf, wir forschen nach, wir lesen Spuren, wir ermitteln. Eben all das, was ein guter Detektiv auch tut.«

Beaufort war belustigt. Weniger wegen des Inhalts von Degens Erläuterungen, sondern wegen der Emphase und Leidenschaft, mit der er seine Thesen vortrug. Er war wirklich das krasse Gegenstück zu dem nölenden, vertrockneten Gäbelein.

»Sie glauben mir nicht? Leugnen Sie das nicht, ich sehe es Ihnen an. Aber ich werde es Ihnen beweisen. Kommen Sie mit, kommen Sie mit!«

Es fehlte nicht viel, und der Professor hätte ihn an der Hand fortgezogen. Aber Beaufort folgte ihm auch so bereitwillig. Er war gespannt, was das Kontrastprogramm hier noch zu bieten hatte. Auch wenn Degen ein wenig manisch wirkte, war sein Enthusiasmus ansteckend. Zügig und sich immer wieder nach seinem Gast umblickend, führte er ihn auf der anderen Seite des Saals hinaus und durch einen Verbindungsgang in einen weiteren Ausstellungsraum. Der war ebenfalls von erstaunlichen Ausmaßen, wenn auch nicht so groß und so hoch wie der Saal mit den Statuen. Hier gab es auch keine Kopien, sondern Originale. In raffiniert beleuchteten Glasschränken waren griechische Amphoren und Schalen, Schmuck und Nadeln, Scherben und Objekte ausgestellt, die teilweise sogar noch von Schliemanns Ausgrabungen in Troja stammten. Vor einer großen, braunen Keramik-Amphora, auf der Boxkämpfer abgebildet waren, blieben sie stehen.

»Das ist eine Panathenäische Preisamphora. In der Antike befand sich darin edelstes Olivenöl vom heiligen Hain der Athena. So ein Gefäß war ungeheuer wertvoll damals und wurde als Preis bei Sportwettkämpfen in Athen überreicht. Der Faustkämpfer, der dieses Turnier gewonnen hat, bekam für seinen Sieg sechzig solcher Amphoren, die zusammen über zweitausend Liter Öl fassten. Damit war er ein reicher Mann und hatte wirtschaftlich ausgesorgt.«

»Interessant«, wandte Beaufort ein, »aber wo ist Ihre Detektivgeschichte?«

»Genau hier«, entgegnete Degen eifrig, »denn diese bauchige Amphora ist zwar echt, aber eine Fälschung.«

»Verstehe ich nicht. Wie kann etwas gleichzeitig echt und falsch sein?«

»Wie Sie ja sehen können, ist das Gefäß zerbrochen gewesen. Die Scherben wurden vor über hundert Jahren von meinen archäologischen Vorgängern zusammengesetzt, sodass wir heute wieder ein vollständiges Objekt sehen.«

»Und Sie meinen, dieses Scherbenpuzzle ist Detektivarbeit?«

»Puzzeln, wie Sie das Restaurieren etwas abfällig bezeichnen, hat natürlich auch etwas mit Detektieren zu tun, aber das meinte ich nicht. Als wir dieses Gefäß vor Kurzem aufgearbeitet haben, stellten wir doch tatsächlich fest, dass unsere Kollegen damals gemogelt hatten. Die Scherben stammen von ganz unterschiedlichen Amphoren – Hauptsache, die Farbe stimmte annähernd überein. Wenn eine Scherbe nicht den passenden Radius hatte, wurde sie einfach abgeschliffen. Bei der Inschrift hat man sogar an einer Stelle mit dem Farbstift etwas nachgeholfen. Und der schmale Fuß dieser griechischen Amphora stammt von einem römischen Teller«, sagte Degen triumphierend. »Durch und durch antik, und dennoch kein Original. Verstehen Sie jetzt, was ich meine?«

»Ich bin beeindruckt. Für mich sind Sie ab heute der Sherlock Holmes der Archäologie.«

Der Professor lachte und hob mahnend den Zeigefinger. »Sie sind ein Spötter, Beaufort. Ihre Ironie können Sie sich sparen.«

»Es war als großes Kompliment gemeint, versehen mit einer kleinen Neckerei.« Er verbeugte sich höflich. »Das ist wirklich ein lehrreiches Objekt. Geben Sie die Preisamphora auch in die Ausstellung ins Stadtmuseum?«

»Wenn die denn stattfinden wird, ja. Ich weiß nicht, ob Sie davon gehört haben, aber einer der beiden Kuratoren ist vorgestern ums Leben gekommen. Er ist in diesem Gebäude hier aus dem Fenster gestürzt. Einfach schrecklich.«

»Das ist es wirklich. Ich kannte Tom Schifferli flüchtig und kann mir gar nicht vorstellen, wie das passiert sein soll. Haben Sie etwas gehört?«

Degen strich sich mit dem Zeigefinger über seine buschigen, weißen Augenbrauen und zögerte ein wenig mit seiner Antwort. »Die meisten Leute hier im Haus glauben an einen Suizid, aber das halte ich für ziemlich unwahrscheinlich.«

»Warum?« Beaufort wurde hellhörig.

»Tom wirkte auf mich nicht wie jemand, der verzweifelt war. Ich hatte ja häufiger mit ihm zu tun in letzter Zeit. Er war zwar angespannt wegen der Ausstellungseröffnung, aber immer guter Dinge. Er hat richtig darauf hingefiebert, denn er konnte sich sehr für die Sammlungen begeistern. Außerdem war er absolut zuverlässig. Wenn überhaupt, dann hätte er sich erst danach umgebracht, aber niemals davor. Und mal ganz ehrlich: Die dritte Etage ist zwar ziemlich hoch, aber ich an seiner Stelle wäre doch lieber oben aus der fünften gesprungen, um ganz sicherzugehen.« Er schüttelte den Kopf.

»Dann war es also ein Unfall?«

»Hier ist noch nie einer aus dem Fenster gestürzt. Das ist auch gar nicht so einfach wegen der Verstrebung in der Mitte. Erstens hat man weniger Platz zum Rausfallen und zweitens etwas zum Festhalten, falls man doch straucheln sollte.«

»Und was schließen Sie daraus?«, fragte Beaufort.

Sixtus Degen hob abwehrend die Hände. »Gar nichts, solange ich nicht alle Fakten kenne. Außerdem bin ich ja nur ein Detektiv der Archäologie. Darum soll sich die Polizei kümmern.«

»Hat die schon mit Ihnen gesprochen?«

»Nein.«

»Wissen Sie, ob Tom Schifferli Feinde hatte?«

»Keine Ahnung. Wer hat schon Feinde?«

»Haben Sie keine?« Beaufort zog neckisch einen Mundwinkel nach oben. »Hier im Haus vielleicht? Gar im selben Stockwerk?«

»Spielen Sie auf den giftigen Gäbelein an? Der schaut mich in der Tat immer so finster an, als würde er mir am liebsten ein Keltenschwert in die Gurgel rammen.« Degen lachte. »Glücklicherweise befinden wir uns im Tiefparterre. Da kann ich nicht aus dem Fenster gestoßen werden. Mal abgesehen davon, dass die alle vergittert sind. Aber sollte ich jemals von einer Statue hier erschlagen werden, bitte ich darum, Gäbeleins Alibi zu überprüfen.« Sein glucksender Bass hallte durch den Raum.

»Was hat der Professor eigentlich gegen Sie?«

»Ich schätze, mein Erfolg hier stört ihn.«

»Aber er ist doch selbst ein anerkannter Experte auf seinem Gebiet.«

»Die großen Kenner sind selten die großen Könner. Gäbelein hat keine Ahnung davon, wie man eine Sammlung attraktiv macht fürs Publikum. Und jetzt muss er halt dauernd mitansehen, dass der Laden hier brummt, während sich nach drüben nur ab und an mal jemand verirrt.«

»Und was ist das Geheimnis Ihres Erfolgs?«

»Man muss den Leuten etwas bieten. Kinder und Erwachsene können hier eine Menge Dinge selbst ausprobieren. So erfahren sie viel intensiver, wie spannend die Antike ist. Im Gegensatz zu drüben wird hier niemand von oben herab belehrt. Wenn Sie mögen, zeige ich Ihnen unser neues Videospiel. Meine Studenten haben ein Killerspiel so umprogrammiert, dass man damit nicht mehr kämpfen, wohl aber ein Römerlager virtuell durchschreiten kann. Es ist das von Marktbreit in der Nähe von Würzburg. Das war ein Riesenlager für eine komplette Legion. Die müssen dafür einen ganzen Wald abgeholzt haben. Nur hat sich aufgrund des Baustoffes eben nichts erhalten. Aber mit unserem Videospiel können Sie einen ziemlich realistischen Eindruck davon bekommen.«

Sie gingen langsam plaudernd in den großen Saal zurück, wo Beaufort seinen Taxifahrer entdeckte, der sich gerade von einem Mitarbeiter der Sammlung das maßstabgetreue Modell des Forum Romanum erklären ließ. Als sie die Halle verließen und in den Gang traten, kam ihnen mit resoluten Schritten Charlotte Neudecker entgegen. Auch sie steckte barfuß in Sandalen, trug ein geblümtes Sommerkleid und einen großen schweren Rucksack auf dem Rücken. Sie blies sich eine verschwitzte Haarsträhne aus dem Gesicht und schüttelte den beiden Männern die Hand.

»Ich bin hier, um Ihnen zu sagen, dass die Spedition schon am Montagvormittag kommt, um die beiden Statuen ins Stadtmuseum zu bringen. Könnten Sie den Transport begleiten und dafür sorgen, dass sie dort aufgestellt werden, wo wir das vereinbart haben? Sie würden mir einen großen Gefallen damit tun.«

»Kein Problem. Das kann ich mir einrichten. Ich wollte sowieso gern mitfahren, um auf meine Schätze aufzupassen. Man hängt ja schließlich dran. Dann nehmen wir die Preisamphora und den Rest der Sachen am besten auch gleich mit.«

»Gute Idee. So weiß ich wenigstens, dass alles in besten Händen ist. Ich bin momentan für jede Hilfe dankbar. Und ich brauche bitte unbedingt bis morgen die Korrektur der Fahnen Ihres Aufsatzes im Katalog. Der muss am Montag gedruckt werden, sonst wird er nicht rechtzeitig fertig zur Ausstellung. Sie sind der Letzte.«

»Wenn Sie wollen, können Sie die Druckfahnen jetzt gleich mitnehmen. Ich war heute Morgen schon fleißig. Einen kleinen Moment bitte.« Professor Degen ließ sie stehen und verschwand in einem der Zimmer.

Beaufort sah der Kuratorin ihre Erschöpfung an. Sie wirkte müde und abgeschlafft. »Sie sind wohl momentan im Dauereinsatz?«, fragte er mitfühlend.

»Tag und Nacht. Was bleibt mir anderes übrig nach Toms Tod. Bis zur Eröffnung sind es nur noch sechs Tage. Manchmal schlafe ich sogar in meinem Büro – wenn ich denn schlafen kann«, vertraute sie ihm an. »Aber Sie sind ja auch nicht untätig, wie ich sehe. Schon etwas herausgefunden?«

»Ich bin noch dabei, mir ein Bild zu machen. Wussten Sie übrigens, dass unser gemeinsamer Freund Schnappauf die Ermittlungen eingestellt hat? Die Polizei geht von Selbstmord aus. Schifferli soll wohl mal an einer Depression gelitten haben.«

»Dieser Idiot«, zischte sie. »Das ist doch wieder typisch: Entscheidung nach Aktenlage. Dabei hätte er mich ja zu seinem Zustand in der letzten Zeit befragen können. Schließlich bin ich Ärztin, und ich habe nichts dergleichen an Tom bemerkt.«

»Ist Ihnen sonst noch etwas eingefallen, was mir weiterhelfen könnte? Ein Hinweis, eine Erinnerung oder ein Verdacht vielleicht?«

Charlotte Neudecker schüttelte nur noch den Kopf, weil Professor Degen zurückkam. Er überreichte der Kuratorin die korrigierten Fahnen. Die drehte die Papiere zu einer Rolle, verabschiedete sich dankend und zog mit dem gewichtigen Rucksack auf ihrem Rücken eilig weiter. Die beiden Männer blickten ihr hinterher. Die Druckfahnen in ihrer Hand erinnerten Beaufort an ein Staffelholz. Gerade hatte sie die Flügeltüren durchschritten, als eine ebenfalls schwer bepackte Frau aus einem der Seitenräume in den Gang trat und die Sicht auf Dr. Dr. Neudecker verdeckte. Sie schleppte eine Fotoausrüstung, nickte den beiden Männern zu und folgte der Kuratorin.

»Ist das nicht die Universitätsfotografin? Was macht die denn bei Ihnen?«

151

»Kennen Sie sie?«

»Nur vom Sehen.« Dafür sah er sie jetzt aber täglich, stellte Beaufort fest.

»Frau Weyrauch hat in den vergangenen drei Jahren unsere komplette Sammlung fotografisch dokumentiert. Sie hat ihr Labor hier. Aber wohl nicht mehr lange. Soweit ich weiß, soll ihre Stelle aufgrund von Sparmaßnahmen gestrichen werden. Da ist sie leider nicht die Einzige an der Hochschule. Unser berühmter Präsident krempelt gerade sämtliche Fakultäten um. Zukunftsfähig machen, nennt er das. Na ja.«

»Sie halten wohl nicht allzu viel von Gunnar Roth und seinen Plänen?«

Degen kraulte nachdenklich seinen weißen Vollbart und sagte listig: »Denken Sie an das, was ich Ihnen vorhin über Augustus erläutert habe. Und dann betrachten Sie unseren Uni-Imperator und überlegen sich, wie er sich darstellt und wie er wohl gesehen werden will.«

*

Zusammen mit Carl Löblein bestieg Frank Beaufort den Lift im Tiefparterre und drückte den Knopf mit der 3. Er hatte sich viel länger in den beiden Ausstellungen aufgehalten als ursprünglich geplant. Zwar waren es aufschlussreiche Visiten gewesen, doch um 16.00 Uhr würden die Sammlungen schließen und wenig später dann das ganze Gebäude. Es blieben ihm also nur noch ein paar Minuten Zeit für das dritte und wichtigste Ziel seines Besuches hier: Schifferlis Büro. Unwillkürlich tastete er in der Hosentasche nach seinem Schweizer Patentmesser mit fünfunddreißig Funktionen und einigen speziellen Extras, das er sich vergangenes Jahr in Bern hatte anfertigen lassen. Zu seiner eigenen Sicherheit war er auf die Hilfe des Taxifahrers angewiesen. Deshalb hatte er ihn in der Antikensammlung beiseite genommen und ihm flüsternd und wortreich erklärt, dass er gerade private, höchst delikate Mordermittlungen durchführe, dringend das Büro des getöteten Opfers inspizieren müsse und dafür seinen Schirm und Schutz für die hehre Sache benötige, weil er bei dieser so gut wie gar nicht, höchstens ein winziges bisschen illegalen Inspektion – schließlich diene er der Suche nach Wahrheit und Wahrhaftigkeit – nicht plötzlich überrascht und gestört werden wolle, weshalb er, der wackere Taxler mit der großen Lebenserfahrung und dem Herzen am rechten Fleck, der ja quasi nichts anderes als eine Art fahrender Ritter sei, doch ein schützendes und beobachtendes Auge auf ihn und die Umgebung des zu durchsuchenden Objekts werfen könne und ihn notfalls – aber welche Notsituation wäre bei dieser harmlosen kleinen Besichtigung schon groß zu erwarten? – warnen solle, um eine unnötige Konfrontation mit einem eventuellen Störenfried zu vermeiden, die nur zu übertriebenen Scherereien und Diskussionen in einer eigentlich ganz und gar ungefährlichen und moralisch höchst einwandfreien Angelegenheit führen würde – es solle auch sein Schaden nicht sein, wenn er diesen kleinen Hilfsdienst übernähme.

Carl Löblein hatte Beaufort schweigend zugehört und dann gesagt: »Sie möchten, dass ich Schmiere stehe, während Sie in ein Büro einbrechen?«

»Ich würde es anders formulieren, aber wenn man es genau nimmt: ja.«

»Alles klar. Ich mache mit«, hatte Carl nach kurzer Bedenkzeit lakonisch erklärt und war ihm in den Aufzug gefolgt, aus dem sie jetzt nach rumpelnd lauter Fahrt ausstiegen und das menschenleere dritte Stockwerk betraten.

»Bei dem Lärm wären wir besser zu Fuß hochgegangen«, raunte Beaufort, »hoffentlich hat uns niemand gehört.«

»Bassd scho«, beruhigte ihn der Taxler mit dem Ausspruch, der den Stoizismus der Franken aufs Kompakteste zusammenfasste.

Sie lauschten in die Stille. Dann deutete Beaufort in den rechten Flur. »Das Büro befindet sich hinten auf der linken Seite, gleich bei den Stühlen dort an der Wand. Sie bleiben hier und warnen mich, falls jemand kommt.«

»Und wie soll ich das machen?«

»Keine Ahnung. Vielleicht husten? Oder singen?«

»Ich kann nicht singen. Aber pfeifen kann ich gut.«

»Na also. Pfeifen Sie das Frankenlied, um mich zu warnen.«

Um keine unnötigen Geräusche zu erzeugen, ging Beaufort langsam und vorsichtig den Flur entlang, den er zuletzt vor zweieinhalb Tagen in ganz anderer Stimmung, Geschwindigkeit und Richtung entlanggestürmt war. Schifferlis Tür sollte kein allzu großes Hindernis für ihn sein. Er war schon immer geschickt darin gewesen, verschlossene Pforten zu öffnen. Als er schließlich vor dem Büro des Kurators ankam, erlebte er allerdings eine Überraschung. Das Polizeisiegel war erbrochen und die Tür nur angelehnt. Dabei sollte das Büro erst am Montag offiziell wieder zugänglich gemacht werden, das wusste er von Ekki. Beaufort lauschte angespannt, hörte aber vor allem sein Herz im Hals pochen. Von innen drang kein Geräusch nach außen. Er schlich zwei Schritte zurück und winkte Löblein zu sich. Der setzte sich leise in Bewegung und sah ihn fragend an, als er bei ihm angelangt war.

»Es war schon jemand vor uns da«, flüsterte Beaufort. »Ich glaube kaum, dass er noch drin ist, aber würden Sie mich für alle Fälle doch lieber begleiten?«

Carl nickte stumm. Sie postierten sich nebeneinander vor dem Büro. Mit der Fußspitze stieß Beaufort die Tür auf, sie blickten in ein unordentliches, aber menschenleeres Arbeitszimmer. Halb erleichtert betraten sie es.

Auf dem Fußboden um den Schreibtisch herum lagen allerhand Papiere verstreut, die Schränke waren geöffnet und durchwühlt worden, vor dem Regal hatte der unbekannte Eindringling etliche Bücher auf den Boden gefegt.

»Sieht ja wüst aus. Sie waren doch schon mal hier. Fehlt was?«

Beaufort musterte den Schreibtisch, wo noch immer die alten Bücher, der Gesteinsbrocken und das Glas mit dem schwarzen Erdöl standen. »Die Herbarbelege sind fort. Als ob ich es geahnt hätte. Das waren alte getrocknete Pflanzen«, erläuterte er, als er das verständnissuchende Gesicht des Taxlers sah. »Ansonsten scheint nichts weggekommen zu sein.«

»Bis auf den Computer«, ergänzte Carl.

»Verdammt!«, entfuhr es Beaufort. Da Bildschirm und Tastatur noch auf dem Schreibtisch standen, war ihm nicht gleich aufgefallen, dass der Rechner unter dem Tisch fehlte. Hatte die Polizei ihn mitgenommen, oder war der Mörder hierher zurückgekehrt? Womöglich hatte er Schifferli das Geheimnis doch nicht entreißen können und befand sich weiterhin auf der Suche danach? Oder war eine dritte Person für den Saustall hier verantwortlich? Könnte sich Schifferlis Computer womöglich sogar im schweren Rucksack von Charlotte Neudecker befunden haben? Hineingepasst hätte er zumindest.

»Was machen Sie da?« Eine scharfe Stimme in ihrem Rücken ließ die beiden Männer zusammenzucken. In der Tür stand der erregte Hausmeister, der schon in der Tasche seines Kittels nach seinem Handy nestelte. »Ich rufe die Polizei!«

»Das sollten Sie tatsächlich tun«, sagte Beaufort seelenruhig. »Hier ist nämlich eingebrochen worden.«

*

»Ich wiederhole es gern noch ein viertes Mal. Ich bin nicht in das Büro eingebrochen. Ich habe den Einbruch vielmehr entdeckt.«

»So so. Und was hatten Sie und Ihr Kompagnon dort oben zu suchen?«, fragte ein kräftiger Polizist mit Walrossschnauzer. Sein Kollege tippte jedes Wort in seinen Dienstcomputer.

155

»Sie sagen das so suggestiv. Herr Löblein ist nicht mein Kompagnon, sondern mein Taxifahrer.« Ein wenig, das musste Beaufort insgeheim zugeben, genoss er die Situation auf der Wache sogar. Er hatte zwar schon mal eine Zeugenaussage bei der Polizei gemacht, aber er war noch niemals richtig verhört worden.

Der Beamte verdrehte die Augen und wechselte mit seinem Kollegen einen vielsagenden Blick. Durch die geöffnete Tür des Amtszimmers drangen aufgeheizte Stimmen aus dem Radio: Es lief die ARD-Schlusskonferenz der Fußball-Bundesliga. Die Uhr an der Wand zeigte 17.05 Uhr.

»Und was haben Sie und Ihr Fahrer dort oben gesucht? Das Taxi etwa?«

»Ich habe gar nicht damit gerechnet, dass Sie auch Humor haben«, grinste Beaufort. »Ist es nicht erlaubt, sich in dem Flur aufzuhalten? Ich habe dort kein Verbotsschild gesehen.«

»Sie beide waren aber nicht im Flur, sondern in einem Büro. In einem polizeilich versiegelten Büro. Und das ist verboten.«

»Auch das zum wiederholten Mal fürs Protokoll. Die Tür stand offen.«

»Weil Sie sie geöffnet haben. Immerhin hatten Sie einen Dietrich dabei.«

»Ich hatte zufällig ein Schweizer Patentmesser in der Hosentasche und keine Ahnung, dass man eines der Werkzeuge daran auch als Dietrich verwenden kann. Wer kennt schon alle Funktionen eines solchen Messers. Haben Sie denn Einbruchsspuren von dem Dietrich am Schloss bemerkt?«

Der Polizist zuckte genervt mit den Achseln.

»Sehen Sie. Und da die Tür auch nicht aufgebrochen war, würde ich mal behaupten, da ist jemand ganz simpel mit einem Schlüssel reingekommen. Und haben Sie bei uns einen gefunden? Nein!«

Beaufort lehnte sich zufrieden in seinem Stuhl zurück, obwohl es hier drinnen stickig und heiß war. Er bemerkte, wie die beiden Beamten versuchten, etwas von den Radiostimmen vorne aus der Wache aufzuschnappen. Beaufort interessierte sich nicht für Fußball, aber auch er wusste, dass heute das große Bayernderby im Frankenstadion stattfand: Nürnberg gegen München. Der Club kämpfte mal wieder gegen den Abstieg, Bayern München wie immer um die Meisterschaft.

»Das bringt doch nichts, dass Sie mir immer wieder dieselben Fragen stellen. Wissen Sie was: Ab jetzt sage ich nichts mehr ohne meinen Rechtsbeistand. Der müsste ja bald da sein«, fuhr Beaufort mit ausgesuchter Höflichkeit fort. Fast meinte er Erleichterung in den Augen der beiden wahrzunehmen. Frank hatte natürlich sofort Ekki angerufen. Und der hatte ihm, wütend zwar, aber eben ein echter Freund, zugesagt, schnellstmöglich aufs Erlanger Polizeirevier zu kommen.

Die Polizisten führten Beaufort in die Wachstube zurück, wo er auf einem Stuhl neben Carl Löblein Platz nehmen durfte. Alle in dem Raum hörten gebannt der anscheinend spannenden Fußballreportage zu. Der Club, neunzig Minuten lang ein Unentschieden gegen den Rekordmeister haltend, fing in der letzten Minute doch noch ein Tor ein, was nicht nur vom Stadionpublikum, sondern auch auf der Wache mit einem Aufschrei der Enttäuschung quittiert wurde.

»Der Glubb is a Debb«, erklärte Carl. Aber aus seinem Mund klang die viel zitierte Schmähung fast wie eine Liebeserklärung. Beaufort hatte ihn die Reportage erst zu Ende hören lassen, ehe sie über seine Zeugenaussage redeten. Der Taxifahrer hatte zu Protokoll gegeben, dass Beaufort ein Stammkunde von ihm sei, den er heute in die Sammlungen gefahren habe und der ihm vor der Rückfahrt noch kurz habe zeigen wollen, wo er einst studiert hatte. Dabei sei man auch durch den Flur im dritten Stock gekommen, habe die offene Bürotür entdeckt, war, verwundert über die Verwüstung, eingetreten und dann vom Hausmeister als Einbrecher beschuldigt worden, ehe man selbst die Polizei habe rufen können. Mehr gebe es von seiner Seite aus dazu nicht zu sagen. Außer dass er gern gewusst hätte, was man ihnen eigentlich vorwerfe, schließlich hätten sie nichts im Büro berührt, geschweige denn etwas von dort fortgenommen. Beaufort lobte die Besonnenheit und Beherztheit seiner Aussage. Doch dann fesselte ihn plötzlich Annes Stimme, die live im Radio zu hören war und die Spielfeldrandinterviews führte.

»Das ist meine Freundin, die die Fragen stellt«, erklärte er Carl stolz. Zuerst entlockte die Journalistin dem untröstlichen Club-Torwart einen emotionalen O-Ton, dann interviewte sie den siegreichen Bayern-München-Stürmer, der in schlechtem Deutsch Plattitüden von sich gab, und schließlich bekam sie sogar den Ehrenpräsidenten der Münchener vors Mikro, den selbst Beaufort kannte. Auf Annes Frage, ob er denn noch an einen glücklichen Ausgang des Spiels für seine Mannschaft geglaubt habe, antwortete der Kaiser in seiner typischen Diktion: »Ja gut, äh, es gab ja nur zwei Möglichkeiten: Sieg, Unentschieden oder äh Niederlage.«

Beauforts Heiterkeitsausbruch wurde jäh gestoppt, als Ekkehard Ertl mit ernster Miene die Wache betrat, Schnappauf im Schlepptau. Zum Glück bog der Kommissar in eines der Büros ab, ohne ihn eines Blickes zu würdigen.

»Du scheinst dich ja prächtig zu amüsieren, aber mir ist ganz und gar nicht nach Lachen zumute, Frank.« Er ließ sich neben seinem Freund nieder. »Hatten wir nicht einen Deal miteinander?«, zischte Ekki mit unterdrücktem Zorn. »Du lässt deine Recherchen sein, wenn ich dir beweisen kann, dass es keine Anhaltspunkte für ein Verbrechen gibt?«

»Hab ich ja«, entgegnete Beaufort trotzig. »Ich werde wohl noch eine Uni-Ausstellung besichtigen dürfen. Du solltest mir lieber dankbar sein, dass ich den Einbruch in Schifferlis Büro entdeckt habe.« Dann erzählte er seinem Freund in knappen Worten beinahe die ganze Wahrheit über seine nachmittäglichen Recherchen. »Wenn du mich fragst, ist da der Mörder eingebrochen«, schloss er seinen Bericht. »Der sucht nach etwas, das Schifferli entdeckt haben muss. Warum sonst hätte er den Rechner mitgehen lassen? Und es muss ein so wichtiges Geheimnis sein, dass er bereit ist, dafür zu töten.«

»Ich glaube dir«, sagte der Justizsprecher knapp und legte seine Hand auf Beauforts Arm. »Dann werde ich mal mit Schnappauf reden.« Er seufzte, erhob sich und verschwand im Büro des Kommissars.

Mehr als eine mulmige Viertelstunde war sein Freund in der Höhle des Löwen. Dann öffnete sich die Tür, und Ertl und Schnappauf kamen auf die mutmaßlichen Einbrecher zu.

»Ihr beide dürft gehen«, sagte der Justizsprecher bestimmt. »Es ist auch in Schifferlis Privatwohnung eingebrochen worden. Die polizeilichen Ermittlungen werden wieder aufgenommen.«

Schnappauf, der sich wichtig vor Frank aufgebaut hatte, beugte sich drohend zu ihm hinab, bis ihre Köpfe sich fast berührten. »Das eine sage ich Ihnen, Beaufort: Ich vergesse nie ein Gesicht. Heute drücke ich ausnahmsweise ein Auge zu, aber wehe, Sie mischen sich hier noch einmal ein.«

Beaufort konnte den Altmännerschweiß und das Old-Spice-Rasierwasser des Kommissars riechen, verzog aber keine Miene. »Sie haben wirklich eine charmante Art, Danke zu sagen.«

*

»Haben Sie die Akte endlich sichergestellt?«

»Ich arbeite daran. Ich bin auf einem guten Weg, glauben Sie mir.«

»Sie haben sie also immer noch nicht?«

»Noch nicht. Nein.«

»Dann lassen Sie sich dringend etwas einfallen. Die Zeit wird knapp.«

»Ich weiß.«

»Setzen Sie alle Hebel in Bewegung.«

»---«

»Haben Sie uns verstanden? Wir sagten, ALLE Hebel.«

»Ich werde mein Bestes tun.«

»Wir erwarten nichts anderes von Ihnen. Ende.«

6. Mal parée – Sonntag, 17. Juli

The Girl From Ipanema summend wirbelte Beaufort in seiner Küche herum. Die Vorbereitungen für sein 1-A-Super-Luxus-Sonntags-Frühstück waren beinahe abgeschlossen. Er holte die beiden auf den Punkt gekochten Eier aus dem Topf, schmeckte den von ihm persönlich zubereiteten Obstsalat mit einem Schuss Madeira ab, stellte die Kaffeekanne aufs Tablett und trug alles hinaus auf die Terrasse.

Der Himmel strahlte so blau wie die ganze Woche schon. Es war halb elf, und das Thermometer zeigte bereits einunddreißig Grad. Der Frühstückstisch im Schatten des großen Sonnenschirms war reich mit kulinarischen Köstlichkeiten gedeckt. Damit die verderblichen Lebensmittel bei dieser Hitze frisch blieben, standen sie auf einer speziellen Edelstahlplatte, die Beaufort mit Kühlelementen aus dem Eisschrank befüllt hatte. Fehlte nur noch Anne, die seit über einer halben Stunde im Bad bummelte. Er ging wieder hinein in die Wohnung, um seine Freundin zum Frühstück zu rufen, doch dann entschied er sich anders und setzte sich an den Steinway.

»*Tall and tan and young and lovely, the girl from Ipanema goes walking, and when she passes, each one she passes, goes Aaah!*«

Die Badezimmertür öffnete sich, und Anne, schön wie eine brasilianische Sommerbrise, kam endlich herein. Doch im Gegensatz zum schönen Mädchen von Ipanema ging sie nicht achtlos vorbei, sondern blieb am Flügel stehen, bis Frank das Ständchen zu Ende gebracht hatte. Gerührt legte sie ihm ihre Hand auf die Schulter, und Beaufort zog sie zu sich auf den Schoß. »Frühstück ist fertig«, flüsterte er ihr ins Ohr, ließ seine Hand ihren Oberschenkel hochgleiten und küsste ihren Hals.

Anne kicherte erregt und linste auf ihre Armbanduhr. »Ich muss in fünfundzwanzig Minuten los, sonst verpasse ich meine Fußballer beim Auslaufen. Du hast die Wahl: Frühstück oder Sex.«

Beaufort erhob sich mit einem Ruck, sodass Anne aufspringen musste. »Dann Frühstück«, entschied er bestimmt.

»Was?«

»Man muss eben Prioritäten setzen. Glaubst du, ich stehe eine Stunde in der Küche, um mein Spezialfrühstück allein zu essen?«

»Jetzt verblüffst du mich aber.« Doch auf der Terrasse ließ Anne den Blick dann anerkennend über den Tisch wandern: Croissants, Toast, Vollkornbrot, Konfitüren, Wurst, Käse, Krabbensalat, Butter, Eier, Müsli, Joghurt, Obstsalat, Orangensaft, Kaffee, Prosecco und sogar ein Strauß bunter Sommerblumen. »Ich gebe zu: Es sieht absolut verführerisch aus. Aber was ist mit deiner Diät? Noch zwei, drei Kilos runter, und du hast es geschafft.«

»Ach komm, Anne, es ist Sonntag. Entweder man lebt oder man ist konsequent.«

»Ich wollte dich nur ein wenig foppen nach der Abfuhr eben.« Sie zog ihn zu sich und gab ihm einen Kuss. »Super Frühstück. Danke.« Dann schnappte sie sich ein Hörnchen aus dem Korb, strich einen dicken Klacks Butter auf die Spitze und biss mit Appetit hinein.

Beaufort schenkte ihnen Kaffee ein. »Und was unser kleines Tête-à-Tête betrifft, können wir es ja auf heute Abend verlegen.«

»Die Libido lässt sich nicht einfach so verschieben«, sagte sie kauend, »use it or lose it, wie Oswald Kolle schon treffend bemerkte. Außerdem will ich heute mal bei mir schlafen.«

»Warum das denn?« Beaufort löffelte sich Obstsalat in ein kleines Porzellanschälchen.

»Weil ich auch mal ein wenig Abstand brauche.«

»Diese Wohnung ist zweihundertvierzig Quadratmeter groß. Das ist mehr Abstand, als die meisten Paare haben.«

»Du willst das nicht verstehen. Ich möchte eben auch ab und zu in meiner Wohnung sein. Außerdem bin ich heute Abend bis halb elf im Sender. Das lohnt sich doch gar nicht mehr herzukommen.«

»Für mich lohnt es sich immer, dich zu sehen«, maulte er. »Wir hätten dieses leidige Thema vom Tisch, wenn du dich endlich dazu entschließen könntest, mit mir zusammenzuziehen.«

»Ach Frank, gib mir doch noch ein wenig Zeit.« Sie streichelte zärtlich seine Wange. »Lass uns lieber noch mal nachdenken, wer in Tom Schifferlis Büro und Wohnung eingebrochen sein könnte.«

»Der Mörder natürlich. Wer sonst?«

»Ja, aber wer ist es?« Auch Anne bediente sich am Obstsalat. »Was ist mit den beiden Sammlungsleitern, bei denen du gestern warst?«

»Gäbelein und Degen?«

»Die hätten es am leichtesten, denn sie arbeiten ja in dem Gebäude. Da ist es bestimmt nicht allzu schwierig, sich einen Schlüssel für Schifferlis Büro zu besorgen. Oder heimlich einen nachmachen zu lassen.«

»Bei Degen kann ich mir das gar nicht vorstellen. Ich mag ihn, er ist ein sympathischer Typ. Außerdem scheinen er und Schifferli ein freundschaftliches Verhältnis gepflegt zu haben. Und Gäbelein konnte den Kurator zwar nicht ausstehen, aber der kann ja niemanden leiden. Ich sehe ehrlich gesagt keinen von beiden als Täter. Es fehlt das Motiv.«

»Was ist mit diesen ominösen Sparmaßnahmen an der Uni, von denen du mir erzählt hast?« Sie schob sich einen Löffel Obstsalat in den Mund. »Mmmmh, lecker.«

»Genaueres weiß ich darüber auch nicht. Aber was hat Tom Schifferli damit zu tun? Der hat die ja nicht zu verantworten.«

»Ich halte ja die Neudecker weiterhin für verdächtig. Die ist immer in der Nähe, wenn etwas passiert. Und ein Motiv hätte sie auch, nämlich das Ausschalten eines unliebsamen Konkurrenten. Passt Schifferlis Rechner in ihren Rucksack hinein?«

»Ich denke schon«, räumte Frank ein, »aber da gehört ganz schön Unverfrorenheit dazu, mit dem Diebesgut auf dem Rücken noch einen Rundgang durchs Haus zu machen.«

»Mag sein. Aber was ist mit dieser Fotografin? Die taucht auch überall auf. Und sie scheint eine Menge Schlüssel zu besitzen, sonst wäre sie ja nicht allein in die Pathologische Sammlung hineingekommen.«

»Ja, Roswitha Weyrauch müssen wir uns mal genauer vornehmen. Leider ist sie immer so schnell wieder weg, dass man gar nicht dazu kommt, mit ihr zu reden.« Beaufort bestrich sich einen Toast mit Orangenmarmelade.

»Und was hat es mit den Herbariumspflanzen auf sich, die nicht mehr im Büro waren? Das scheint doch wirklich eine heiße Spur zu sein. Wenn der Einbrecher den Computer des Kurators klaut, dann will er wahrscheinlich dasselbe wie wir – reinschauen in der Hoffnung, dort einen Hinweis auf Schifferlis Geheimnis zu finden. Aber warum nimmt er die gepressten Pflanzen mit? Die müssen wohl für jemanden wertvoll sein. Für die Pharmaindustrie womöglich?«

»Ich kenne mich in Botanik leider auch nicht aus. Am besten man unterhält sich darüber noch mal mit Dr. van der Veldt. Nur kann ich das nicht tun, denn mich hält sie für Kommissar Müller. Und wehe, der Schwindel fliegt auf. Dann lässt Schnappauf mich einbuchten – bei Wasser und Brot.«

»Unter dem Kalorienaspekt betrachtet keine schlechte Idee«, bemerkte Anne, »aber ich würde dich doch zu sehr vermissen. Frau van der Veldt kann ich übernehmen. Sie hat mir gemailt. Morgen Mittag zeigt sie mir das Herbarium, um 12.30 Uhr habe ich einen Interviewtermin mit ihr. Mist, jetzt muss ich aber weg. Ich bin schon wieder zu spät dran. Wir telefonieren, ja?«

Anne trank noch schnell einen Schluck Kaffee im Stehen, wuschelte Frank zum Abschied durchs Haar, griff sich ihre

Rundfunktasche und ihre Sandalen und spurtete, ganz die rasende Reporterin, barfuß los.

*

»So, da wären wir.« Carl Löblein brachte das Taxi auf dem Parkplatz vor dem Rechenzentrum zum Stehen. Beaufort, der sich nicht entsinnen konnte, jemals im Erlanger Südgelände der Universität gewesen zu sein, schaute aus dem Fenster. Vor ihm ragte ein kleines Hochhaus auf, ringsum standen mehrstöckige Gebäude aus Beton und Glas, dazwischen lagen Baustellen. Gesichtslose Zweckarchitektur, errichtet ab den Siebzigerjahren und ständig erweitert, doch ohne erkennbaren stadtplanerischen Impetus. Wo gerade noch ein Stückchen Land frei war, baute die Uni ein neues Gebäude hin, um die Masse der über dreißigtausend Studenten in Erlangen unterbringen zu können. Wer sich hier nicht auskannte, konnte sich leicht verlaufen. Aber wen sollte man jetzt am Sonntagnachmittag nach dem Weg fragen? Das Gelände lag da wie ausgestorben.

»Sieht genauso öde aus, wie ich mir das immer vorgestellt habe«, bemerkte er. »Kein Wunder, dass die Absolventen der technischen und naturwissenschaftlichen Fakultäten immer so vorbildlich schnell fertig sind mit ihrem Studium. Wenn ich da studieren müsste, würde ich mich auch anstrengen, um es hinter mich zu bringen.«

»So übel ist das hier nicht«, entgegnete der Taxifahrer. »Ich habe ja selbst ein paar Semester im Südgelände zugebracht. Klar, das Kollegienhaus in der Innenstadt ist altehrwürdiger und macht mehr her, aber die meisten Labors, Arbeitsplätze und Seminarräume hier sind ganz gut ausgestattet. Und das neue Chemikum, das sie gerade bauen, wird auch von der Architektur her richtig schick.«

Beaufort öffnete die Beifahrertür. Sofort drang die Hitze in den angenehm klimatisierten Wagen. »Ich kann mir jedenfalls etwas Besseres vorstellen, als da drin meinen Sonntagnachmittag zu verbringen.« Er stieg aus und schaute sich suchend um. Dann beugte er sich wieder zum Fahrer hinab. »Sie haben doch auch ein bisschen Informatik studiert. Wollen Sie mich nicht bei der Führung durch die Sammlung begleiten? Dann könnten Sie mir notfalls das Fachchinesisch übersetzen. Seit gestern sind wir doch fast schon ein eingespieltes Team.« Er lächelte aufmunternd.

»Sehr gern. Ich kenne von der Sammlung nicht mehr als ein paar Vitrinen im Eingangsbereich.« Löblein stieg aus und schloss das Taxi ab.

Gemeinsam gingen sie auf das Informatikhochhaus zu. Und so menschenleer war es auf einmal gar nicht mehr. Vor ihnen strebten auch Großvater, Vater und halbwüchsiger Sohn dem Rechenzentrum entgegen, ebenso wie zwei pickelige Oberschüler, die sie auf Fahrrädern überholten.

»Die sehen aus, als würden sie Stunden am Computer zubringen. Zweifellos zukünftige Informatikstudenten. Unter denen gibt es doch bestimmt eine Menge vereinsamter Freaks?«

»Meinen Sie diese blassen Fastfood-Typen mit langem Bart und dicker Brille? Die kommen tatsächlich vereinzelt vor. Und logisch gibt es hier auch Studenten, die kaum von ihrem Notebook zu trennen sind. Aber die meisten sind doch ziemlich normal.«

»Glaube ich nicht. Wie hoch ist der Frauenanteil hier?«

»Unter fünf Prozent, schätze ich.«

»Allein das spricht schon gegen ein Studium der Informatik«, behauptete Beaufort im Brustton der Überzeugung.

Sie betraten das Gebäude, wo bereits eine kleine Gruppe von knapp zwanzig Menschen wartete. Der weibliche Anteil der Besucher entsprach prozentual haargenau dem der Informatikstudentinnen und bestand aus einer gelangweilt dreinblickenden Teenagerin, die vermutlich vom Vater und ihrem kleinen Bruder zu diesem Ausflug genötigt worden war. Selten hatte Beaufort eine solche Verbundenheit mit einer pubertierenden Dreizehnjährigen empfunden. Ihr Führer durch die Sammlung, der sich als Dr. Libor Paschek vorstellte, sah allerdings überhaupt nicht aus wie ein typischer Informatiker, sondern so cool, dass die Augen des Mädchens zu leuchten begannen. Er war groß und schlank, trug Cowboystiefel, eine hauteng Lederhose, eines dieser enganliegenden T-Shirts, die gerade in waren, Ohrring, Dreitagebart und eine virtuos gestylte Frisur. Nachlässig kassierte er das Eintrittsgeld ab, indem er die Münzen und Scheine in seine Gesäßtasche stopfte, ohne nachzuzählen. Dann begann er mit einem sympathischen tschechischen Akzent zu erläutern, dass die Informatik von allen Universitätssammlungen zwar die zeitlich jüngsten Exponate besitze – hier könne schon museal werden, was vor fünf Jahren noch jeder PC-Besitzer daheim benutzt habe –, dass aber auch einige wesentlich ältere Stücke darunter seien. Man müsse sich nur mal diese Vitrine dort anschauen, da sehe man den Ur-Taschenrechner, einen römischen Handabakus, mit dem die Händler schon in der Antike addierten und subtrahierten. Besonders stolz sei man aber auf die funktionsfähige Nachbildung der ersten Rechenmaschine der Welt, die ein Freund und Kollege von Johannes Keppler, der Mathematikprofessor Wilhelm Schickard, 1623 in Tübingen entworfen habe. Paschek öffnete die Vitrine mit einem Schlüssel und demonstrierte die komplizierte Funktion der ästhetisch ansprechenden Konstruktion aus Holz und Messing, bei der allerlei Walzen, Schieber und Zahnräder zu bedienen waren. Beaufort hatte hier schon Probleme, sich auf die fremde Materie einzulassen. Zusätzlich wurde er durch Pascheks Sprechweise abgelenkt. Sie erinnerte ihn an den berühmten Herrn Speibel vom Prager Marionettentheater, und er musste insgeheim die Versuchung unterdrücken, nicht wie dessen Sohn Hurvinek Fragen reinzukrähen wie »Vati, erklär mir, warum braucht der Biber keinen Rechenschieber?« oder »Vati, sag, warum ist Konrad Zuse niemals zu Huse?« Dabei begann er unwillkürlich wie eine an Fäden gezogene Marionette herumzuwippen, was ihm einige skeptische Seitenblicke und das hysterische Kichern der Dreizehnjährigen einbrachte.

Beaufort beschloss, sich am Riemen zu reißen und wenigstens nicht zu stören, wenn ihn das ganze Thema schon nicht interessierte. Also ließ er sich fügsam führen, vorbei an lilafarbenen Aufzugtüren und durch enge graue Betontreppenhäuser, hin zu den im Gebäude verteilten Exponaten. Als Paschek die Gruppe dann aber durch mehrere Türen in einen durch Gitterwände abgetrennten Teil des summenden und surrenden Großrechnerraumes lotste, erwachte auch sein Interesse. Die stromlinienförmigen Konsolen aus weißem und schwarzem Kunststoff und die kleiderschrankgroßen Computer an den Wänden sahen aus wie die Filmkulisse zu einem alten James-Bond-Film aus den Sechzigerjahren.

»Fehlen nur noch Sean Connery und Gerd Fröbe alias Mister Goldfinger«, scherzte Beaufort.

»Ich muss eher an Raumschiff Orion denken«, bekannte Dr. Paschek. »Im Film damals haben sich diese alten Riesenrechner viel besser gemacht als die heutigen Computer. Da hat sich wenigstens noch etwas im Bild bewegt, wenn die Magnetbänder rotiert und dauernd Kontrolllämpchen aufgeglüht sind. Aber das hier sind keine Filmrequisiten, sondern es handelt sich um einen kleinen Teil des ehemaligen Großrechners der Erlanger Universität von 1968. Dieser Computer war so groß, dass er fast den ganzen fünfhundert Quadratmeter großen Raum hier einnahm. Als er verschrottet wurde, hat der ehemalige Leiter des Rechenzentrums einige der Speicherschränke für die Nachwelt gerettet.«

Durch das bläuliche Glas der Schranktüren sah man fingerdicke Kabelstränge herabhängen. In kaum einem anderen technischen Bereich war die Miniaturisierung so schnell vorangeschritten wie in der Welt der Computer, erfuhren sie. Allein die Speichermedien bildeten eine Geschichte für sich, von den Röhrenflipflops in einem Zuse-Rechner der Fünfzigerjahre über die Floppy-Discs der Achtziger bis zu den heutigen Hochleistungsmikroprozessoren.

»Dieser große Speicherschrank hier enthielt vierundsechzig Kilobyte«, erläuterte der Wissenschaftler. »Um dreißig Jahre später Windows auf einem Heimcomputer laufen zu lassen, benötigte man schon vierundsechzig Megabyte. Wenn Sie heute ein so relativ simples Programm mit der Technik von 1968 betreiben wollten, bräuchten sie tausend solcher Schränke. Die würden, ordentlich zusammengestellt, gerade so auf ein Fußballfeld passen. Über den Strom, den die verbrauchen, wollen wir erst gar nicht reden. Dazu kommt, dass ein einziger Schrank damals 300.000 Mark wert war. Das ganze Ding hätte also 150 Millionen Euro gekostet.«

So uninteressant war es hier zwar nicht, konstatierte Beaufort bei sich. Und der freundliche Tscheche hatte auch eine gute Art, die Objekte begreifbar zu machen, wenn man ihm denn die Chance gab und zuhörte. Doch anders als Carl Löblein, der aufmerksam bei der Sache war, konnte er sich einfach nicht für das Thema erwärmen. Beaufort gähnte verhalten.

»Und dann hatten die Rechner früher ja keinen Bildschirm«, erinnerte Libor Paschek. »Wollte ein Student oder Wissenschaftler etwas im Großcomputer der Universität rechnen lassen, musste er erst mal Lochkarten stanzen. Manchmal waren das Hunderte. Dafür benutzte man dieses Gerät hier.«

Er schaltete eine Maschine mit diversen Knöpfen und Hebeln an und schob eine etwa DIN-A5-große Pappkarte in einen Schlitz, die mit einem kleinen Geräusch eingezogen wurde. Dann schrieb er etwas auf der Tastatur, und das Gerät stanzte verschiedene Löcher in die Karte. Paschek erklärte, dass ein einziger Tippfehler die ganze Karte ungültig machte und man sie erneut schreiben musste. Wenn man in stundenlanger Arbeit alle Karten gestanzt hatte, wurden sie in einer Art Schublade gestapelt und dann in den großen Rechner neben der Stanzmaschine eingelesen. Doch den wollte Paschek lieber nicht anwerfen, da er sehr störanfällig sei. Stattdessen führte er sie in einen Nebenraum, in dem kleinere und neuere Computer ausgestellt waren. Etwa der erste tragbare Rechner für Textverarbeitung, den die Universität Mitte der Achtzigerjahre angeschafft hatte. Dieser Laptop war noch ein echter Schlepptop, denn er wog locker fünfundzwanzig Kilo. Großes Raunen und Entzücken unter den etwas älteren Teilnehmern der Gruppe verursachte aber ein anderer Rechner: der *Commodore 64*, der wegen seiner eckigen Form auch liebevoll Brotkasten genannt wurde. Das war der erste Heimcomputer, der massenhaft die Wohnzimmer erobert hatte. Schon wurden nostalgische Erinnerungen an frühe Computerspiele wie *Pac-Man* oder *Tetris* ausgetauscht, die Beaufort überhaupt nichts sagten, als sein Handy klingelte. Dankbar für die Störung nahm er ab und hatte Anne in der Leitung. Weil er in dem Stimmengewirr kaum etwas verstand, wechselte er in den anderen Raum zurück. Dafür war hier der Empfang wegen des Großrechners hinterm Gitterzaun ziemlich schlecht, und er musste erst ein wenig herumgehen, um eine Stelle zu erwischen, wo er seine Freundin besser hören konnte. Vor dem Computer mit der Lochkartenschublade hatte er Glück.

»Verstehst du mich jetzt?«, fragte Frank. »Ich bin mitten in der Informatikführung. Die ist gar nicht mal so langweilig, aber doch ziemlich erschöpfend.« Er gähnte herzhaft. »Was gibt es denn? Ich denke, du hast keine Zeit.«

»Hab ich auch nicht. Aber mir ist etwas eingefallen, das mich ziemlich beunruhigt. Es geht mir gar nicht mehr aus dem Kopf. Hast du schon mal darüber nachgedacht, was passieren könnte, wenn der Mörder in Schifferlis Büro oder in seiner Wohnung nicht das gefunden hat, wonach er sucht?«

»Nicht wirklich. Warum?«

»Wenn das Geheimnis etwas mit den Sammlungen zu tun hat und du der Mörder wärest: Wo würdest du dann jetzt noch suchen?«

Beaufort lehnte sich gegen die Maschine und dachte laut nach. »Entweder in den Sammlungen selbst oder dort, wo alle Fäden zusammenlaufen. Und das ist bei …«

»Charlotte Neudecker. Genau. Langsam fange ich an, deine Position zu teilen und sie für unschuldig zu halten. Aber wenn sie nicht die Täterin ist, könnte sie womöglich das nächste Opfer werden. Du hast mir doch erzählt, dass sie sogar in ihrem Büro schläft. Falls der Mörder auf die Idee kommt, dort nach dem Geheimnis zu suchen, ist sie in Gefahr. Der denkt doch bestimmt, dass er am Sonntag leichtes Spiel hat, weil keiner da ist. Was ist, wenn er dabei auf die Kuratorin trifft? Wir wissen doch, dass er nicht zimperlich ist. Ich mache mir ein wenig Sorgen um sie.«

»Mensch, du hast recht. Ich ruf bei ihr an, um sie zu warnen.« Beaufort machte im Eifer des Gefechts eine ruckartige Bewegung und stieß mit dem Ellenbogen gegen einen Hebel, woraufhin die Maschine mit einem lauten Schnarren ansprang.

»Am liebsten wäre es mir, du fährst nachher sicherheitshalber noch vorbei und schaust nach dem Rechten. Bitte, Frank.«

Beaufort machte erschreckt einen Satz zur Seite. Der Rechner zog die Lochkarten aus der Schublade ein und fing merkwürdig zu rattern an.

»Versprochen. Ich kümmere mich darum. Jetzt muss ich auflegen. Ich ruf dich wieder an.« Hektisch versuchte er, die Maschine abzustellen und legte den Hebel um, von dem er glaubte, dass er dagegen gestoßen war. Erst passierte gar nichts, doch dann wurde das Rattern lauter, und die Maschine schoss die einzelnen Karten in einer Affengeschwindigkeit seitlich heraus. Die Lochkarten segelten wie Flugblätter durch den Raum und verursachten ein ziemliches Chaos. Bevor Beaufort einen weiteren falschen Schalter drückte, ließ er lieber alles so, wie es war, und eilte zur Gruppe zurück. Dort unterbrach er den Vortrag von Dr. Paschek, drückte dem verdutzten Mann seine Visitenkarte in die Hand, teilte ihm mit, dass nebenan eine der Maschinen verrücktspiele und er besser mal nachsehen solle. Natürlich sei er gern bereit, für den eventuellen Schaden aufzukommen, müsse jetzt aber wegen einer anderen Angelegenheit, die keinen Aufschub dulde, dringend weg. Dabei gehe es gewissermaßen um Leben und Tod, während hier ja nur Sachwerte auf dem Spiel stünden. Dann zog er Carl Löblein mit sich fort und verschwand mit ihm im Treppenhaus.

*

Hauptsächlich war Beaufort geflüchtet, um der peinlichen Situation und der für ihn doch recht ermüdenden Sammlung zu entgehen. Aber da er die Neudecker nun schon mal vorgeschoben hatte, wollte er Annes Bitte auch gleich erfüllen. Ihre plötzliche Sorge war nicht ganz von der Hand zu weisen. Während der Fahrt weihte er Löblein kurz ein und versuchte mehrfach, die Kuratorin, deren Nummer er in seinem Mobiltelefon gespeichert hatte, auf ihrem Handy zu erreichen, doch sie nahm nicht ab. Einigermaßen beunruhigt stieg er in der Universitätsstraße vor dem Anatomischen Institut aus dem Taxi und sah zu ihrem Bürofenster hinauf. Hinter der halb heruntergelassenen Jalousie bewegte sich ein Schatten.

»Sie ist da«, sagte er erleichtert zu Carl, der sich neben ihn gestellt hatte und ebenfalls hochschaute. »Es ist das Fenster oben links. Wir müssen rein, um sie zu warnen.«

Gemeinsam gingen sie um die Ecke zum Haupteingang mit der großen Freitreppe davor. Doch oben angekommen, mussten sie feststellen, dass die Tür verschlossen war. Eine

Klingel oder einen Klopfer gab es nicht. Beaufort wählte zum wiederholten Mal die Mobilnummer der Kuratorin und schüttelte dann den Kopf. »Sie nimmt nicht ab. Vielleicht hat sie ihr Handy irgendwo liegen lassen. Wenn ich ihre Büronummer hätte, könnte ich sie auf dem Festnetz anrufen.«

»Kein Problem«, sagte Carl Löblein und zog sein Blackberry aus der Hosentasche, »die sollte sich auf den Seiten der Uni finden lassen.« Er wählte sich mit seinem Smartphone ins Internet ein, klickte auf die Homepage der Hochschule, ließ sich Neudeckers Namen buchstabieren und gab ihn in die Suchmaske ein. Wenig später nannte er Beaufort die Telefonnummer, sodass er oben anrufen konnte.

Nach einer Weile erwartungsvollen Schweigens nahm Frank sein Telefon wieder vom Ohr und klappte es zu. »Sie hebt einfach nicht ab«, sagte er ernst.

»Das ist aber merkwürdig, wo wir doch jemanden am Fenster gesehen haben.«

»Ich kann nur hoffen, dass nicht gerade der Mörder bei ihr ist.« Er schluckte. Sein Mund war auf einmal ganz trocken. »Sie bleiben hier und bewachen den Eingang. Wenn eine verdächtige Person rauskommt, knipsen Sie bitte ein Foto von ihr mit Ihrem tollen Telefon, beschatten sie vorsichtig und rufen mich an. Falls gerade zufällig jemand hineingehen sollte, versuchen Sie, mit ihm reinzuschlüpfen. Dann rufen Sie mich an, lassen mich auch rein, und gemeinsam gehen wir zur Kuratorin hoch. Meine Nummer haben Sie ja.«

Der Taxifahrer nickte. »Und was machen Sie inzwischen?«

»Ich versuche mein Glück auf der Rückseite. Da gibt es einen Hintereingang für den Leichenwagen.«

Da das schmiedeeiserne Portal rechts neben dem Anatomiegebäude verschlossen war, ging Beaufort in den Schlossgarten hinein und schob sich von dort durch die Hecke auf den asphaltierten Hinterhof des Hauses. Eine Tür und zwei große Tore aus Metall führten in die Anatomie. Er vermutete,

173

dass die Begräbniswagen rückwärts an die garagenartigen Tore heranfuhren und so, vor Blicken von außen geschützt, ihre tote Fracht anlieferten oder die im wahrsten Sinne des Wortes sterblichen Überreste eines Körperspenders für die Beerdigung abholten. Er ruckelte erst an dem einen, dann an dem anderen Tor, doch waren beide verschlossen. Als er der Vollständigkeit halber auch noch die Klinke der danebenliegenden Tür herunterdrückte, ließ die sich zu seiner Überraschung öffnen. Einen Moment zögerte Beaufort, doch dann fasste er sich ein Herz und ging hinein.

Behutsam betrat er einen schmalen, weiß gekachelten Flur, der immer schummriger wurde, je weiter er ihn entlangging. An seinem Ende lagen drei Türen: eine rechts, eine links und eine geradeaus. Der mittlere Zugang war verschlossen. Die rechte Tür dagegen ließ sich öffnen. Langsam machte er sie auf und vernahm ein leises Brummen. Beaufort spürte, wie sich sein Pulsschlag beschleunigte. Er blieb im Dämmerlicht stehen, tastete nach dem Schalter, entdeckte ihn und im selben Moment, als er ihn drückte, flutete helles Licht aus den Neonröhren an der Decke. Direkt vor ihm befand sich eine blankgeputzte Bahre aus Edelstahl. Ringsum an den Wänden standen drei weiße Kühltruhen, in die Beaufort ganz gewiss nicht hineinschauen würde. Es gab weder Fenster in dem kleinen Raum noch einen weiteren Ausgang – Sackgasse. Er ließ das Licht brennen und wandte sich der dritten Tür zu. Auch die war nicht abgeschlossen. Leise öffnete er sie, sodass das Licht aus dem anderen Keller hineinscheinen konnte. Dieser Raum war ebenso klein wie jener, aber komplett grün gekachelt. Links an der Wand befanden sich Porzellanbecken, in denen es leise plätscherte. Rechts entdeckte er eine weitere Tür, deren untere Hälfte mit Edelstahlblech beschlagen war. Beaufort nahm wieder den süßlichen Geruch wahr, der ihm schon vor zwei Tagen den Hals zugeschnürt hatte. Jetzt hatte er zumindest eine Vorstellung davon, wo er sich befand. Wenn dies der Raum war, in dem das Gehirn mit dem Loch darin gespült wurde, konnte der Zugang dort nur in die Leichenhalle führen. An deren Ende aber, daran erinnerte sich Beaufort genau, gab es eine zweite Tür zu einem Vorraum, von dem aus man ungehindert weiter ins Gebäude hinein und letztlich ins Foyer gelangen konnte.

Er nahm all seinen Mut zusammen und betrat zögernd den Sektionsraum. Die große Halle lag im Dunkeln, und es wollte ihm nicht gelingen, den Lichtschalter zu ertasten. Der widerliche Formalingeruch schlug ihm auf den Magen. Er öffnete den Mund und versuchte, nicht durch die Nase zu atmen. Sein Herz schlug heftig bis zum Hals. Aber er durfte nicht einfach aufgeben. Charlotte Neudecker schwebte womöglich in großer Gefahr. Da würde er es ja wohl noch schaffen, diesen Raum hier zu durchqueren. Und ein wenig Dämmerschein drang immerhin durch die geöffnete Tür hinter ihm noch herein. Die Hände schützend vor sich haltend zwang Frank sich, Schritt für Schritt weiterzugehen. Wenn er es etwa zehn Meter geradeaus geschafft hatte, müsste links der steinerne Seziertisch auftauchen. Den bräuchte er nur noch zu passieren, gleich danach würde rechts der andere Ausgang kommen. Er hatte sich langsam mitten in den Leichensaal vorgearbeitet, da schlug hinter ihm dröhnend die Tür zu. Ein Schlüssel drehte sich im Schloss, und Beaufort fuhr mit rasendem Herzen herum. Er war gefangen! Panik stieg in ihm auf. In dem jetzt stockdunklen Raum verlor er jede Orientierung. Er irrte vorwärts, tastete etwas Kaltes, Glitschiges, taumelte voller Ekel zurück, stieß gegen etwas Hartes, Metallisches hinter sich, das plötzlich nachgab, verlor das Gleichgewicht, versuchte sich im Fallen an etwas festzuhalten, erwischte einen Fetzen Stoff, riss ihn mit sich, ging hart zu Boden, hörte, wie direkt neben ihm etwas Schweres wie ein nasser Sack auf den Fliesen aufschlug, spürte eine eiskalte Hand in seinem Gesicht, schrie entsetzt auf und wurde in einen sich immer schneller drehenden schwarzen Strudel hineingezogen, bis die Woge der Finsternis über ihm zusammenbrach.

*

Beaufort kam zu sich, als eine Hand mehrmals gegen seine Wangen klatschte. Langsam öffnete er die Augen und erkannte das bestürzte Gesicht von Carl Löblein, der sich neben ihn gekniet hatte.

»Allmächd, haben Sie mir einen Schrecken eingejagt.«

Mühsam richtete Beaufort sich auf. Eine Welle der Übelkeit schwappte durch seinen Körper.

»Helfen Sie mir aufzustehen.« Seine Stimme klang heiser.

Der Taxifahrer zog Beaufort hoch, der sich wackelig auf ihn stützte. Sein linkes Knie schmerzte. Die Übelkeit wogte unbeherrschbar, der Speichel in seinem Mund stand ihm Oberkante Unterlippe. Hektisch schaute er sich um, hinkte zu einem Waschbecken an der Wand und erbrach sich. Nachdem er sein exquisites Frühstück in den Ausguss gespült und sich mit kaltem Wasser erfrischt hatte, fühlte er sich etwas besser. Erst jetzt musterte er den Ort seiner Schmach genauer. Hinter einer schiefstehenden Rollbahre aus Edelstahl lag ein Toter auf dem Boden. Der Leichnam war in ein grünes, formalingetränktes Tuch gewickelt, doch hatten sich ein weißer Arm und ein ebenso bleiches Bein bei dem Sturz daraus befreit. Weiter hinten bei den unterirdischen Tanks befanden sich auf einer anderen Totenbahre in Plastik eingeschlagene Leichenteile. Die musste Beaufort im Dunkeln berührt und dann bei seinem Sturz den Toten mit sich zu Boden gerissen haben. Er konnte sich nicht erklären, warum er so panisch reagiert hatte.

»Wie haben Sie mich gefunden?«, fragte er.

»Als Sie nicht wiedergekommen sind, hab ich irgendwann meinen Platz verlassen, um Sie zu suchen. Und da im Hinterhof die Außentür offen stand, bin ich einfach rein. Am Ende vom

Gang ging es nur links weiter. Und dann bin ich auf diese Tür da gestoßen. Der Schlüssel steckte, also hab ich aufgeschlossen und bin hier rein. Es hat etwas gedauert, bis ich den Lichtschalter gefunden hab. Ich bin ganz schön erschrocken, als Sie da wie tot auf dem Boden lagen, das können Sie mir glauben.«

»Danke, dass Sie mich befreit haben.« Beaufort reichte Carl die Hand. »Jemand hat mich eingesperrt.«

»Glauben Sie, das war der Einbrecher von gestern?«

Beaufort hielt sich betroffen die Hand vor den Mund. »Oh mein Gott, Frau Neudecker. Kommen Sie. Schnell!«

Er stürzte durch die zweite Tür aus der Leichenhalle, ohne auf sein schmerzendes Knie zu achten, dicht gefolgt von Löblein. Einmal nahm er eine falsche Abzweigung, bemerkte es aber schon nach wenigen Schritten und kehrte um. Kurz darauf erreichten die beiden das Foyer und hetzten die Treppenstufen hinauf. Nach Atem ringend kamen sie schließlich am Ende des Gangs vor dem Büro der Kuratorin an. Beaufort drückte die Klinke, doch es war abgeschlossen.

Heftig schlug er mit seiner Faust gegen die massive Tür. »Frau Neudecker, sind Sie da?«

Keine Antwort. Beaufort hielt sein Ohr ans Holz. Innen war nicht ein Mucks zu hören.

»Sollen wir sie aufbrechen?«, fragte Carl.

»Versuchen wir's.«

Abwechselnd warfen sich die Männer gegen die Tür, doch die war so solide, dass sie nicht nachgab. Jetzt tat Beaufort nicht nur das Knie weh, sondern auch noch die Schulter.

»Ich versuche noch mal, sie anzurufen.« Beaufort wählte abermals Frau Neudeckers Handynummer. Hinter der Tür hörten sie es klingeln. Im selben Moment fiel unten das schwere Eingangstor des Hauptportals ins Schloss. Flotte Schritte stöckelten die Treppe hoch und kamen näher. Prompt tauchte im Flur eine Frau im geblümten Sommerkleid auf, das Frank gestern schon an ihr bewundert hatte.

177

»Herr Beaufort?« Dr. Dr. Charlotte Neudecker sah die beiden Männer ungläubig an. »Wie sind Sie hier hereingekommen? Und überhaupt, was tun Sie da?«

»Warum sind Sie nicht in Ihrem Büro?« Sein Tonfall klang eher vorwurfsvoll als besorgt.

»Sind Sie gekommen, um zu kontrollieren, ob ich auch fleißig bin?«, antwortete die Kuratorin ironisch. »Da kann ich Sie beruhigen. Ich arbeite hier schon das ganze Wochenende durch. Gerade war ich allerdings ein Stündchen frische Luft schnappen und einen Happen essen, wenn's recht ist.«

»Sie haben Ihr Handy nicht dabei!« Das hörte sich jetzt wirklich wie ein Tadel an.

»Natürlich habe ich es dabei.« Sie kramte in ihrer Handtasche, fand es aber nicht. »Dann muss ich es eben im Büro vergessen haben«, sagte sie schnippisch. »Jetzt wird's mir langsam wirklich zu bunt. Was soll das hier werden? Die heilige Inquisition?«

»Ich dachte, Sie sind tot.«

»Na, besten Dank. Also bei unseren letzten Begegnungen waren Sie eindeutig charmanter.«

»Herr Beaufort wollte Sie retten. Aber dann ist er im Leichenkeller eingeschlossen worden«, kam der Taxifahrer ihm zu Hilfe, freilich ohne dadurch die Situation wesentlich zu erhellen. Es dauerte eine Weile, bis Beauforts Betriebssystem wieder im Normalmodus lief und er der immer noch skeptischen Kuratorin alles erklärt hatte.

»Klingt, als ob Ihre Fantasie mit Ihnen durchgegangen wäre«, sagte sie von oben herab. »Oder schaut's hier so aus, als sei bei mir eingebrochen worden?«

»Ich habe aber von der Straße aus jemanden in Ihrem Büro beobachtet«, beteuerte Beaufort. »Würden Sie bitte aufmachen? Dann werden wir ja sehen, ob ich recht habe.«

Dr. Neudecker steckte den Schlüssel ins Schloss, drehte dreimal um und öffnete die Tür. Beaufort blickte sich erwartungsvoll um, aber eigentlich sah das Büro ganz normal aus. Auf dem Schreibtisch stapelten sich Papiere, auf dem hinteren Tisch standen wie bei seinem letzten Besuch die Masken, Moulagen und Tierschädel für die Ausstellung. Hatte er sich geirrt?

Charlotte Neudecker trat an ihren Schreibtisch und prüfte die Unterlagen. Dann hielt sie mit einem Mal inne. »Es war wirklich jemand hier und hat in meinen Akten gewühlt. Diesen Stapel da habe ich seit Wochen nicht mehr angerührt, aber jetzt ist er nicht an derselben Stelle.« Sie sank auf ihren Stuhl.

Also doch, dachte Beaufort befriedigt. »Fehlt etwas?«

Die Kuratorin ließ ihren Blick durchs Zimmer schweifen, dann bemerkte sie das leere Rechteck auf dem Boden, das von einem Schmutzrand und Kabelsalat umgeben war. »Mein Rechner ist weg«, sagte sie tonlos und kaute auf ihrer Unterlippe.

»Das muss doch eine Katastrophe für Sie sein? Sind da nicht alle Dateien für Ihre Ausstellung drauf?«

»Ja, natürlich. Aber ich verlasse das Zimmer nie, ohne mir eine Kopie auf meinen Laptop zu ziehen. Außerdem habe ich daheim noch eine externe Festplatte mit den meisten Daten. Ich bin doch nicht verrückt und hebe die Arbeit von fast zwei Jahren nur an einer einzigen Stelle auf.«

Während sie schweigend auf die Polizeistreife warteten – einen Tee hatte Beaufort dankend abgelehnt –, fiel sein Blick durchs Fenster hinunter in die Universitätsstraße. Auf dem Trottoir gegenüber standen ausgerechnet Dr. van der Veldt und Professor Gäbelein und redeten angeregt miteinander. Kein Wunder, dass die beiden sich mögen, dachte Beaufort. In puncto Bärbeißigkeit gaben sie sich wirklich nicht viel. Bestimmt waren sie sich unten an der Ecke begegnet und beklagten jetzt gemeinsam die Weltläufte. Doch obschon die beiden in ihr Schwätzchen vertieft schienen, sah die Botanikerin auf einmal direkt zu dem Bürofenster hoch. Unwillkürlich wich Beaufort einen Schritt zurück. Obwohl durch die Lamellen der Jalousie höchstens sein Schatten zu sehen sein konnte, fühlte er sich erkannt.

Kurz darauf traf die Polizeistreife ein. Als der uniformierte Beamte mit dem Walrossschnauzer Beaufort und Löblein erblickte, zuckte er merklich zusammen. »Sie schon wieder? Und schon wieder ein Einbruch in der Universität? Das lassen Sie mal besser nicht zur Gewohnheit werden.«

*

»*Haben Sie es endlich gefunden?*«

»*Nein.*«

»*Langsam sind wir mit unserer Geduld am Ende. Sie müssen es ausfindig machen – unbedingt.*«

»*Und wenn nicht?*«

»*Schadet es Ihnen mehr als uns. Wir existieren offiziell nicht mehr.*«

»*Schaden? Es würde mich vernichten.*«

»*Dann ziehen Sie endlich Ihre Schlüsse daraus. Ende.*«

7. Arret-Stoß – Montag, 18. Juli

»Du kannst dir nicht vorstellen, wie sich dieser arrogante Schnappauf vor uns aufgeblasen hat. Angeblafft hat er uns, dass wir in seiner Stadt nichts zu suchen haben und er uns diesmal ganz sicher ins Gefängnis stecken wird. Der hält sich wohl für den Sheriff von Erlangen. Ein klarer Fall von Hybris.«

Anne bog in den Neutorgraben ein und fuhr an der Stadtmauer entlang. Zwar hatte sie das Wesentliche gestern Abend schon von Frank am Telefon erfahren, doch ausführlich hatten sie über seine Erlebnisse noch nicht sprechen können.

»Aber dann hat Ekki uns wieder rausgehauen. Der ist eben ein echter Freund. Natürlich hätten wir nicht so einfach in die Anatomie eindringen dürfen, aber Ekki hat dem Kommissar erklärt, dass es Notstand war. Wir haben den Hausfriedensbruch ja nur begangen, weil wir uns sicher waren, dass Frau Neudecker in Gefahr schwebte. Dann ist das nicht nur vertretbar, sondern sogar unsere Bürgerpflicht, sagt er. Besonders, nachdem sich herausgestellt hat, dass tatsächlich jemand in ihr Büro eingebrochen ist.« Von der unerfreulichen Episode im Leichenkeller hatte er Anne lieber nicht alles erzählt, nur, dass er dort eingeschlossen worden war. Es war ihm peinlich, so dermaßen in Panik geraten zu sein. Der Vorfall kratzte an seinem Selbstbild. Er war eigentlich überhaupt kein ängstlicher Typ – im Gegenteil. »Schnappauf hat uns daraufhin zähneknirschend ziehen lassen.«

Der gelbe Golf erreichte die Anhöhe. Anne ließ die Kaiserburg rechts liegen und folgte der Bucher Straße. »Wie ist der Dieb da überhaupt reingekommen, wenn ihr beiden Männer noch nicht mal die Tür aufbrechen konntet?«

»Mit einem Schlüssel. An dem Türschloss fanden sich keine Einbruchspuren, hat mir Ekki verraten. Es kann natürlich auch sein, dass die Neudecker den Einbruch bei sich fingiert hat, um jeden Verdacht von sich abzulenken.«

»Fängst du jetzt plötzlich an, sie zu verdächtigen, wo ich gerade zum gegenteiligen Schluss gekommen bin?«

»Sie hat schon ziemlich cool und abgebrüht auf den Diebstahl ihres Computers reagiert. Besonders beeindruckt hat sie das alles nicht. Ich weiß allmählich nicht mehr, was ich von ihr halten soll. Je öfter ich sie sehe, desto schwerer fällt es mir, sie einzuschätzen.«

In der Pirckheimer Straße musste Anne einer langsamen Straßenbahn hinterhertrödeln. »Nur, wer hat dich dann im Sektionsraum eingesperrt? Wenn die Neudecker den Einbruch bloß vorgetäuscht hat, hatte sie da unten doch gar nichts verloren. Ich glaube ja, dass du dem Einbrecher und damit dem Mörder begegnet bist. Er muss durch die mittlere Tür raus sein, während du im Leichenkeller warst. Dann hat er dich festgesetzt, um in Ruhe verduften zu können. Wenn er sich einen Schlüssel zu Neudeckers Büro besorgen konnte, dann doch bestimmt auch einen zur Anatomie.«

»Keine angenehme Vorstellung.« Beaufort schluckte. »Das bedeutet nämlich, dass der Mörder jetzt weiß, wie ich aussehe. Wir dagegen tappen immer noch im Dunkeln.«

»Mach dir keinen Kopf deswegen.« Anne legte ihre Hand auf Beauforts Knie. »Hast du nicht gesagt, dass es dort drinnen total finster war? Wenn er dich gesehen hat, dann bestimmt nur schemenhaft.«

»Hoffentlich liegst du damit auch richtig.« Beaufort schaute aus dem Autofenster, ohne wirklich etwas wahrzunehmen, und malmte seine Kiefer aufeinander.

»Lass uns lieber überlegen, was van der Veldt und Gäbelein dort zu suchen hatten. Das kann doch kein Zufall gewesen sein.« Endlich bog die Straßenbahn ab, und Anne gab Gas, um bei Dunkelorange noch links in die Bayreuther Straße einzufädeln.

»Ich glaube nicht, dass beide gemeinsam etwas mit der Sache zu tun haben, aber einer von ihnen könnte es vielleicht gewesen sein. Gut möglich, dass derjenige, der mich eingeschlossen hat, vor der Anatomie zufällig auf den Sammlungskollegen gestoßen ist und in ein Gespräch verwickelt wurde.«

»Oder den anderen extra in eines verwickelt hat«, ergänzte die Journalistin. »So konnte er oder sie unauffällig in der Nähe bleiben und sehen, was weiter passiert.«

»Fragt sich nur, wer es war: die Hüterin des Botanischen Gartens oder der Zerberus der Frühgeschichtlichen Sammlung? Immerhin war es Frau van der Veldt, die zum Büro hochgeschaut hat. Es kann aber auch nur Zufall gewesen sein«, stellte Beaufort fest. Anne bog rechts in den Nordring ab. »Sag mal, wo fährst du überhaupt hin?«

»Zum Interview in die Zoologische Sammlung.«

»Das ist aber nicht der Weg nach Erlangen. Du solltest dir vielleicht doch mal ein Navi anschaffen.«

Anne warf ihrem Freund einen scheelen Blick zu. »Eine solche Empfehlung aus deinem Mund? Bis jetzt bin ich noch immer überall angekommen. Und den Weg zum Tiergarten find ich sogar mit geschlossenen Augen.«

»Du weißt schon, dass da die lebendigen Tiere sind? Wir aber wollen zu den ausgestopften. Es gibt da einen kleinen Unterschied zwischen Zoologischem Garten und Zoologischer Sammlung.«

»Was bist du doch manchmal für ein kleines Klugscheißerle.« Sie strich ihm lässig mit der Rechten durchs Haar. »Wenn du besser recherchiert hättest, wüsstest du, dass die Zoologische Sammlung dreigeteilt ist. Und der wichtigste und wertvollste Teil der Sammlung befindet sich im Tiergarten, und zwar im Naturkundehaus.«

Wenig später parkte Anne den Wagen am Schmausenbuck im Schatten der Bäume. Die Sonne brannte herunter. Es dauerte eine geraume Zeit, bis sie der Dame im Kassenhäuschen klarmachen konnte, dass sie nicht etwa zwei Eintrittskarten kaufen wollten, sondern zu einem Interview erwartet wurden, was diese erst durch umständliche Telefonate zu verifizieren versuchte. Schließlich durften sie doch hinein.

Das Naturkundehaus, ein relativ moderner Fachwerkbau mit viel Holz und Glas, lag hinter dem Haupteingang am Waldrand. Als sie die Halle im Erdgeschoss betraten, sahen sie jede Menge Tierskelette und Tierschädel. Gerade wurde eine Schulklasse durch die aktuelle Ausstellung mit dem Titel *Hand und Fuß* geführt, und die Schüler durften ein drei Meter hohes Elefantenbein betasten. Die Schau gab einen Überblick über die Evolutionsgeschichte des Menschen, wie einem Plakat zu entnehmen war, das Beaufort interessiert studierte. Anne sah sich unterdessen suchend um, fand die Treppe hinab ins Untergeschoss und winkte ihren Freund zu sich.

Der trottete missmutig zu ihr hinüber. »Schon wieder ein Keller«, brummte er. »Müssen diese Wissenschaftler eigentlich fast alle unterirdisch arbeiten? Ich frage mich ernsthaft, wieso man die Universität mit einem Elfenbeinturm vergleicht.«

Achtzehn Stufen tiefer blieben sie vor einer feuerfesten Stahltür mit der Aufschrift *Zutritt verboten* stehen. Anne klopfte, doch niemand reagierte darauf. Sie klopfte lauter und nachdrücklicher. Wieder rührte sich nichts.

»Stimmt die Zeit?«, fragte Beaufort.

»Ich hab 10.00 Uhr mit dem Sammlungsleiter ausgemacht. Und es ist zwei Minuten nach.«

Da öffnete sich die Tür doch noch, und ein etwa fünfzigjähriger Mann in weißem Laborkittel und mit durchsichtigen Latexhandschuhen an den Fingern sah sie fragend an.

»Anne Kamlin vom Bayerischen Rundfunk. Das ist mein Kollege Frank Beaufort. Wir haben einen Termin mit Professor Adler.«

»Der telefoniert noch«, sagte der Mann mürrisch. »Ich soll Sie hereinbitten. Aber fassen Sie bloß nichts an.« Er musterte die beiden argwöhnisch. »Ich bin Franke.«

»Ich auch«, beeilte sich Beaufort stolz zu erklären. Merkwürdige Form des Lokalpatriotismus, dachte er. Besser man fraternisierte da gleich mal landsmannschaftlich – das konnte bei so einem Griesgram nur von Vorteil sein.

Der Mann im Kittel warf ihm einen besonders giftigen Blick zu und ging wortlos an seine Arbeit zurück. Vor ihm auf einer großen Arbeitsplatte standen mehrere hohe Gläser, in denen tote Schlangen aufgeringelt waren. Aus einem Kanister füllte er eine klare, alkoholisch riechende Flüssigkeit in einen der Glaszylinder, bis der ganz voll war, und verschloss das Gefäß mit einem Glasdeckel. Er ignorierte die Anwesenheit der beiden Besucher völlig.

Frank und Anne warfen sich einen vielsagenden Blick zu und schauten sich dann um. Der Keller war hell erleuchtet, sehr sauber, ziemlich groß und voller Rollschränke aus Metall. Einer davon war geöffnet. Dort standen mindestens hundert weitere Gläser mit eingelegten Schlangen. Auch zahlreiche Tierschädel konnten sie entdecken. Im Vergleich zu der Hitze draußen war es ziemlich kalt hier unten. Anne fröstelte in ihrer dünnen Bluse.

»Ganz schön frisch hier«, versuchte Beaufort ein Gespräch mit dem Weißkittel.

»Achtzehn Grad sind Vorschrift. Raumtemperatur und Luftfeuchtigkeit müssen konstant sein. Sonst leiden die Präparate.«

»Den Schlangen dürfte das doch wohl egal sein in ihren Gläsern. Und den Schädeln da auch.«

»Den anderen Tieren aber nicht«, erwiderte der Mann und schob ruckartig einen Vorhang beiseite. Ein riesiger, schwarzer Gorilla funkelte sie böse aus blitzenden Augen an. Reflexartig traten die beiden einen Schritt zurück, bis sie erkannten, dass das natürlich kein lebender Gorilla war, sondern ein ausgestopfter.

Anne kicherte erleichtert. »Da haben Sie uns ja einen schönen Schrecken eingejagt. Der sieht aber auch richtig bedrohlich aus.«

Der Gorilla stand leicht vorgebeugt, sodass seine langen Arme mit den riesigen Händen daran bis auf den Boden reichten. Er erweckte den Eindruck, als würde er jeden Moment zum Sprung ansetzen.

»Wie ich sehe, hat Sie Herr Franke schon mit Schorsch bekannt gemacht?«, erklang hinter ihnen eine sanfte Stimme. Sie gehörte zu einem zierlichen alten Mann mit Glatze und Brille, der sich als Professor Eberhard Adler vorstellte. Nachdem Beaufort peinlich berührt registriert hatte, dass er die Namensvorstellung des Tierpräparators vorhin vermasselt hatte, verkniff er sich seine Nomen-est-omen-Bemerkung zu Adler lieber und ließ unerwähnt, dass dem Sammlungsleiter die Berufswahl des Zoologen ja quasi bereits in die Wiege gelegt worden sei. Eine kluge Entscheidung, wie sich herausstellte, denn der Professor machte diesen Scherz im nächsten Augenblick selbst und toppte ihn noch mit dem Hinweis, dass sein größtes Interesse schon immer der Ornithologie gegolten habe. Doch auch als Emeritus komme er leider viel zu selten zur Vogelbeobachtung, da er sich selbst im Ruhestand immer noch ehrenamtlich um die Zoologische Sammlung kümmere, bis ein geeigneter Nachfolger gefunden sei.

Anne zückte ihr Mikrofon und drückte auf Aufnahme. »Habe ich richtig gehört, und Sie haben diesen Gorilla eben Schorsch genannt? Geben Sie allen Tieren hier Namen?«

»Natürlich nicht. Aber Schorsch war in den Sechzigerjahren die Attraktion im Tiergarten. Nach seinem Tod wurde er präpariert und war bis 1985 der Publikumsliebling im Zoologischen Museum in Erlangen. Doch nachdem das geschlossen wurde, landete er hier im Archiv. Jetzt geht Schorsch frisch restauriert als Prunkstück in die Erlanger Ausstellung. Er ist sogar auf dem Plakat abgebildet.«

»Haben Sie den Affen ausgestopft?«, fragte Anne Herrn Franke, doch der Tierpräparator brummelte nur vor sich hin und beschäftigte sich weiter mit seinen Schlangen.

»Schorsch und die anderen Präparate wurden nicht ausgestopft, sondern modelliert. Es sind Dermoplastiken. Darauf legt der Präparator großen Wert. Ein äußerst aufwendiger Vorgang, der viel handwerkliches und künstlerisches Geschick erfordert. Als der Gorilla gestorben war, wurde er enthäutet und sein Fell gegerbt, um es haltbar zu machen. Der Körper wurde entfleischt, danach die Knochen wieder zum Skelett montiert und schließlich der Körper mit Ton modelliert. Danach wurde ein Abdruck von dem Modell gemacht, von diesem Abdruck die endgültige Form gegossen und schließlich das Fell aufgezogen. Das Ganze hat Monate gedauert.«

»Ich werde ausgestopfte, äh, ich meine präparierte Tiere in Zukunft mit größerer Hochachtung betrachten. Haben Sie hier unten nur Exoten aus dem Zoo?«

»Aber nein. Es gibt beispielsweise auch eine wunderbare Heimatsammlung fränkischer Vögel. Über dreihundert Exemplare, darunter längst vertriebene wie das Blaukehlchen oder der Fischadler. Die Sammlung stammt aus den Fünfzigerjahren und ist berühmt in der Fachwelt, weil die Tiere so lebensecht präpariert sind. Wollen Sie sie sehen?«

Ohne eine Antwort abzuwarten, kurbelte der Professor zwei Rollschränke auseinander, sodass ein begehbarer Raum entstand. Plötzlich fanden sie sich inmitten einer Voliere wieder. Die Metallregale strotzten vor Vögeln. Sie saßen auf Ästen, brüteten in Nestern oder spreizten ihre Flügel im Landeanflug. Täuschend echt und doch totenstill. Kein Gesang erhob sich mehr aus diesen Vogelkehlen.

»Hier sind alle Vögel versammelt, die im fränkischen Raum heimisch sind. Da die Uferschwalbe, dort Heidelerche und

Feldlerche im Vergleich, hier sämtliche Spechte vom großen Schwarzspecht bis zum Grünspecht.« Er deutete auf die entsprechenden Präparate. »Dann haben wir natürlich alle Singvögel – immer pärchenweise dargestellt – vom Pirol bis zum einfachen Feldsperling. Das beeindruckendste Exemplar ist aber unser Fischadler hier.« Die braunen Schwingen des Greifvogels waren weit ausgebreitet – eine dramatische Pose. Der Professor schob seine Brille hoch und studierte das Etikett der Holzplatte, auf die der Vogel montiert war. »Der wurde im Weihergebiet von Dechsendorf am 14. September 1952 geschossen, so leid es einem tut. Heute wäre das natürlich verboten.«

»Warum macht man das überhaupt – tote Tiere präparieren?«, schaltete Beaufort sich ein. »So ganz hat mir diese Passion noch nie eingeleuchtet. Für mich hat es etwas von einer Trophäe.«

»Da verstehen Sie diese Sammlung aber völlig falsch. Das sind keine Jagdtrophäen, sondern Lernobjekte für Studenten. Ein Tier bewegt sich, versteckt sich oder ist gefährlich. Nur das präparierte Tier kann man in aller Ruhe ganz aus der Nähe studieren, nicht als Bild, sondern als räumliches Objekt, aus jedem möglichen Blickwinkel. Das hier ist ein dreidimensionales Archiv der Tierwelt.« Adler führte seine Besucher zu einem anderen Regal, in dem verschiedene Tierschädel lagen, und drückte Anne einen Bärenschädel und Beaufort einen Krokodilschädel in die Hand. Die Knochen fühlten sich kalt und glatt an. »Noch lehrreicher ist es, wenn sie Objekte wie diese auch anfassen können. Ich nenne das Begreifen durch Begreifen. Wenn ein Student erst mal verschiedene Schädel in Händen gehalten und den ähnlichen Aufbau der Schädelknochen erkannt hat, versteht er die Evolution ganz automatisch.«

»Wirklich schade, dass diese Sammlung nicht für jeden frei zugänglich ist«, fand Anne.

»Als es unser Zoologisches Museum in der Erlanger Innenstadt gab, war das noch möglich. Aber diese Zeiten sind längst vorbei.« Die Begeisterung des Professors, die er eben noch an den Tag gelegt hatte, wich einer sanften Melancholie. »Unsere ältesten Stücke stammen noch aus den Markgräflichen Kunst- und Naturalienkabinetten in Ansbach und Bayreuth. In ihrer besten Zeit, in den Siebziger- und Achtzigerjahren, umfasste die Sammlung über zehntausend Exponate. Doch dann wurde das Zoologische Museum aufgelöst, weil die Mediziner das Gebäude brauchten. Und wir Zoologen zogen ins neue Biologikum auf das Südgelände.«

Wie sich herausstellte, kam nur die relativ kleine Lehrsammlung mit in die neue Unterkunft. Der größte Teil der toten Tiere wurde in der sogenannten Kegelbahn, einem geräumigen Keller unter der Südmensa mehr schlecht als recht gelagert. 1995 konnten dann wenigstens die dreitausend empfindlichsten Stücke in den Nürnberger Tiergarten umziehen.

»Dies ist ein wirklich gutes Magazin. Hier kümmert sich Herr Franke um die Sammlung. Ohne ihn würde sie langsam zugrunde gehen. Die Präparate müssen immer wieder aufs Neue vor dem Verfall bewahrt werden. Ständig drohen Mottenfraß, Schädlingsbefall und Schimmelbildung. Aber leider hat die Zoologie kein Interesse mehr an diesen Dingen. Als der letzte Präparator der Universität vor Jahren in Rente ging, wurde die Stelle nicht mehr besetzt. Längst gibt es auch keinen Lehrstuhl für Zoologie mehr. Stattdessen liegt der Schwerpunkt jetzt auf der Molekularbiologie.« Der alte Professor schüttelte über diese Entwicklung den Kopf.

So war das nun mal mit Sammlungen, dachte Beaufort. Sie führten ein Eigenleben, waren in Bewegung, wuchsen, nahmen wieder ab, verstaubten, wurden verpackt, vergessen, wiederentdeckt, entstaubt, zogen um und schrieben ihre eigene Geschichte.

»Und was passiert mit den vielen anderen Präparaten in der Kegelbahn?«, fragte Anne.

»Die werden verrotten, wenn wir nicht bald eine Lösung finden. Ich kann Ihnen gar nicht sagen, wie sehr mich der Anblick dort schmerzt – die reinste Tristesse. Es ist mir unbegreiflich, wie die Hochschule diese Werte und das darin erhaltene Wissen einfach so verkommen lassen kann. Deshalb setze ich meine ganze Hoffnung in den neuen Kustos. Der muss dringend eine Lösung für das Problem finden.«

»Wen hätten Sie denn lieber gehabt: Dr. Schifferli oder Dr. Neudecker?«, schaltete Beaufort sich ein.

Adler schwieg und sah ihm prüfend in die Augen. »Würden Sie bitte für einen Moment die Aufnahme stoppen?«, bat er Anne höflich.

Sie ließ bereitwillig ihr Mikrofon sinken.

»Ich bevorzugte eindeutig Herrn Schifferli. Er war der Zoologie sehr zugetan, müssen Sie wissen, und hatte schon Pläne gemacht für eine neue Unterkunft in der ehemaligen Fledermausbeobachtungsstation. Frau Neudeckers Interesse liegt leider mehr bei den Medizinischen Sammlungen.« Und mehr zu sich als zu den beiden ergänzte er leise: »Es ist schon mysteriös, dass Tom ausgerechnet jetzt gestorben ist, so kurz vor der Stellenvergabe.«

»Wie meinen Sie das?«, fragte die Journalistin leise.

»Ich darf doch davon ausgehen, dass dieser Teil unseres Gesprächs unter uns bleibt und nicht an die Öffentlichkeit gelangt?«

Anne und Frank nickten zustimmend.

»An einen Suizid vermag ich nicht zu glauben. Dr. Schifferli hat mich noch ein paar Stunden vor seinem Tod angerufen. Er klang überhaupt nicht depressiv – im Gegenteil. Er war voller Pläne und machte sogar Scherze.«

»Was wollte er von Ihnen?«

»Er fragte mich, ob ich ihm für die Erlanger Ausstellung noch ein paar Regalmeter unserer fränkischen Vögel abtreten könne, was ich ihm natürlich gern zusagte. Am nächsten Tag wollte er vorbeikommen, um die Tiere abzuholen. So verhält sich doch kein Selbstmordkandidat.«

»Haben Sie denn eine Erklärung für seinen Tod?«, hakte Beaufort nach. »Frau Kamlin und ich glauben auch nicht an einen Suizid oder an einen Unfall«, gestand er, »sondern an ein Verbrechen.«

Anne funkelte ihn böse an, weil er das nicht hätte verraten dürfen, doch Frank vertraute seiner Intuition.

»Das ist eine Auffassung, zu der auch ich immer mehr tendiere«, sagte der Professor bedächtig.

»Warum?«, fragten beide wie aus einem Mund.

»Ein paar Tage vor seinem Tod saßen wir im *Kaiser Wilhelm* beisammen. Das war seine Stammkneipe. Wir verstanden uns recht gut, wissen Sie, ich glaube, Tom sah in mir eine Art väterlichen Freund. Wir redeten auch über den Rücktritt des Verteidigungsministers und die akademischen Verfehlungen bei seiner Doktorarbeit. Da fragte er mich, wie ich mich denn verhalten würde, wenn ich zufällig von einer wissenschaftlichen Fälschung Kenntnis erlangt hätte. Ich antwortete ihm, dass ich zuvor sehr genau nachforschen und Beweise sammeln würde, ehe ich etwas unternähme. Erst wenn ich mir ganz sicher wäre, würde ich mich an die entsprechenden Universitätsgremien wenden. Schließlich bedeute dieser Schritt meistens das Ende einer wissenschaftlichen und beruflichen Karriere. Aber sagen würde ich es, denn es gehe nicht an, dass jemand durch Betrug dem Ansehen der Wissenschaft schade. Ich kann mich täuschen, aber mir kam es so vor, als ob wir uns nicht nur hypothetisch über so einen Fall unterhielten. Ich glaube, Tom hatte einen ganz konkreten Verdacht.«

»Haben Sie eine Ahnung, um wen oder was es dabei ging?«, fragte Beaufort atemlos.

»Leider nein.« Adler schüttelte den Kopf. »Ich habe mir darüber auch schon den Kopf zerbrochen. Aber am wahrscheinlichsten ist doch wohl, dass es etwas mit den Sammlungen zu tun hat. Schließlich hat Tom sich die vergangenen beiden Jahre mit nichts anderem beschäftigt, nicht wahr?«

»Und wo würden Sie anfangen zu suchen?«

Der Professor zögerte einen Moment. Man sah ihm an, dass er seine Worte abwägte. »Dort, wo der Ehrgeiz am größten ist«, sagte er schließlich.

*

»Damit kann er doch nur die Neudecker gemeint haben mit ihren zwei Doktortiteln. Was meinst du?« Franks Augen funkelten angriffslustig.

»Kann schon sein. Allerdings sind dir in den letzten Tagen doch so einige ehrgeizige Akademiker begegnet. Degen und Gäbelein zum Beispiel. Oder die Direktorin der UB. Und diese van der Veldt scheint auch nicht ohne zu sein.«

»Aber sollen wir jetzt von allen die Doktorarbeiten und Habilitationsschriften prüfen? Hast du eine Vorstellung, wie viel Arbeit das ist? Mal abgesehen davon, dass wir von den meisten Fachgebieten keinen blassen Schimmer haben«, gab Beaufort leicht schnaufend zu bedenken. Anne legte bei ihrem Weg zurück zum Ausgang ein ziemliches Tempo vor, sodass er sich bemühen musste, Schritt zu halten. »Wenn wir uns schon an diese Aufgabe machen, sollten wir bei der Neudecker anfangen.«

»Meinetwegen. Da gibt es doch diese Internetforen, in denen irgendwelche Freaks Doktorarbeiten auf Fehler und Betrügereien überprüfen. Die versuche ich nachher mal zu kontaktieren. Vielleicht helfen die uns weiter. Schaust du in der UB nach, ob du ihre Arbeiten da ausleihen kannst?«

»Wird erledigt. Aber allzu große Hoffnungen sollten wir uns nicht machen. Sag mal, musst du so rennen bei dieser Hitze?« Sie waren beim Haupteingang angekommen, und Beaufort lief der Schweiß in den Nacken.

»In einer halben Stunde ist der Termin mit Dr. van der Veldt im Herbarium. Und so wie du sie mir beschrieben hast, schätzt sie es bestimmt nicht, wenn man sie warten lässt. Also beeil dich.«

Im Auto, in dem sich trotz des Schattenplatzes die Hitze wie ein schmieriger Film auf ihre Haut legte, bis die Klimaanlage für eine einigermaßen erträgliche Temperatur sorgte, redeten sie weiter über den Stand ihrer Recherchen. Trotz der neuen Indizien war Beaufort nicht in enthusiastischer Stimmung, sondern fand die Lage zunehmend verwirrend. Vielleicht hatte er in letzter Zeit einfach zu viele Vögel, Faustkeile, Fernrohre und Farne gesehen, um sich in diesem Dschungel des Wissens noch zurechtzufinden. Überall führten mögliche Spuren hinein, doch anstatt diese systematisch zu erkunden, gingen sie mal hier einen schmalen Trampelpfad, mal dort ein kleines Stückchen Weg, in der Hoffnung auf den entscheidenden Durchbruch. Und ganz in der Nähe lauerte womöglich der Mörder mit der Machete und beobachtete längst ihre Schritte.

Beauforts Handy klingelte. Im Display erkannte er eine Nummer der Universität und nahm ab.

Das Gespräch war kurz und verlief auf Beauforts Seite ziemlich einsilbig. Anne versuchte sich einen Reim darauf zu machen und hörte erstaunt, wie ihr Freund sich mit dem Satz verabschiedete: »Ich befinde mich gerade auf dem Weg nach Erlangen. In zehn Minuten bin ich bei Ihnen.«

»Wer war das denn? Ich denke, du kommst mit ins Biologikum. Du wolltest dich doch umhören, was man dort über van der Veldt so spricht.«

»Es war die Chefsekretärin des Unipräsidenten. Die hat schon den ganzen Vormittag versucht, mich zu erreichen. Wahrscheinlich hatte ich unten im Naturkundehaus keinen Empfang. Professor Roth will mich dringend sprechen. Das geht natürlich vor. Kannst du mich bitte zum Schloss fahren? Ich komme dann nach, wenn ich fertig bin. Es wird bestimmt nicht lange dauern.«

»Schade, dass ich nicht mit dir kommen kann. Den smarten Präsidenten wollte ich schon immer mal kennenlernen. Der ist ja ein richtiger Womanizer, was man so hört. Im Fernsehen kommt er jedenfalls super rüber.«

»So toll ist er nun auch wieder nicht«, brummelte Frank. »In Wirklichkeit ist er viel kleiner.«

*

Es war kühl im Büro des Präsidenten, da die Klimaanlage auf Hochtouren lief, doch die Atmosphäre war alles andere als frostig. Beaufort war von der Sekretärin sofort eingelassen und von Gunnar Roth aufs Herzlichste begrüßt worden, obwohl der Professor gerade eine wichtige Vorlage durcharbeitete.

»Lassen Sie sich durch mich nicht stören«, sagte Beaufort höflich, »Ich habe Zeit und kann gern etwas warten.«

Der Präsident dankte, erwiderte, dass er ohnehin fast fertig damit sei und brachte noch einige Anmerkungen auf dem Schriftstück an. Als keine zwei Minuten später der Kaffee serviert wurde, legte er seinen edlen Füllfederhalter beiseite und reichte der Sekretärin das korrigierte Schreiben mit der Bitte, es in Reinschrift zu bringen und dann sogleich per Kurier fortzuschicken.

Roth ließ es sich nicht nehmen, seinem Gast persönlich aus dem Silberkännchen einzuschenken. »Vielen Dank, dass Sie sich hierher bemüht haben«, lächelte er über den Rand seiner Kaffeetasse hinweg. »Sie können sich sicher denken, weshalb ich Sie sprechen will. Wie weit sind denn Ihre Recherchen beim Bücherdiebstahl gediehen? Darf ich damit rechnen, die vermisste Dürer-Grafik in der Ausstellung präsentieren zu können?«

Trotz der Kälte im Amtszimmer brach Beaufort der Schweiß aus. Sein Lächeln entglitt ihm. Diesen Auftrag hatte er völlig verdrängt. Seitdem er Tom Schifferlis Mörder suchte, kümmerte er sich um die Diebstähle in der UB kaum noch. Und er hatte so gut wie nichts vorzuweisen. Keinen Verdächtigen. Nur ein paar Indizien und Fährten, denen er nicht nachgegangen war.

»Noch habe ich keine heiße Spur, leider. Ich glaube, dass es nur jemand aus dem Umfeld der Bibliothek sein kann«, improvisierte er. »Ohne Insiderwissen und Schlüssel wäre das nicht durchführbar gewesen.« Wie konnte er nur auf diese wirklich naheliegende Nachfrage Roths so unvorbereitet sein? Was hatte er sich gedacht? Dass der vielbeschäftigte Präsident ihn zum Kaffeeklatsch einlud?

Gunnar Roth legte eine schmerzlich besorgte Miene auf. »Ich habe ein wenig den Eindruck, dass Sie Ihre Nachforschungen nicht mit dem Eifer vorantreiben, den Professor Harsdörffer und ich uns wünschen würden.«

Beaufort fühlte sich durchschaut.

»Mir liegt ein Bericht des Polizeipräsidiums Mittelfranken vor. Daraus geht hervor, dass Sie am Wochenende zweimal angezeigt wurden, weil Sie unbefugt in Räume der Universität eingedrungen sind. Wie soll ich mir denn das erklären?«

»Nun ja, ich gebe zu, dass ich die Diebstähle etwas vernachlässigt habe. Aber seitdem Tom Schifferli, der Kurator der Ausstellung, ermordet wurde, bin ich auch mit diesem Fall beschäftigt. Möglicherweise gibt es da einen Zusammenhang«, fantasierte Beaufort. »Im Übrigen bin ich nirgendwo in die Universität eingebrochen. Das war der Mörder. Er sucht nach etwas, aber ich weiß nicht, wonach. Gestern in der Anatomie habe ich ihn aufgeschreckt, aber leider ist er mir entwischt.« Seine Rechtfertigungsversuche mussten für den Präsidenten, der die Details ja gar nicht kennen konnte, etwas wirr klingen.

»Ich kann mich nicht erinnern, Ihnen ein Mandat für solche Recherchen erteilt zu haben«, entgegnete Roth sanft tadelnd. »Außerdem ist überhaupt nicht geklärt, ob es sich hier um einen Kriminalfall handelt. Der Polizeipräsident hat mir persönlich versichert, dass Herr Schifferli auch durch einen Selbstmord oder einen Unfall ums Leben gekommen sein könnte. Die Beamten gehen allen Spuren nach. Der bedauerliche Tod unseres Mitarbeiters ist schlimm und sorgt intern schon für genug Wirbel. Auf Mord-Schlagzeilen, die das Ansehen der Universität weiter beschädigen, kann ich gerne verzichten.«

Das sah Beaufort zwar anders, aber er zog es vor, dem Präsidenten jetzt nicht zu widersprechen. Die ganze Situation war ihm unangenehm, fast peinlich. Er kam sich wie ein Internatsschüler vor, der nachts im Schlafsaal vom Vertrauenslehrer beim heimlichen Comiclesen erwischt wird. Schuldbewusst schwieg er.

»Sie haben doch mit den Bücherdiebstählen mehr als genug zu tun«, gab Roth zu bedenken. »Darf ich Sie daran erinnern, dass die Ausstellung in vier Tagen eröffnet wird? Noch mehr Negativmeldungen kann die Hochschule wirklich nicht brauchen. Professor Harsdörffer und ich bauen fest auf Sie. Nur jemand mit Ihrem bibliophilen Wissen kann uns noch helfen.« Der Präsident rückte seine dezent gemusterte Seidenkrawatte zurecht und sah ihn aufmunternd an. »Es ist nicht genug zu wissen, man muss es auch anwenden; es ist nicht genug zu wollen, man muss es auch tun. Ein Goethe-Zitat. Sie werden es gewiss schon erkannt haben«, sagte er lächelnd und streckte seine Hand über den Schreibtisch.

Beaufort, bei seinem Stolz und seiner Ehre gepackt, schlug ein und versprach beinahe feierlich: »Sie können sich auf mich verlassen.«

*

Im Taxi zum Südgelände war der Zauber des prominenten Präsidenten bald wieder verflogen, und zurück blieb das schale Gefühl, von ihm doch irgendwie eingewickelt worden zu sein.

Möglicherweise lag es aber auch an der Fahrweise seines Chauffeurs. Sie standen im Stau, und der Taxifahrer versuchte Boden gutzumachen, indem er beschleunigte und dauernd die Spur wechselte, nur um nach ein paar Metern abrupt wieder abzubremsen, weil es auch dort nicht weiterging. Eine Art der Beförderung, die bei Beaufort Übelkeit erregte. Vielleicht sollte er sich doch einen festen Chauffeur seines Vertrauens mit monatlichem Grundsalär zulegen. In letzter Zeit hatte er mit Ausnahme des patenten Carl Löblein ziemliches Pech mit seinen Taxifahrern gehabt. Dazu kam, dass dieser hier auch noch fortwährend den nicht vorhandenen Verkehrsfluss verfluchte, bis es Beaufort zu viel wurde und er sagte: »Ein Auto steckt nicht im Stau, es *ist* der Stau.« Doch er war sich nicht ganz sicher, ob der Mann begriffen hatte, was er meinte.

Als sie endlich am Biologikum angekommen waren, das aus zahlreichen miteinander verbundenen dreistöckigen Flachdachgebäuden bestand, die rundum von Wald eingeschlossen waren, musste er erst mal seine Gedanken und Gefühle sortieren. Beaufort ließ sich auf einer Bank unter Bäumen unweit des Parkplatzes nieder und überlegte, dass er der Suche nach dem Bücherdieb in den kommenden Tagen oberste Priorität einräumen musste. Soweit die Zeit reichte, wollte er aber auch die Mordermittlungen weiter vorantreiben. Hier musste eben Anne aktiver werden und in die Bresche springen. Schließlich hatte sie die kommenden Tage kaum Termine. Und heute Abend sollten sie bei einem Fläschchen Elbling mal gemeinsam den Stand der Recherchen erörtern und schriftlich fixieren. Dieses Herumstochern in den Sammlungen hatte zwar ein paar interessante Hinweise ergeben, aber alles in allem mussten sie zielgerichteter vorgehen und sich mehr auf den Täter und seine Motive konzentrieren, fand Beaufort. Da der unter Umständen immer noch auf der Suche nach etwas war, konnte man ihm vielleicht eine Falle stellen. Ob der Mörder ihn gestern wirklich erkannt hatte? Das würde die ganze Angelegenheit natürlich erschweren – und gefährlicher machen. Nicht, dass der sich jetzt heimlich an ihn hängte, in der Hoffnung, seine Nachforschungen würden ihn zu dem gesuchten Geheimnis führen. Eine erschreckende Vorstellung.

Beaufort tupfte sich den Schweiß von der Stirn. Trotz seines Schattenplatzes war die Hitze drückend. Vor Durst hatte er einen schlechten Geschmack im Mund. Irgendwo musste es hier doch etwas Kaltes zu trinken geben. Auf dem Weg Richtung Herbarium wollte er nach einer Cafeteria Ausschau halten. Vielleicht kam er dort auch mit Biologiestudenten ins Gespräch, die er unauffällig nach Dr. van der Veldt aushorchen konnte. Er erhob sich und irrte über gepflasterte Wege, vorbei an quadratischen Universitätsgebäuden. Kaum hatte er eines passiert, schlossen sich weitere, nahezu identische Bauwerke an, die mit gläsernen Brückengängen im ersten und zweiten Stockwerk verbunden waren. Man konnte sich wirklich verlaufen hier. Er durchquerte Innenhof um Innenhof, ohne Zugang zu einem der Häuser zu finden, die jetzt keine blauen Fenster mehr hatten, sondern grüne. Wahrscheinlich hatte er die Physikbauten hinter sich gebracht und war nun bei den Biologen angekommen. Es war die Stunde des Pan: brüllende Mittagshitze und kein Mensch weit und breit zu sehen. Wo waren die ganzen Studenten? Langsam wurde Beaufort mulmig zumute. Er hörte Schritte, konnte aber niemanden entdecken, der das Geräusch verursachte. Wurde er verfolgt? Ruckartig drehte er sich um. War dort nicht gerade ein Schatten in einem der Durchgänge verschwunden? Oder litt er jetzt schon an einer Paranoia? Frank ging langsam weiter, wieder mit dem Gefühl, beobachtet zu werden. Da waren auch die Schritte wieder. Er beschleunigte sein Tempo, marschierte quer durch einen Innenhof, bog um die Ecke und betrat blitzschnell das Gebäude durch eine Glastür mit quietschgrünem Metallrahmen und roten Griffen. Er befand sich in einem kleinen Vorraum mit zwei Fahrstühlen in demselben grünen Farbton.

Einen der Aufzüge schickte er leer ins oberste Stockwerk und flitzte dann ein paar Stufen die dunkle Treppe hinauf. Dort, wo sie eine Kehre machte, ging er in die Hocke, sodass er die Glastür beobachten konnte, ohne selbst gesehen zu werden. Tatsächlich erschien draußen ein junger Mann, der sich suchend umsah und dann das Gebäude betrat. Beaufort drückte sich enger an die Wand. War das sein Verfolger? Der Mann blickte hoch auf die Anzeigetafel des vermeintlich besetzten Fahrstuhls und stieg in den freien Lift. Sowie sich die Aufzugtüren hinter ihm geschlossen hatten, rannte Beaufort die Treppen hinunter und aus dem Gebäude hinaus. Er lief rechts durch den Verbindungsgang zwischen den Häusern hindurch, bog links um die Ecke, stürzte durch eine weitere grüne Tür in das sich anschließende Gebäude, durchquerte hastig einen langen Flur, erklomm eine Treppe ins nächste Stockwerk und war sich ziemlich sicher, den Verfolger – wenn es denn einer war – abgeschüttelt zu haben. Nur hatte er jetzt die Orientierung verloren. Er wollte dringend zu Anne, er musste schauen, ob mit ihr alles in Ordnung war. Beim Weitergehen stieß er auf eine Gruppe Studentinnen in weißen Laborkitteln, die er nach dem Weg zum Herbarium fragte. Doch von denen hatte noch keine etwas von dieser Sammlung gehört. Schließlich klopfte Beaufort an die Tür eines Büros.

»Da sind Sie hier völlig falsch«, antwortete eine Joghurt löffelnde Assistentin, »dies ist die Biochemie. Sie müssen da rüber.« Die Frau wies aus dem Fenster über den Innenhof zu dem Gebäude gegenüber. »Und dort in den Keller runter. Das Herbarium ist in einem ziemlich entlegenen Raum untergebracht. Am besten, Sie fragen drüben noch mal.«

Er dankte, ging wieder hinunter ins Erdgeschoss, schaute sich im Eingangsbereich nach allen Seiten wachsam um und trat hinaus. Vor der Tür versicherte er sich abermals durch einen Rundumkontrollblick, doch nach wie vor war niemand draußen in der Mittagshitze unterwegs. Beaufort marschierte quer durch den begrünten Innenhof auf das Haus zu. Er war beinahe drüben angekommen, als schräg hinter ihm eine Tür zuschlug. Jäh drehte er sich um. Der junge Mann aus dem Fahrstuhl sah zu ihm herüber und setzte sich in Bewegung. Beaufort beschleunigte seine Schritte und betrat das Gebäude. Kaum war die Tür hinter ihm zugefallen, lief er den menschenleeren Flur entlang, erreichte ein Treppenhaus, stieg eilig die Stufen hinunter und blieb in einer Nische des halbdunklen Flures still stehen. Er hielt die Luft an und lauschte. Dann ging oben die Tür, und er hörte Schritte näherkommen, die ihm bekannt erschienen. Beaufort suchte nach einem Ausweg. Vor ihm gab es mehrere verschlossene Feuerschutztüren ohne Klinken. Weiter hinten stand eine Stahltür einen Spalt breit offen, weil ein gepolsterter Lederriemen an den Türknäufen befestigt war, der verhinderte, dass sie ins Schloss fiel.

Schon wieder so ein Scheißkeller, fluchte Beaufort innerlich und schlüpfte durch die Tür. Er betrat einen schwach erleuchteten breiten Gang, der sich ewig lang hinzog, ohne dass sein Ende zu erkennen war. Davon zweigten etwa alle dreißig Meter Nebengänge ab. Die ganzen Gebäude hier mussten untertunnelt und miteinander vernetzt sein. Vor lauter Heizungs- und Wasserrohren, Lüftungsschächten und Stromleitungen konnte er kaum die Decke und die Wände erkennen. Frank fühlte sich ganz und gar nicht wohl hier unten, aber er musste weiter, der Rückweg war ihm durch seinen Verfolger abgeschnitten. Sein Herz wummerte, und sein Atem ging rasend schnell. So leise wie möglich eilte er den Gang entlang. Da erlosch ein paar Meter vor der ersten Abzweigung schlagartig das Licht und tiefste Dunkelheit umgab ihn. Die Finsternis fasste nach ihm wie ein festes Gewebe, das sich eng um ihn schlang. Wie eine schwarze Flüssigkeit, die ihn eiskalt benetzte. Wie ein gefährliches Gas, das er einatmen musste, obwohl er sich dagegen wehrte. Wie gelähmt stand er da, die kleinste Bewegung ein Ding der

Unmöglichkeit. Er hörte das Surren der Lüftung, das Pulsieren des Bluts in seinem Körper – und Schritte. Näherkommende Schritte. Er wollte weglaufen, doch die Dunkelheit um ihn, auf ihm und in ihm drückte ihn hinab. In Zeitlupe sank er zu Boden. Die Schritte waren nun ganz nah. Da fiel auf einmal gleißendes Licht in seine schreckensweit aufgerissenen Augen. Eine schmerzende, fast überirdische Helligkeit, die ihn blind machte. Die Schritte verstummten. Jemand stand direkt vor ihm. Er spürte die Anwesenheit ganz deutlich. Doch er konnte sich nicht regen. Nicht sprechen. Nicht einmal blinzeln. Schutzlos. Wehrlos. Hilflos. Er hörte ein Rascheln. Ganz nah. Dann stülpte ihm jemand eine Plastiktüte über den Kopf.

*

»Du musst ganz ruhig in die Tüte atmen. Hörst du mich? Du brauchst dringend Stickstoff.«

Es war Annes Stimme, die da zu ihm sprach. Annes Körper, der neben ihm kniete. Annes Hand auf seiner Schulter, die ihn aufrichtete.

»Ausatmen. Und wieder einatmen. So ist es gut.«

Anne, Fels in der Brandung. Er tat, was sie verlangte, und spürte, wie die Angst langsam abflaute, die Kontrolle über seine Gliedmaßen zurückkehrte.

»Nur noch ein paar Atemzüge, dann kann ich dich wieder befreien.«

Anne klang ruhig und souverän. Voller Kraft und Wärme. Eine Stimme, der man gern vertraute.

»So, ich glaube, jetzt bist du wieder da.« Sie zog die Tüte von seinem Kopf und verstaute sie in ihrer Reportertasche. »Wie gut, dass ich immer eine Plastiktüte dabeihabe, damit mein Aufnahmegerät nicht nass wird, falls es mal regnet.« Sie lächelte ihn besorgt an. »Geht's besser?«

Beaufort nickte. Er brachte kein Wort heraus. Sein Mund fühlte sich an, als ob er gerade ein Schnapsglas voll Semmelbrösel hineingekippt hätte.

»Kannst du aufstehen? Warte, ich helfe dir.«

Anne schob ihren Arm unter seine Achsel und zog ihn hoch. Ein bisschen wackelig stand er auf seinen Beinen, doch mit ihrer Hilfe konnte er gehen.

»Lass uns erst mal raus hier. Hoch ins Helle und an die frische Luft.«

»Wo ist der Mann?«, röchelte er.

»Welcher Mann? Ich habe hier keinen Mann gesehen, außer Dr. van der Veldts Mitarbeiter hinten im Herbarium. Kannst du ein bisschen schneller? Sonst geht das Licht wieder aus. Es schaltet sich automatisch ab. Und ich hab eben im Dunkeln ganz schön suchen müssen, bis ich einen Schalter gefunden hatte.« Sie erreichten die Kellertür mit dem Lederriemen und gingen hindurch. »Ich kann dir gar nicht sagen, was du mir für einen Schrecken eingejagt hast, als du plötzlich bleich wie der Tod vor mir auf dem Boden lagst.« Langsam stiegen sie die Treppen hinauf. »Aber dann hab ich deine komische Atmung und die Pfötchenstellung bemerkt und gleich gewusst, was los ist. Da zahlt es sich doch aus, wenn man eine ehemalige Krankenschwester zur Freundin hat.« Sie waren oben angekommen und schritten Seite an Seite durch den Flur nach draußen. »Hyperventiliert hast du. Nur noch eingeatmet, aber nicht mehr ausgeatmet. Zu viel Sauerstoff. Du warst kurz vor einer Ohnmacht. Da hilft es am besten, in eine Tüte zu schnaufen und den eigenen Stickstoff einzuatmen, bis das Atemzentrum wieder richtig arbeitet.« Anne bugsierte ihn zu einer Bank im Innenhof, die bei einem kleinen schilfbewachsenen Teich stand, und lächelte ihn an. »So etwas passiert sonst eigentlich nur hysterischen Teenies bei einem Popkonzert ihres Idols. Bei ausgewachsenen Männern ist das eher unüblich. Setz dich hier ein wenig hin.« Er ließ sich erschöpft auf die Bank sinken. Anne reichte ihm aus ihrer Tasche eine kleine Plastikflasche mit Mineralwasser. »Wie ist das nur passiert?«

Beaufort trank gierig und blickte sich dann suchend nach seinem Verfolger um. Doch er konnte niemanden entdecken. Er hörte nur Vogelgezwitscher und das Summen der Insekten. Die reinste Sommeridylle. Hatte er sich das alles nur eingebildet?

»Ich war auf der Suche nach dir, hatte aber plötzlich das Gefühl, dass mich so ein junger Typ verfolgt. Bei meinen Versuchen, ihn abzuschütteln, bin ich dann in den Keller runter. Plötzlich ging das Licht aus, und ich war wie gelähmt, konnte mich überhaupt nicht mehr rühren. Als du mir die Tüte über den Kopf gestülpt hast, hab ich geglaubt, das ist mein Ende. Denkt man ja nicht, dass das eine medizinische Maßnahme sein soll. Außerdem hab ich dich nicht erkannt, weil mich das Licht so geblendet hat.«

»Ach, mein Armer«, sagte sie mitfühlend, »leg dich ein bisschen hin.« Sie rückte an den Rand der Bank, sodass Frank sich ausstrecken konnte, und bettete seinen Kopf in ihren Schoß. »Glaubst du, das war der Mörder?«

»Keine Ahnung. Ich habe den Typen noch nie zuvor gesehen. Aber nachdem ich mich sowieso schon lächerlich gemacht habe, kann ich dir ja auch gestehen, dass ich mir gerade nicht mehr sicher bin, ob der Mann mich überhaupt verfolgt hat. Es kann auch reiner Zufall gewesen sein.« Und dann erzählte Beaufort ihr ausführlich, was beim Präsidenten und danach im Biologikum vorgefallen war. Je länger er redete, desto mehr bekam er das Gefühl, sich in etwas hineingesteigert zu haben.

Anne streichelte sein Haar und sah ihn mit gerunzelter Stirn an. »Sag mal, hast du das öfter?«

»Mach dir keine Sorgen deswegen. Wahrscheinlich liegt es einfach nur an meinem Kreislauf. Ich hatte schon immer einen niedrigen Blutdruck. Aber ich kann mich ja mal gründlich beim Hausarzt durchchecken lassen, wenn es dich beruhigt.«

»Das war nicht dein Kreislauf, das war die nackte Panik. Ich habe es doch mit eigenen Augen gesehen. Du hast auch schon so komisch reagiert, als wir zusammen in der Anatomie waren. Bitte, Frank, sag mir die Wahrheit. Hast du so einen Anfall schon mal gehabt?«

Er sah in Annes Gesicht, das sie zu ihm herabgebeugt hatte. Sie tauchten ihre Blicke ineinander, und er spürte in diesem Moment mit seinem ganzen Körper, dass Anne der wichtigste Mensch in seinem Leben war. Sie war diejenige, der er vorbehaltlos vertrauen konnte. »Kannst du mir verraten, warum es heißt: Was nicht tötet, härtet ab? Ich finde nicht, dass mich das Leben abhärtet, ich habe das Gefühl, es weicht mich auf.« Und dann weihte er Anne in alles ein. Wie er gestern in der Anatomie zu seiner eigenen Beschämung die Besinnung verloren hatte. Wie er vor ein paar Tagen schon mal in den Katakomben der UB in einen ähnlichen Angstzustand geraten war und die Führung abbrechen musste. Wie er es überhaupt vermied, fensterlose, dunkle Räume zu betreten. Ob sie sich noch daran erinnere, wie sie neulich gemeinsam eine Flasche *Tomero* geleert hatten und er sie, als sie noch ein Glas wollte, dazu überredet hatte, von Rotwein auf Weißwein aus dem Kühlschrank umzusteigen? Eigentlich hätte auch er gern weiter von seinem Lieblingsrotwein getrunken, doch hatte er schlicht Bammel davor gehabt, eine zweite Flasche aus dem Keller zu holen.

»Das klingt aber nicht, als ob es was Organisches wäre. Für mich hört sich das nach einer ausgewachsenen Phobie an. Seit wann hast du diese Furcht vor dunklen Kellern?«

Er dachte nach, während Anne ihm weiter zärtlich über den Kopf strich. »Weiß nicht. Seit ein paar Wochen vielleicht.«

»Dann erstaunt mich gar nichts mehr. Es ist kaum ein Vierteljahr her, dass dich der Serienmörder vom Reichsparteitagsgelände als Geisel genommen hat. Eingesperrt im Dunkeln hinter dicken Mauern, und dann die Todesangst dazu. Eigentlich ist es ein Wunder, wie schnell du wieder zur Tagesordnung übergegangen bist.«

»Du meinst, ich habe ein unbewältigtes Trauma?« Er sagte es mit Abscheu in der Stimme.

»Ja, ich fürchte schon. Du musst dir dringend professionelle Hilfe holen.«

»Von so einem Seelenklempner? Die studieren doch alle nur Psychologie, damit sie sich selbst therapieren können. Nein, danke.«

Anne verzog ihren Mund zu einem milden Lächeln. »Vorurteile hast du wohl keine? Ich kenne da eine ganz kompetente Psychotherapeutin, die in Fürth eine Praxis hat.«

»Auch noch eine Fürtherin!«

»Sie ist Französin und sehr charmant. Obwohl, wenn ich es mir recht überlege, finden wir bestimmt auch einen Mann für dich. So einen Pfeifenraucher im Tweedjackett.«

»Wie heißt sie denn, deine Französin?«

»Annik Achour. Aber das willst du doch gar nicht wirklich wissen.«

Frank erkannte, dass Anne in dieser Sache nicht locker lassen würde, auch wenn sie auf den flapsigen Ton einging, mit dem er seine Erschütterung zu überspielen versuchte. Das Eingestehen seiner Schwächen gehörte nicht gerade zu seinen Stärken. Aber Anne hatte schon so manchen Schutzwall seines Herzens mühelos überwunden. Er wusste, dass er auch hier am Ende klein beigeben würde, aber er wollte sich wenigstens noch ein wenig bitten lassen.

»Wäre es nicht sowieso am vernünftigsten, du würdest dich selbst um meine Genesung kümmern? Am besten, du ziehst zu mir, dann kannst du mich Tag und Nacht pflegen.«

»Wenn das mal keine typische Männerfantasie ist.« Anne schüttelte amüsiert den Kopf. »Geliebte und Krankenschwester – das hättest du wohl gern.«

»Ja. Und was ist daran so schlimm?«, lächelte Beaufort schwach.

Statt einer Antwort gab sie ihm einen langen, sanften Kuss.

»Wie war eigentlich das Herbarium?«, fragte Beaufort, als sie Hand in Hand zum Auto zurückgingen.

»Vor allem schwer zu finden hinterm Heizungskeller. Klimatisch ist das wohl ganz günstig für die Sammlung, aber die Arbeitsbedingungen müssen hart sein. Die bewahren da unten rund hundertsechzigtausend getrocknete Pflanzen auf, und es ist tierisch eng. Da würde sogar ich Klaustrophobie bekommen, wenn ich dort länger drin sein müsste.«

»Was ist mit dem Strandling? Hast du was herausbekommen?«

»Ist wieder da«, sagte Anne lakonisch. »Die Pflanzen aus Schifferlis Büro hat van der Veldt noch am Donnerstag abholen lassen, gleich nachdem du mit ihr gesprochen hattest. Der Strandling war also gar nicht mehr drin, als das Büro versiegelt wurde.«

»Hast du ihn gesehen?«

»Ja, und der andere Biologe im Herbarium hat mir seine Echtheit bestätigt.«

»Glaubst du, der Einbrecher hat danach gesucht?«

»Dann war es aber nicht der Mörder, denn der hätte die Pflanzen ja gleich mitnehmen können. Nein, der hat etwas anderes gewollt. Außerdem taugt dieses unscheinbare Pflänzchen sowieso nicht für die Pharmazie, sagt der Botaniker. Diese Spur ist kalt, die können wir abhaken.«

*

Die Atemzüge neben ihm gingen ruhig und gleichmäßig. Anne schlief tief und fest. Sie hatte die dünne Bettdecke weggestrampelt und lag nackt auf der Seite. Trotz der Dunkelheit sah er ihre gebräunte Haut in den weißen Laken schimmern.

Ihr langes, dunkles Haar floss über das Kopfkissen – ein friedliches Bild. Beaufort dagegen wälzte sich seit zwei Stunden im Bett herum. Er konnte nicht einschlafen, ständig musste er über die Erlebnisse der letzten Tage nachgrübeln. Doch die Gedankenfetzen in seinem Kopf kamen und gingen, wie sie wollten, und ließen sich nicht in einen sinnvollen Zusammenhang fügen. Müde war er auch nicht mehr.

Leise stand er auf und schlüpfte in seine Boxershorts. Auf dem Weg zur Tür hob er einen weißen Seidenstrumpf und Annes alten Schwesternkittel vom Boden auf und legte beides behutsam über eine Stuhllehne. Seine Geliebte schmatzte im Schlaf und drehte sich auf den Rücken. Er verharrte regungslos mit einem Gefühl voller Zärtlichkeit. Als sie wieder gleichmäßig atmete, schlich er hinaus ins Ankleidezimmer und schloss die Schlafzimmertür sachte hinter sich. In der angrenzenden Bibliothek suchte er im Regal nach einer geeigneten CD für die träge heiße Hochsommernacht, nahm ein paar Papiere und seinen Laptop vom Schreibtisch und ging die breite Wendeltreppe hinunter. In der Küche öffnete er die Kühlschranktür, widerstand der Versuchung von Weißwein oder Pralinen und schnappte sich stattdessen einen Apfel, den er am Küchentisch sitzend kaute, während der Computer hochfuhr. Charlie Haden am Bass und Pat Metheny an der Gitarre malten mit sparsamen Zupfbewegungen den weiten Himmel von Missouri.

Zuerst suchte er sämtliche Kunstauktionshäuser durch, die er in Deutschland und Europa kannte, um zu schauen, ob dort irgendwo der gestohlene Dürer angeboten wurde. Sotheby's hatte einige kleinere Stiche des Künstlers im Programm, doch *Die große Kanone* war nicht darunter. Fehlanzeige. Dann nahm er sich die Liste der gestohlenen Bücher vor, die Frau Krüger-Fernandez ihm vor vier Tagen gegeben und die er seitdem nicht wieder angeschaut hatte. Er überprüfte das Angebot der demnächst stattfindenden Auktionen mit alten und wertvollen

Büchern, doch auch dort landete er keinen Treffer. Schließlich, die Musik war schon längst verstummt, ließ er jedes einzelne gestohlene Buch durch die einschlägigen Antiquariatsplattformen laufen. Fünfmal wurde er fündig. Ein Antiquar in Wien und einer in Stuttgart boten beide das gleiche Alchemiebuch aus dem 17. Jahrhundert an, das auch in der UB fehlte. Möglicherweise stammte eines der beiden aus der Erlanger Bibliothek. Als Beaufort aber die Anbieter der anderen drei Bücher anklickte, wäre seiner Kehle fast ein Freudenschrei entsprungen. Doch den schluckte er angesichts der Uhrzeit – es war halb drei – lieber hinunter. Stattdessen reckte er nur stumm seine Fäuste Richtung Küchendecke. Alle drei Bücher wurden von demselben Antiquar angeboten, und das auch noch im relativ nahen Würzburg. Das konnte kein Zufall sein. Das war eine richtig heiße Spur. Befriedigt lehnte Beaufort sich in seinem Stuhl zurück. Er gähnte. Jetzt hatte er sich einen Schlummertrunk verdient. Er goss sich aus dem Bocksbeutel ein Gläschen Scheurebe vom Stein ein – passender konnte man diesen Fund gar nicht begießen als mit einem berühmten Würzburger Tropfen – und wählte das letzte Stück von *Beyond the Missouri Sky* an. Er wollte unbedingt noch einmal die Grillen zirpen hören, die ihn immer so sinnlos glücklich machten, ehe er wieder zu Anne ins Bett kroch.

*

»Es gibt einen Zeugen.«

»Einen Zeugen wofür?«

»Die Eliminierung der Wühlmaus.«

»Wie konnte das passieren?«

»Nicht alles lässt sich bei so einer Sache planen. Wo gehobelt wird, fallen Späne.«

»Sie sind ein Kretin.«

»Können Sie mir jemanden schicken?«

»Auf gar keinen Fall. Sehen Sie zu, wie Sie allein damit fertig werden.«

»Sie können mich doch nicht einfach im Stich lassen!«

»Seien Sie froh, wenn wir Sie nicht liquidieren. Wir hätten allen Grund dazu.«

»Das würden Sie nicht wagen.«

»Wo gehobelt wird, fallen Späne.«

»Ich weiß zu viel. Wenn mir etwas zustößt, geht der Verein mit hoch. Dafür sorge ich.«

»Sie wissen nur alte Sachen. Die können uns nicht mehr schaden. Versuchen Sie nie wieder, mit uns in Kontakt zu treten. Diese Nummer wird noch heute Nacht gelöscht. Ende.«

8. Double – Dienstag, 19. Juli

»Aufwachen, Faulpelz.«

Eine verschwitzte Anne hockte sich rittlings auf den noch ganz verschlafenen Beaufort.

»Los, aufstehen. Diebe fangen. Mörder jagen. Es ist gleich zehn Uhr.« Sie kitzelte ihn aufgekratzt, und er wehrte sich halbherzig mit geschlossenen Augen.

»Iiiih, du bist feucht.«

»Ich komme ja auch vom Joggen.«

»Aber du fasst dich gut an«, stellte er fest und streichelte mit seinen Händen über ihren Oberkörper. Als er sie unter ihren Sport-BH schieben wollte, gab Anne ihm einen flüchtigen Kuss und sprang aus dem Bett.

»Kriegt noch nicht mal seine verquollenen Augen auf, hat seine Finger aber schon da, wo sie nicht hingehören – Männer!« Dann marschierte sie gut gelaunt ins Badezimmer.

Beaufort reckte und streckte sich ausgiebig, gähnte herzhaft und schlug endlich die Augen auf. Die Sonne strahlte auch heute wieder. Hoch Aura stemmte sich beharrlich gegen alle Tiefdruckgebiete über den Britischen Inseln. Er trank gierig ein Glas Wasser aus der Karaffe am Nachttisch und schlurfte ins Badezimmer. Anne duschte, und Beaufort setzte sich auf die Klobrille. Sitzpinkler, Warmduscher, ging es ihm durch den Kopf.

»Bist du also doch noch von den Toten auferstanden?« Er konnte ihren Körper hinter der beschlagenen Glasscheibe nur schemenhaft erkennen. »Es ist mir unerklärlich, wie du so lange schlafen kannst bei dem schönen Wetter.«

Beaufort drückte die Spülung und öffnete die Duschkabine. »Während du schliefst, war ich auf Verbrecherjagd. Da hab ich mir ja wohl ein bisschen Erholung verdient.«

Anne rückte beiseite, um Beaufort unter den Wasserstrahl zu lassen, und knetete sich Spülung ins Haar. »Und, warst du erfolgreich?«

»Ich denke schon«, prustete er. »Ich habe die Fährte des Bücherdiebs aufgenommen.«

»Echt wahr? Erzähl!«

Frank ließ Anne wieder unter die Brause und berichtete ihr von seinen nächtlichen Internetrecherchen, während er sich einseifte.

»Das ist ja super«, sagte sie begeistert und umarmte ihn. Er drückte sie fest an sich, und die beiden küssten sich, bis sie keine Luft mehr bekamen. Dann entwand Anne sich ihm und schlüpfte aus der Dusche.

»He, wo willst du denn hin? Es ist doch gerade so schön kuschelig mit uns beiden.«

»Nach Würzburg natürlich. Was bist denn du für ein Detektiv? Der Spur müssen wir doch nachgehen.« Sie schnappte sich ein Badetuch und begann sich abzufrottieren.

»Und diese wunderbare Erektion hier?«

»Da kann ich dir helfen«, gurrte Anne und schob ihren Arm in die Duschkabine hinein. Sie streichelte seine Hüfte, arbeitete sich zu seiner Leiste vor, griff blitzschnell zum Wasserhahn und drehte das kalte Wasser auf. Beaufort fluchte, Anne lachte, und dann stimmte auch er mit ein.

»Das war jetzt nicht die Art Hilfe, die ich erwartet hatte.«

»Aber schau, es hat gewirkt. Und jetzt beeil dich. Womöglich macht das Antiquariat eine Mittagspause, und ich will vorher da sein. Da wirst du wohl aufs Frühstück verzichten müssen.«

Beaufort überlegte nicht lange. »Na, das mache ich doch glatt. Wenn du schon mal freiwillig in ein Antiquariat mitgehst, muss man das einfach ausnutzen.«

*

Anne fuhr durch Würzburg, warf ab und zu einen Blick auf den Stadtplan und telefonierte gleichzeitig mit der Dispo im BR wegen eines Schnitttermins für morgen. Beaufort saß leicht angespannt daneben.

»Wäre es nicht besser, du würdest zum Telefonieren kurz rechts ranfahren, solange die Freisprechanlage defekt ist?«, schlug er vor.

»Da mach dir mal keine Sorgen. Frauen sind Meister im Multitasking.« Sie sah ihn fröhlich an. »Nein, ich meinte nicht Sie, sondern meinen Beifahrer. Haben Sie morgen um 10.00 Uhr noch etwas frei?«

»Da täuschst du dich aber, wenn du glaubst, dass ihr Frauen mehrere Dinge gleichzeitig machen könnt, wir Männer uns aber immer nur auf eine Sache konzentrieren können.«

»Und wie schaut es um 11.00 Uhr aus?« Anne legte die Hand auf den Hörer und sah Frank an, während sie mit dem Ellenbogen lenkte. »Können wir aber doch. Das war schon bei den Neandertalern so. Der Mann hat sich aufs Jagen konzentriert, und die Frau hat gleichzeitig Essen gemacht, Kinder und Vieh gehütet und Gespräche geführt. Das ist genetisch verankert.«

»Würdest du bitte nicht mich ansehen, sondern auf die Straße schauen. Und wenigstens eine Hand am Lenkrad wäre auch nicht schlecht.« Er hielt sich verkrampft am Griff der Beifahrertür fest. »Außerdem ist deine These Unfug. Die experimentelle psychologische Forschung hat mittlerweile wissenschaftlich nachgewiesen, dass Männer und Frauen beide gleich schlecht im Multitasking sind.«

»Ja, super, dann nehme ich den Termin um elf Uhr. Im SK1 oder SK2?«

»Unser Gehirn ist nicht gemacht fürs parallele Arbeiten«, fuhr Beaufort unverdrossen fort. »Du kannst nicht mehreren Dingen auf einmal deine volle Aufmerksamkeit zuwenden. Die Reaktionsgeschwindigkeit sinkt beim Multitasking unabhängig vom Geschlecht. Gleichzeitig Autofahren und

Telefonieren geht nur gut, solange nichts Unvorhergesehenes passiert.«

Anne trat auf die Bremse und löste hinter sich ein Hupkonzert aus. »Mist, ich glaube, da hätte ich links abbiegen müssen. Sorry, was hast du gesagt?«

Beaufort seufzte. »Genau das.«

Sie fand doch noch die richtige Abzweigung und parkte in einer Seitenstraße unweit vom Dom. »Mal angenommen, es sind die gestohlenen Bücher. Glaubst du, dass der Buchhändler mit dem Dieb unter einer Decke steckt?«, fragte sie beim Aussteigen.

»Das versuchen wir jetzt herauszufinden. Ich kenne Herrn Westheim sogar. Ich war zwar noch nie in seinem Antiquariat, aber ich habe schon auf Messen etwas bei ihm gekauft. Er gehört zu den wenigen Jüngeren in diesem Geschäft. Die meisten Antiquare sind soignierte ältere Herren, die selbst eine Sammelleidenschaft haben. Mir war er immer ganz sympathisch. Aber das sagt natürlich nichts über seine kriminelle Energie aus. Da drüben müsste es sein.«

Vor ihnen an der Ecke einer Einbahnstraße tauchte das Geschäft auf. Eine rotweißgestreifte Markise beschattete das Fenster, um die Bücher vor der Sonneneinstrahlung zu schützen. Auf einem Tisch davor standen Bücherkisten mit Grabbelware. Während diese Bücher hier für einige Euro zu haben waren, gab es drinnen auch welche, die locker das Tausendfache kosteten. Frank und Anne betraten das geradezu vollgestopfte Antiquariat. Die hellen Holzregale waren bis unter die Decke mit raren Druckwerken gefüllt. Es gab gemütliche Winkel zum Stöbern und eine Prunkvitrine, in der besondere Kostbarkeiten ausgestellt waren. Der große, schlanke Mann hinter der mit Bücherstapeln belegten Ladentheke hatte etwa Beauforts Alter und erinnerte Anne aufgrund der langen Haare und des Schnurr- und Kinnbartes sofort an d'Artagnon von den drei Musketieren.

»Es riecht in Antiquariaten immer so staubig-muffig«, flüsterte Anne und rümpfte die Nase.

»Dieser Geruch nach altem Papier ist einer der schönsten auf der Welt«, sagte er pathetisch. »Das verstehst du einfach nicht.«

D'Artagnon Westheim erkannte in dem Besucher einen guten Kunden wieder, und schon waren die beiden Männer in einen bibliophilen Smalltalk vertieft, der Anne zu langweilen begann.

»Womit kann ich Ihnen dienen?«, fragte der Antiquar schließlich.

»Ich habe ein wenig in Ihrem Online-Katalog geblättert und interessiere mich für Zwinglis Streitschrift gegen die Reformationsgegner.«

»Oh, tut mir leid, aber die habe ich gestern verkauft. Ich bin nur noch nicht dazu gekommen, sie aus dem Katalog zu streichen. Ich wusste ja nicht, dass Sie sich auch für Religionswissenschaft interessieren. Sonst hätte ich sie Ihnen vielleicht direkt angeboten.«

»Theologie gehört tatsächlich nicht zu meinen Sammelgebieten. Mich hat nur speziell dieses eine Pamphlet neugierig gemacht. Haben Sie wirklich die 2.000 Euro dafür bekommen?«

»Ja, und angesichts der Tatsache, dass gleich drei Kunden Interesse an dem Buch hatten, muss ich es definitiv zu billig angeboten haben.«

»Und was ist mit dem Traktat über die schwangeren Frauen? Ist das auch schon weg?«

»Das habe ich noch da.« Er griff in ein Regal hinter sich und beförderte eine dicke, abgegriffene Lederschwarte auf den Tresen. »*Tractat von denen Kranckheiten schwangerer oder gebährender Weibs-Personen.* Basel 1757. Keine Erstausgabe, dafür enthält diese Auflage hier aber mehr Kupferstiche.«

Beaufort blätterte aufmerksam in dem Buch auf der Suche nach Stempeln, die es als Eigentum der Universitätsbibliothek

Erlangen auswiesen, doch anscheinend waren die alle entfernt worden. An einer Stelle war das Papier sehr dünn und beschabt. »Ein interessantes Exemplar«, stellte er fest, »aber 1.300 Euro sind ganz schön üppig.«

»Da kann ich Ihnen ja vielleicht noch etwas entgegenkommen. Ehrlich gesagt, wusste ich auch nicht, dass Sie sich für Medizingeschichte begeistern.«

Beaufort fixierte sein Gegenüber genau. »Ich hatte vor Kurzem eine Führung durch die Anatomische Sammlung der Erlanger Universität. Dort ist mein Interesse für das Thema geweckt worden.«

»Zu diesem Gebiet kann ich Ihnen gern noch ein paar andere Bücher zeigen«, entgegnete der Antiquar geschäftstüchtig. Der Hinweis auf die Erlanger Uni hatte keine verräterische Reaktion bei ihm hervorgerufen.

»Besten Dank. Nicht nötig. Das heißt, haben Sie auch einen Heister?«

»Leider nein. Ist mir in all den Jahren auch nie angeboten worden.«

»Und wie sieht es mit der Erstausgabe von *Dantons Tod* aus?«

»Dass Sie Georg Büchner interessieren würde, habe ich mir schon eher gedacht.«

Westheim schritt an die Glasvitrine, öffnete sie mit einem Schlüssel und entnahm ihr ein dünnes, unscheinbares Pappbändchen. Feierlich legte er es seinem Kunden vor. Anne fragte sich, was daran so toll sein sollte, und Beaufort, der ihren Blick auffing, erklärte es ihr, während er es sich genauer anschaute. »Das ist Georg Büchners einziges zu Lebzeiten gedrucktes Buch. 1835 in Frankfurt erschienen. Zwei Jahre vor seinem frühen Tod. Ein extrem rares Stück, zumal, wenn man bedenkt, dass er heute ein Klassiker ist und der wichtigste deutsche Literaturpreis in seinem Namen verliehen wird. Büchner selbst ahnte nichts von seinem Nachruhm, er empfand sich als erfolglosen gescheiterten Autor. Tragisch. Was soll das Stück kosten?«

»Sechstausend Euro, aber das ist es auch wert.«

»Ohne Frage. Wie sind Sie nur an so ein erlesenes Stück gekommen?«

»Durch einen Sammler, der Geld für eine größere Anschaffung brauchte. Witzigerweise habe ich auch das Geburtshilfebuch da von ihm. Und den Zwingli auch. Das ist ja ein Zufall.«

»Leider ist es weder ein Zufall noch witzig. Ich fürchte, Sie sind einem Dieb aufgesessen und haben sich Hehlerware andrehen lassen.«

Der Antiquar wurde erst blass und dann rot im Gesicht. »Das ist nicht Ihr Ernst.« In seiner Stimme klang mehr Zweifel als Hoffnung mit.

»Ich ermittle im Auftrag der Friedrich-Alexander-Universität. Und ich habe Grund zu der Annahme, dass diese Bücher hier Eigentum der Erlanger Universitätsbibliothek sind. Sie werden sie mir wohl überlassen müssen.« Beaufort klappte *Dantons Tod* wieder auf. »Sehen Sie hier das Titelblatt? Da hat jemand einen Stempel weggekratzt. Aber hier hinten befindet sich noch eine Signatur, die der Dieb übersehen haben muss. Der Leiter der Handschriftenabteilung wird zweifelsfrei klären können, ob die Bücher nach Erlangen gehören. Ich werde Ihnen den Empfang selbstverständlich quittieren.«

Westheim fasste sich theatralisch ans Herz und ließ sich auf seinen Stuhl plumpsen. »Das ist ja fürchterlich. Nicht nur für mein Renommee, auch für meine Kasse. Sie können sich vorstellen, dass ich einiges für diese Bücher hingeblättert habe. Das Geld kann ich dann wohl abschreiben, wenn sich das bestätigen sollte.«

»Wer hat Ihnen die Bücher denn verkauft?«, schaltete Anne sich ein.

»Ein Sammler, wie gesagt. Ich habe schon zweimal günstig Raritäten von ihm erworben, aber es gab nie irgendwelche Klagen.«

»Kennen Sie seinen Namen?«, setzte sie nach.

»Leider nein. Aber ich kann Ihnen den Mann beschreiben.«

»War es ein junger Bursche mit lauter Tätowierungen?«, fragte Beaufort einer Eingebung folgend.

»Wo denken Sie hin. Bei so jemandem wäre ich skeptisch geworden. Nein, es war ein distinguierter älterer Herr. Nicht sehr groß, kräftige Statur, mit Bart und Brille. Höflich und gebildet. Der kannte sich aus mit alten Büchern. Darum habe ich ihm den Sammler auch sofort abgenommen.«

»Ihre Personenbeschreibung ist noch etwas unspezifisch. Die trifft auf Hunderte zu. Ist Ihnen sonst nichts aufgefallen? Ein Detail? Etwas Ungewöhnliches?«

Der Antiquar dachte nach. »Sein Wagen ...«

Beaufort wollte schon enttäuscht abwinken, weil er sich mit Autos nicht auskannte, als der Buchhändler seinen Satz fortsetzte: »... es war ein Rolls Royce.«

»Dunkelgrün?«, fragten Anne und Frank wie aus einem Mund.

»Ja.«

»Erinnern Sie sich an das Kennzeichen?«

»Nicht genau, aber ich glaube aus Bamberg.«

Die beiden sahen sich triumphierend an.

»Dann ist es gut möglich, dass Sie doch nicht auf Ihren Auslagen sitzen bleiben werden«, tröstete ihn Beaufort.

»Uff! Da fällt mir aber ein Stein vom Herzen.« Westheim erhob sich wieder und wurde geschäftig. »Apropos Uff und Bamberg. Interessiert Sie eigentlich Karl May? Ich habe eine Erstausgabe vom *Schatz im Silbersee* da.«

»Nein, wirklich nicht. Aber ich habe im Netz gesehen, dass Sie einen signierten Celan anbieten. Den würde ich mir gern mal anschauen.«

»Du willst doch jetzt keine Bücher kaufen?«, fragte Anne ungläubig.

»Natürlich, wenn ich schon mal da bin.«

»Und Corrodi?«

»Läuft uns nicht weg.«

»Ich glaub's nicht. Du bist ja ein richtiger Bücherjunkie. Was findest du nur am Sammeln? Ist doch bloß die krankhafte Neigung, Gegenstände anzuhäufen, die keinen praktischen Zweck haben.«

Beaufort zückte seine Brieftasche, entnahm ihr eine der Kreditkarten, drückte sie Anne in die Hand und sagte in einem Ton, der keinen Widerspruch duldete: »Geh dir was Schönes kaufen, ja? Gib meinetwegen so viel Geld aus, wie das Kartenlimit hergibt. Und um eins treffen wir uns im *Café am Dom* wieder. Aber diese eine Stunde gönnst du mir.«

Anne, die das resolute Verhalten ihres Freundes eher witzig fand, gerade, weil er sonst mehr den Frauenversteher gab, zog ab. Zur Strafe für seinen Machospruch würde sie ihn ordentlich schröpfen.

Auch Beaufort benutzte seine Kreditkarte. Als er anderthalb Stunden später zur Eiskaffee löffelnden Anne an den Tisch trat, hatte er nicht zwei, sondern sieben Bücher dabei. Und war allerbester Laune.

*

Eine gute Stunde später bewunderte Anne den Jugendstil der alten Universitätsbibliothek, während Beaufort neben ihr die Klingel zum Handschriftenlesesaal drückte. Die blonde Mitarbeiterin mit dem Pferdeschwanz öffnete die Tür.

»Wir wollen zu Professor Harsdörffer.«

»Der ist gerade bei einem Termin.«

»Oh, wann kommt er denn zurück?«

»Kann ich Ihnen leider nicht sagen. Er ist erst vor zwanzig Minuten hier weg.«

»Und wo ist er? Es ist wirklich dringend.«

»Ich glaube, in der Antikensammlung bei Professor Degen.«

»Vielen Dank.«

Die Tür schloss sich wieder, und Anne sah Frank mit hochgezogenen Augenbrauen an. »Wenn du nicht im Antiquariat versackt wärst, hätten wir ihn noch erwischt.«

»Erstens stehst du sowieso im Parkverbot. Und zweitens solltest du dir die Antikensammlung unbedingt anschauen – die ist absolut sehenswert. Es wäre schade, wenn die in deiner Sendung nicht vorkäme. Außerdem kannst du gleich Degen ablenken, während ich Harsdörffer einweihe. Hast du dein Aufnahmegerät dabei?«

»Eine gute Reporterin hat ihr Aufnahmegerät immer dabei.«

Im Gegensatz zum Samstag war das Seminargebäude in der Kochstraße heute voller Menschen, dafür aber die Antikensammlung geschlossen. Sie klingelten vor der Tür im Tiefparterre. Erst nach einer Weile öffnete ein Student und führte die beiden Besucher ins Büro des Sammlungsleiters. Dort saßen die Professoren Degen und Harsdörffer plaudernd und griechischen Mokka trinkend einträchtig beieinander.

»Mein lieber Beaufort, welch eine Überraschung. Obwohl ich zugeben muss, dass ich einer Nachricht oder einem Besuch von Ihnen längst entgegengeharrt, wenn nicht gar -gefiebert habe. Ich hoffe, Sie bringen frohe Kunde?« Sein Doktorvater zwinkerte ihm aufgeräumt zu. »Auf alle Fälle haben Sie aber eine ausgesprochen reizende Begleitung mitgebracht.« Die Herren erhoben sich, um ihre Honneurs vor der Dame zu machen. »Sixtus, das ist Frank Beaufort, einer der begabtesten Studenten, die mir je untergekommen sind. Ich habe dir bestimmt schon Lobreden auf ihn gehalten. Hattest du bereits das Vergnügen, seine Bekanntschaft zu machen?«

Professor Degen reichte ihm freundlich die Hand. »Wir sind uns doch auf deinem letzten Jour fixe begegnet. Und dann erst vor ein paar Tagen hier in der Sammlung. Wollten Sie zu mir oder zum Kollegen Harsdörffer?«

»Sowohl als auch. Frau Kamlin hier ist vom Bayerischen Rundfunk und arbeitet gerade an einer Radiosendung über die Sammlungen der Universität. Als ich ihr von der Antikensammlung vorgeschwärmt habe, wollte sie die unbedingt noch mit aufnehmen. Vielleicht haben Sie einen Moment Zeit, ihr die Sammlung zu zeigen?«

»Mit dem größten Vergnügen. Allerdings habe ich in einer halben Stunde einen Termin. Reicht Ihnen das?«

Anne nickte.

»Und ich bin gekommen, weil ich dringend mit Professor Harsdörffer unter vier Augen sprechen muss.«

»Sie können selbstverständlich über mein Büro verfügen.«

»Eine Lupe haben Sie nicht zufällig da?«

»Wenn Sie ein Vergrößerungsglas brauchen, empfehle ich Ihnen das Atelier unserer Fotografin. Dort gibt es sogar ein Mikroskop.«

»Das wäre ideal. Aber stören wir sie auch nicht bei ihrer Arbeit?«

»Frau Weyrauch erscheint meistens erst ab 16.00 Uhr und arbeitet dann bis in den Abend. Sie versorgt ihre kranke Mutter. Erst wenn ihre Schwester von der Arbeit kommt und die Pflege übernimmt, beginnt sie ihren Dienst hier. Sie haben also noch mindestens eine Stunde Zeit.«

Professor Degen geleitete die beiden Herren ins Atelier. Dann führte der von Anne sichtlich angezogene Althistoriker die hübsche Journalistin durch die Sammlung. Nur Beauforts Wunsch, ihr unbedingt die bemerkenswerte Preisamphora zu zeigen, konnte er nicht erfüllen, da sie sich bereits zusammen mit den anderen ausgewählten Exponaten im Stadtmuseum befand.

Das Atelier der Fotografin war zwar groß, aber ziemlich vollgestopft. Es wurde auch als Lager für antike Scherben und andere Fundstücke benutzt. Vor einer weißen Leinwand standen auf einem Sockel eine griechische Trinkschale und davor eine Kamera mit Stativ. Auf einer Arbeitsplatte waren Fotos von Pflanzen aus dem Botanischen Garten ausgebreitet.

»Jetzt haben Sie es aber wirklich spannend gemacht«, sagte Harsdörffer. »Welche Neuigkeit bringen Sie mir denn? Sie haben doch nicht tatsächlich den Dieb ...«

»Möglicherweise. Aber bitte schauen Sie sich zuerst das hier genauer an.« Beaufort zog aus einer Plastiktüte mit dem Aufdruck des Würzburger Antiquariats zwei in Seidenpapier eingewickelte Bücher. »Können Sie identifizieren, ob das Ihre sind?«

Mit Feuereifer machte sich der Leiter der Handschriftenabteilung an die Aufgabe, untersuchte die Bücher minutiös mit Lupe und Mikroskop und wies Beaufort anhand einer ganzen Reihe von Kriterien nach, dass diese beiden Exemplare zweifelsfrei Eigentum der Universitätsbibliothek waren. Harsdörffer war ganz aus dem Häuschen über den Fund. Nicht ohne Stolz berichtete Beaufort ihm von seinen Recherchen und der Spur, die zu Professor Corrodi führte. Er äußerte die Vermutung, dass der Leiter der Bamberger Sternwarte die Bestände der Universitätsbibliothek bedenkenlos plündere, um seinen eigenen Sammelwahn zu finanzieren. Er habe nämlich dessen beeindruckende und äußerst wertvolle Sammlung an Büchern und Bildern selbst gesehen. Und von der harmlosen Sammelleidenschaft zur krankhaften Sammelsucht sei es ja oft nur ein kleiner Schritt, wie ein Blick in die Geschichte des Sammelns zeige. Diese Sucht müsse den Professor finanziell überfordert haben. Mal ganz abgesehen davon, dass der Rolls-Royce-Fahrer auch noch auf großem Fuße lebe. Wahrscheinlich verscherbele er die gestohlenen Bücher nicht nur an Antiquariate, sondern entwende sie auch gezielt für andere Sammler auf Bestellung.

»Aber ich habe diesen Menschen noch niemals in der Handschriftenabteilung gesehen. Wie stiehlt er bloß die Bücher?«

»Er muss einen Komplizen in der UB haben, der es für ihn tut.«

»Das kann ich nicht glauben! Ich verbürge mich für alle Mitarbeiter, die einen Schlüssel zur Schatzkammer haben.« Harsdörffer trippelte aufgeregt hin und her. Seine Gesichtsfarbe nahm eine ungesunde Röte an.

»Beruhigen Sie sich, Herr Professor. Ich vermute, dass es jemand aus dem weiteren Kreis Ihrer Leute ist. Jemand, der sich Nachschlüssel anfertigen lassen konnte.«

»Aber wie sollen wir den ausfindig machen?«

»Ich habe zwar einen konkreten Verdacht. Aber wenn Corrodi seinen Namen nicht ausspuckt, wird es schwer werden. So wie ich den Professor einschätze, wird er alles leugnen und zu den Vorwürfen schweigen. Da können wir ewig warten, bis wir die Bücher und die Grafik zurückbekommen. Die beiden Komplizen werden eher gestehen, wenn wir sie in flagranti erwischen. Ich bin dafür, ihnen eine Falle zu stellen.«

»Tun Sie alles, um die Sachen wiederzubekommen. Aber vermeiden Sie um Himmels willen jede öffentliche Aufmerksamkeit.« Harsdörffer tupfte sich mit dem Einstecktuch seines Jacketts die feuchte Stirn ab.

»Um die Falle zuschnappen zu lassen, brauchen wir aber die Polizei. Keine Sorge, das wird ganz diskret vonstattengehen. Ich habe einen einflussreichen Freund in der Justiz, der das arrangieren kann.«

»Wenn Sie es sagen, Beaufort.« Der Professor hatte vor lauter Aufregung seine blumige Redeweise eingebüßt. »Nur, wie wollen Sie es anstellen?«

»Ich brauche ein Vorlesungsverzeichnis.«

Beaufort verließ das Atelier und kehrte kurz darauf mit einem dicken Buch aus Degens Büro zurück. Darin blätterte er, bis er fand, wonach er suchte. »Hab ich mir doch gedacht, dass Professor Corrodi auch eine Vorlesung im Kollegienhaus abhält«, murmelte er. »Und natürlich am Donnerstag. Auch die Uhrzeit stimmt. Übermorgen ist seine letzte in diesem Semester. Wir müssen uns also ranhalten.«

»Sie sprechen in Rätseln. Was haben Sie vor?«

»Ich will Corrodi ein Lockvogelangebot machen. Und zwar ein so attraktives, dass er dazu nicht Nein sagen kann. Wir werden ein sehr wertvolles Buch aus Ihrer Bibliothek stehlen lassen.«

»Oh nein, bitte nicht!«

Es bedurfte einiger Überredungskunst, ehe sein Doktorvater zustimmte. Dann rief Beaufort einen alten Bekannten vom Verein der fränkischen Bibliophilen an. Auch der erklärte sich erst nach längerem Zureden zum Mitmachen bereit. Er sollte noch heute Corrodi kontaktieren und ein Buch bei ihm »bestellen«. Wenn der ihn ausforschte, woher er denn wisse, dass er in der Lage sei, solche Wünsche zu erfüllen, sollte er auf einen gemeinsamen Freund verweisen, der mit seinen Diensten sehr zufrieden gewesen sei, aber anonym bleiben wolle. Als der Lockvogel wissen wollte, welches Buch er denn stehlen lassen solle, dachte Beaufort einen Moment lang nach. Dann fiel sein Blick auf die herumliegenden Fotos. Er betrachtete das Bild einer blühenden Ananaspflanze, auf der allerlei Schaben herumkrochen. Offenbar hatte Roswitha Weyrauch nicht nur echte exotische Pflanzen fotografiert, sondern auch die kolorierten Stiche aus Maria Sibylla Merians berühmtem *Surinam*-Buch. Er nannte seinem Bekannten genau dieses wertvolle Werk, was bei Harsdörffer einen Entsetzensschrei auslöste. Doch Beaufort ließ sich nicht beirren, denn es war durchaus glaubwürdig, dass ein fränkischer Sammler für diesen wunderschönen Folianten einer ehemaligen Nürnbergerin ein Vermögen hinblättern würde – er selbst hätte ihn liebend gern besessen, gestand er. Sein Bekannter sollte dem Bamberger Professor 25.000 Euro versprechen, aber nur, wenn er das Merian-Buch bis Freitag liefere. Einem solchen Angebot würde Corrodi kaum widerstehen können. Die Chancen standen gut, dass er seinen Kompagnon in der UB auf den Diebstahl ansetzen und sich die Beute mit hoher Wahrscheinlichkeit am Donnerstag übergeben lassen würde.

Beaufort, der beim Telefonieren unruhig auf und ab gegangen war, blieb auf einmal wie angewurzelt unter einem der vergitterten Oberlichter stehen.

»Ist alles in Ordnung mit Ihnen?«, fragte Harsdörffer besorgt.

»Sehen Sie das auch, Professor?« Er deutete auf das Fenster über ihnen.

»Was soll ich sehen, mein Bester? In meinem Alter sind die Augen nicht mehr so scharf.«

Beaufort zog eine Trittleiter heran, die vor einem Regal mit Tonscherben stand, und stieg ganz hinauf, sodass er fast aus dem Fenster sehen konnte. In diesem Moment kehrten Anne und Degen von ihrem Rundgang zurück.

»Suchen Sie da oben etwas Bestimmtes?«, fragte der Historiker erstaunt.

»Da sind Blutspritzer.«

»Innen oder außen?«

Beaufort kratzte mit dem Fingernagel an der Scheibe. »Außen«, sagte er.

»Dann muss das die Stelle sein, an der Dr. Schifferli aufgeschlagen ist, als er in den Tod stürzte. Wirklich ein schreckliches Unglück. Wir sind immer noch ganz schockiert über den Vorfall. Ich kann nur hoffen, dass Frau Neudecker ihrem Kollegen zu Ehren mit der Ausstellung rechtzeitig fertig wird. Am Freitag soll die Eröffnung sein.«

Wieder auf Augenhöhe mit den anderen angekommen, fragte Frank beiläufig: »Wie kann ich eigentlich die Fotografin erreichen? Ich würde gern meine Bibliothek von ihr knipsen lassen.«

»Wenn Sie nicht warten wollen, bis sie hierher zur Arbeit kommt, rufen Sie Frau Weyrauch am besten auf ihrem Diensthandy an.« Professor Degen schaute in ein Verzeichnis und notierte die Nummer auf einem Notizzettel. »Der Auftrag wird sie bestimmt freuen. Roswitha hat keine volle Stelle und ist für Nebenjobs immer dankbar.«

»Dann telefoniere ich gleich mit ihr. Sie entschuldigen mich einen Augenblick?«

»Nur zu, tun Sie sich keinen Zwang an. Mit Frau Kamlin verbleibt uns ja die charmanteste Gesellschaft, die man sich nur wünschen kann«, raspelte Harsdörffer Süßholz.

Um ungestört sprechen zu können, verließ er nicht nur das Büro, sondern auch das Museum und trat ins Treppenhausfoyer zwischen den beiden Sammlungen. Roswitha Weyrauch nahm schon nach dem zweiten Klingeln ab.

»Mein Name ist Frank Beaufort. Wir sind uns in den letzten Tagen mehrmals in der Universität begegnet, allerdings ohne miteinander ins Gespräch zu kommen: im Botanischen Garten, in der Pathologie ...«

»Ich erinnere mich sehr gut an Sie. Was wollen Sie von mir?« Ihre Stimme klang misstrauisch.

»Ich würde mich gerne mit Ihnen über den Tod von Dr. Schifferli unterhalten.«

»Dazu kann ich überhaupt nichts sagen«, wehrte sie auffallend heftig ab.

»Da bin ich aber ganz anderer Meinung. Ich bin mir sogar sicher, dass Sie eine wichtige Zeugin sind. Sie waren doch in der Mordnacht in Ihrem Atelier?«

Schweigen. Nur heftiges Atmen war zu hören.

»Frau Weyrauch. Was haben Sie gesehen?«

»Oh mein Gott. Wenn Sie es herausbekommen haben, wird er es auch rausfinden.«

»Wer wird was herausfinden?«

»Das kann ich Ihnen nicht verraten.«

Beaufort spürte, wie ihre Angst förmlich durch das Telefon kroch. Gutes Zureden brachte da weniger, als den Druck zu erhöhen. »Wenn Sie nicht mit mir reden wollen, dann eben mit der Polizei. Die werde ich nämlich jetzt benachrichtigen.«

»Nicht die Polizei! Auf keinen Fall!«

»Hören Sie, ich ermittle privat in dieser Angelegenheit. Wenn Sie Sorge haben, Sie könnten sich durch Ihre Aussage irgendwie belasten, seien Sie beruhigt. Mir sind Ihre anderen Sünden herzlich egal. Und ich kann schweigen wie ein Beichtvater. Mich interessiert nur der Mörder.«

Erneute Stille. Er fühlte, wie sie mit sich rang.

»Bitte, sagen Sie es mir.«

»Also gut, aber nicht am Telefon«, flüsterte sie erregt. »Kommen Sie ins Tropenhaus im Botanischen Garten. Dort ist es sicherer. Ich bin in einer halben Stunde da.«

Beaufort sah auf seine Uhr. »Gut, Frau Weyrauch, dann um 16.00 Uhr im Tropenhaus«, bestätigte er.

Er steckte das Handy ins Jackett zurück, nickte Professor Gäbelein zu, der die Treppe heruntergestiegen war, jedoch griesgrämig und grußlos in seiner Sammlung verschwand, und kehrte ins Antikenmuseum zurück. Es rumorte in seinem Gedärm. Ein untrügliches Zeichen dafür, dass er einer ganz heißen Spur folgte.

*

Sie schlossen die Glastür hinter sich und standen mitten im Dschungel. Rundum hohe tropische Gewächse mit großen Blättern: Riesenbambus und Ameisenbaum, Maniok und Vanille, Bananenstaude und Feigenbaum, Farne und Lianen, Ananas und Papaya, Kakaobaum und Mangroven, Patschuli und fleischfressende Pflanzen. Der ganze tropische Regenwald mit sprudelnden Quellen und plätschernden Bachläufen war hier in feuchter Schwüle versammelt. Dazu summten Insekten, trillerten exotische Vögel, schrien Äffchen, wehte der Wind hoch oben in den Wipfeln und rauschte der Monsunregen – die Geräuschkulisse vom Band machte die Inszenierung des fränkischen Dschungels erst perfekt.

»Wow, ist das toll hier!«, schwärmte Anne. »Hast du eine Ahnung, warum man so was Schönes ›Grüne Hölle‹ nennt?«

»Dies hier hat tatsächlich mehr von einem grünen Paradies. Aber denk dir noch die wilden Tiere, die Giftschlangen, den Dauerregen und die Kopfjäger dazu, dann weißt du, was damit gemeint ist. Nicht zu vergessen die Dunkelheit im Schatten der Riesenbäume und der üppigen Vegetation.«

»Ich finde es auch so schummerig genug. Glaubst du, unsere Zeugin ist schon da?«

»Lass uns auf Expedition gehen und sie suchen.« Beaufort fasste seine Freundin bei der Hand, und gemeinsam streiften sie durch den tropischen Regenwald. Außer einem Rentner in beigefarbener Zipp-Off-Hose und einer Mutter mit zwei aufgekratzten Kindern begegneten sie niemandem. Da trat plötzlich Roswitha Weyrauch wie aus dem Nichts hinter einem Baum hervor, sodass Anne erschrocken zurückwich.

Die Fotografin legte den Zeigefinger auf die Lippen. »Ist Ihnen auch niemand gefolgt?«, flüsterte sie.

Die beiden schüttelten den Kopf.

»Wer ist diese Frau? Ich dachte, Sie kommen allein.«

»Keine Sorge. Das ist meine Freundin.«

»Kommen Sie mit ins andere Gewächshaus. Da ist es sicherer.«

Anne und Frank folgten ihr durch eine weitere Glastür in ein kleineres, nur halb so großes Tropenhaus. Hier wuchs der Bergregenwald. Es war stiller, heller, noch feuchter – und es war menschenleer. Sie gingen auf einem leicht ansteigenden Pfad bis fast ans Ende der Halle, von wo aus man den einzigen Zugang gut im Blick hatte. Die Fotografin war bleich und sah verstört aus. Immer wieder schaute sie ängstlich zur Tür.

»Beruhigen Sie sich doch.« Anne berührte sie sanft am Arm. »Wovor haben Sie solche Angst?«

»Ich habe sein wahres Gesicht gesehen. Er ist zu allem fähig. Glauben Sie mir ...«

»Wer?«, fragte Beaufort. Die Frau ging ihm langsam auf die Nerven.

»... ich habe einen Blick dafür. Seine Augen sind eiskalt.«

»Am besten, Sie erzählen uns alles der Reihe nach«, versuchte Anne das Ruder wieder zu übernehmen. »Sie waren in der Nacht, als Dr. Schifferli starb, noch spät im Atelier, stimmt's?«

»Ja, es war noch so viel für den Katalog zu erledigen. Druckvorlagen erstellen, Bilder digital bearbeiten, Fotos gegen bessere austauschen. Darüber ist es ziemlich spät geworden.« Sie fuhr sich hektisch durch ihr kurzgeschnittenes Haar.

»Wie spät?«

»Es war fast Mitternacht, als ich endlich meine Sachen zusammenpacken konnte. Ich löschte das Licht, schloss die Tür und war schon auf dem Gang, als ich draußen einen Riesenknall hörte. Hab ich mich vielleicht erschrocken! Ich bin wieder rein ins Atelier, konnte aber wegen der hohen Oberlichter und der Dunkelheit nichts erkennen. Da dachte ich mir, vielleicht ist ein großer Vogel gegen ein Fenster geknallt. Das ist hier schon mal passiert und macht einen Mordskrach, das glaubt man gar nicht.«

Beaufort wischte sich den Schweiß von der Stirn. War das ein Klima hier drinnen. Warum hatten sie Roswitha Weyrauch nicht in einem Café treffen können? Oder wenn schon im Botanischen Garten, dann wenigstens im Freien. Es gab hier so schöne schattige Bänke.

»Und dann sind Sie rausgegangen und haben Dr. Schifferlis Leiche gefunden?«, versuchte er die Angelegenheit zu beschleunigen.

»Aber nein, ich habe den Toten niemals gesehen. Ich habe davon erst am nächsten Nachmittag erfahren, als ich zur Arbeit gekommen bin. Bis dahin war ich völlig ahnungslos.«

»Ja, was haben Sie denn dann überhaupt gesehen?«, fragte Beaufort ungeduldig.

»Zuerst habe ich nur etwas gehört. Ich hatte gerade die Tür der Antikensammlung abgeschlossen, da bemerkte ich, wie jemand ziemlich flott von oben die Treppen runterkommt. Ich habe mich gefragt, wer denn außer mir so spät noch im Haus arbeitet, und bin mit meiner schweren Fotoausrüstung und dem Stativ langsam die Treppe ins Erdgeschoss hoch. Den Fahrstuhl benutze ich so spät nicht mehr, nicht, dass ich da mal stecken bleibe mitten in der Nacht. Oben angekommen sehe ich gerade noch, wie er zum Innenhof raus ist. Ich hab den anderen Ausgang genommen, wo mein Auto immer steht, und bin heimgefahren.«

»Das könnte der Mörder gewesen sein«, warf Anne aufgeregt ein.

»Das habe ich mir am nächsten Tag auch zusammengereimt, als ich mitbekam, dass sich da nicht etwa ein Vogel das Genick gebrochen hat.«

»Haben Sie die Person erkannt?«

Wieder schaute die Fotografin ängstlich zur Tür. Sie waren immer noch allein im Gewächshaus. »Ja, das habe ich«, sagte sie leise.

»Wer war es?«

Doch noch ehe Roswitha Weyrauch ihren Mund öffnen konnte, riss sie schmerzerfüllt die Augen auf, fasste sich an den Nacken und kippte vornüber wie ein gefällter Baum. Mit einer reflexartigen Bewegung fing Beaufort die Frau in seinen Armen auf, sah einen kurzen kleinen Pfeil in ihrem Genick stecken und bemerkte, wie sich in einigen Metern Entfernung an der Wand die großen Blätter einer dichten Grünpflanze bewegten, weil dort ein verzierter Holzstab ins Dickicht zurückgezogen wurde. Rasch legte er die Bewusstlose mit Annes Hilfe auf den Boden und raste im nächsten Moment auf die Pflanze zu, um sich auf den mutmaßlichen Heckenschützen zu stürzen. Doch zu seiner Überraschung führten hinter dem feuchten Blätterwald ein paar Stufen zu einer gut getarnten, grün gestrichenen Tür hinab. Dahinter hörte er lautes Krachen und Poltern.

»Verdammt, hier ist ein zweiter Eingang.«

»Sie atmet nicht mehr«, rief Anne ihm besorgt zu.

»Leiste du Erste Hilfe«, entschied Beaufort, »aber fass auf gar keinen Fall diesen Scheißpfeil in ihrem Nacken an. Ich muss ihm nach.« Damit verschwand er hinter der Pflanze, hastete die Stufen hinunter und riss die Tür auf. Er befand sich in einem ziemlich schmalen, etwa dreißig Meter langen Gang. Die rechte Wand war komplett mit Regalen vollgestellt, in denen drei Meter hoch Blumentöpfe, Pflanzenerde und sonstiger Gärtnerbedarf lagerten. Links waren Holzkisten und Plastikkanister gestapelt und große Tonnen voller Dünger aufgestellt. Allerdings hatte der Attentäter bei seiner Flucht alles hinter sich in den engen Weg gerissen, was nur irgendwie beweglich war. Beaufort musste sich erst durch ein Chaos aus roten Tonscherben, ausgelaufenen Fässern und umgekippten Kanistern kämpfen, ehe er am Ende des verwüsteten Ganges ins Freie gelangte. Er kam auf dem Wirtschaftshof heraus und schaute sich fieberhaft um. Gleich rechts gab es ein vergittertes Tor zur Loschgestraße, vor ihm lagen das Markgrafentheater und das Wirtschaftsgebäude, in dem Dr. van der Veldt residierte, und links der Botanische Garten. Dort sah er doch tatsächlich, wie ein gemusterter Holzstab sich hinter einem hohen, breiten Gebüsch auf und ab bewegte. Weit war der Täter offenbar noch nicht gekommen, hatte seine Waffe einfach geschultert und sich unter die flanierenden Besucher gemischt. Beaufort rannte, so schnell er konnte, um das Gebüsch herum, warf sich blindlings mit seinem ganzen Gewicht auf den Stockträger und fiel wie ein Rugbyspieler gemeinsam mit ihm zu Boden.

»Frank, du Arschloch. Bist du bescheuert?«, hörte er seinen Gegner im Handgemenge rufen.

»Daniel?« Erst jetzt bemerkte Beaufort, dass er seinen Fechtlehrer umgerissen hatte. »Du also!« Er stürzte sich erneut auf ihn, und die Männer wälzten sich im Gras, bis er

Kempf wie ein Ringer in den Schwitzkasten bekam. »Wenn sie stirbt, breche ich dir alle Knochen. Warum hast du das getan?«

»Ich?«, schnaufte Daniel mit hochrotem Kopf, »was denn, verdammt?«

»Schifferli umgebracht«, ächzte Frank, den sich windenden Gegner mühsam niederhaltend, »und die Fotografin angeschossen mit diesem, diesem ...«, er schaute sich suchend um und sah die Tatwaffe auf dem Boden liegen, »Blasrohr da.«

In dem Moment traf Beaufort ein Ellenbogenschlag in die Magengrube, der ihm die Luft nahm. Kempf bekam Oberwasser, setzte sich rittlings auf ihn, hielt seine Arme fest und rief: »Dieses Scheißding habe ich gerade erst gefunden! In dem Gebüsch da. Ich weiß überhaupt nicht, wovon du redest. Du gehörst doch in die Klapse, Mann.«

Beaufort hörte auf, sich zu wehren, und entspannte seine Muskeln ein wenig. »Ist das wirklich wahr?«

»Wenn ich's dir doch sage. Ich war bis vor fünf Minuten im *Café Mengin*. Du kannst ja die Bedienung fragen, wenn du mir nicht glaubst. Und gerade bin ich auf dem Weg ins Institut, du Schwachkopf.«

»Friede. Ich glaube dir ja. Lass mich los.«

»Wie sagt man das richtig?«

»Lass mich frei, bitte.«

Daniel Kempf rollte sich von Frank herunter und ließ sich erschöpft ins Gras sinken. »Deine Angriffslust kannst du dir für heute Abend beim Training aufheben.«

Beaufort setzte sich auf und fuhr sich durchs zerzauste Haar. Er zog das Blasrohr zu sich. »Warum musst du auch mit diesem Ding hier durch den Garten rennen? Damit ist gerade ein übler Anschlag begangen worden.« Erst als er diesen Satz sagte, fielen ihm zwei Dinge schlagartig wieder ein: Roswitha Weyrauch brauchte dringend medizinische Hilfe. Und: Dieses Blasrohr hatte er schon einmal gesehen.

Im Nu war er wieder auf den Beinen. »Ruf den Notarzt und einen Streifenwagen. Anne ist im Tropenhaus mit einer Schwerverletzten«, wies er Daniel an und jagte mit dem Blasrohr in der Hand zum Ausgang Richtung Schlossgarten.

*

Schwitzend und schnaufend erreichte Beaufort den oberen Flur im Anatomischen Institut. Er ließ sich keine Zeit zum Atemschöpfen, sondern stürmte in Charlotte Neudeckers Büro, ohne zu klopfen. Die Kuratorin hinter ihrem Schreibtisch hob den Kopf und blickte den polternden Eindringling missbilligend an.

»Wo waren Sie in der letzten halben Stunde?«, brachte Beaufort keuchend hervor.

Sie öffnete ihre zu einem schmalen Strich zusammengepressten Lippen und sagte beherrscht: »Sie werden bei jeder unserer Begegnungen unhöflicher. Und ungepflegter auch, wenn ich das sagen darf.«

Beaufort schaute perplex an sich herunter. Seine Kleidung war zerknittert und voller Grasflecken, an seinem aufgerissenen Hemd fehlten zwei Knöpfe, bestimmt standen seine Haare wirr ab. Im Moment war er alles andere als eine vertrauenswürdige Erscheinung und musste auf die Kuratorin wie ein Irrer wirken.

»Ich frage noch einmal: Wo waren Sie?«

»Es geht Sie zwar nichts an, aber ich war hier in meinem Büro.«

»Gibt es dafür Zeugen?«

»Was soll das werden? Ein Verhör?« Die Kuratorin erhob sich und legte ihre Hand auf den Telefonhörer. »Wenn Sie nicht sofort gehen, rufe ich die Polizei.«

»Die ist bereits alarmiert«, sagte Beaufort eine Spur verunsichert. Doch dann hielt er Frau Neudecker das Blasrohr unter die Nase. »Erkennen Sie das hier wieder?«

»Natürlich. Es gehört zur volkskundlichen Sammlung und befand sich zusammen mit anderen Exponaten in meinem Büro, weil ich einen Aufsatz darüber für den Ausstellungskatalog geschrieben habe. Es wurde mir am Sonntag gestohlen. Wie Sie ja sehr gut wissen, ist hier eingebrochen worden. Wo haben Sie es her?«

Frank ließ sich erschöpft auf den Besucherstuhl sinken. Hatte die Waffe am Sonntag noch bei den anderen Ausstellungsstücken auf dem Tisch gelegen oder nicht? Er erinnerte sich nicht mehr und schaute hinüber, doch der war leergeräumt. Bestimmt waren die Exponate schon ins Stadtmuseum gebracht worden. »Ich weiß nicht mehr, was ich noch glauben kann«, brachte er frustriert heraus. »Soll ich mich bei Ihnen entschuldigen oder Sie beschuldigen?« Er legte das Corpus Delicti auf den Schreibtisch. »Eben ist Ihre Fotografin drüben im Botanischen Garten mit diesem Blasrohr angeschossen worden. Und ich fürchte, es war kein Betäubungspfeil. Sie war gerade dabei, mir den Namen von Tom Schifferlis Mörder zu verraten. Wer sagt mir, dass Sie es nicht getan haben?«

Keine Regung in Charlotte Neudeckers Gesicht verriet ihre Gedanken. Die Gefasstheit und Undurchdringlichkeit dieser Frau waren ihm ein zunehmendes Rätsel.

»Mareike van der Veldt wird das bestätigen. Sie war bis vor Kurzem hier im Büro. Wir hatten eine längere Besprechung.«

Beaufort suchte in seinen Taschen. »Ich muss eben im Handgemenge mein Telefon verloren haben. Kann ich kurz Ihres benutzen?«

Jetzt rief er besser mal Ekki an. Doch der war nicht zu erreichen.

*

Nelumbo nucifera, die indische Lotosblume, galt von alters her als pflanzliches Symbol der Ausgewogenheit und der Anmut. Im

Wasserbecken vor dem Gewächshauskomplex blühten gerade die schönsten Exemplare in unschuldigem Weiß mit einem Stich ins Rosafarbene und einem Hauch von Gelb in Stempelnähe. Doch Frank und Anne kehrten diesem erbaulichen Anblick gedankenlos den Rücken und saßen niedergeschlagen auf dem Beckenrand. Aus dem Tropenhaus wurde eben Roswitha Weyrauchs Leiche herausgetragen. Seit einiger Zeit parkte im Wirtschaftshof der Leichenwagen direkt neben dem Sanka. Solange die Polizei im Regenwald Spuren gesichert hatte, konnte die Tote nicht geborgen werden. Anne hatte mit Herzdruckmassage und Mund-zu-Mund-Beatmung versucht, was in ihrer Macht stand, doch war es dem eingetroffenen Notarztteam offensichtlich nicht mehr gelungen, das Leben der Patientin zu retten. Sie fragte sich, ob sie alles richtig gemacht hatte.

Obwohl der Botanische Garten gleich nach dem Anschlag geschlossen worden war, ging es geschäftig zu. Streifenpolizisten, Kriminalbeamte und Spurensicherer erledigten ihre Ermittlungsarbeit. Anne und Frank hatten schon ihre Zeugenaussagen gemacht. Glücklicherweise nicht bei Kommissar Schnappauf, der auch anwesend war, aber sie bislang noch keines Wortes, wohl aber eines giftigen Blickes gewürdigt hatte. Er befragte gerade Frau Neudecker drüben beim Kanaren-Gewächshaus. Beaufort erkannte an der Körperhaltung der beiden – der korpulente Kommissar drohend vorgebeugt, die zierliche Kuratorin unerschütterlich Paroli bietend –, dass das kein erbauliches Gespräch war.

»Warum hast du die Neudecker überhaupt noch in Verdacht gehabt?«, fragte Anne. »Roswitha Weyrauch hat doch eindeutig von einem Mann gesprochen, in dessen eiskalte Augen sie geblickt hat.«

»Aber es war ihr Blasrohr. Ich habe es wiedererkannt. Außerdem können es ja auch zwei Täter sein.«

»Das glaube ich nicht. Es war derselbe. Die Fotografin musste sterben, weil sie den Mörder identifizieren konnte.«

Beaufort tauchte seine Hand in das Wasser des Bassins, um sich etwas Kühlung zu verschaffen. Die Hitze der letzten Tage hatte sich verändert. Es war schwül geworden. »Aber warum ausgerechnet mit einem Blasrohr?«

»Vielleicht, um eine falsche Spur zu legen. Um den Verdacht auf Frau Neudecker zu lenken. Wenn du dich nur erinnern könntest, ob der Einbrecher es am Sonntag gestohlen hat oder nicht.«

»Ich weiß es einfach nicht mehr.«

»Dann ruf doch deinen Taxifahrer an. Vielleicht kann er es uns sagen.«

»Dazu müsste ich erst mal mein Handy wiederfinden. Seine Nummer ist da drin gespeichert.«

Anne sah ihn aus ihren Mokkaaugen ernst an. »So fies es klingt, aber ich bin heilfroh, dass der Täter wenigstens mit dem Blasrohr umgehen konnte. Nicht auszudenken, wenn er einen von uns getroffen hätte.«

Beaufort schluckte. Daran hatte er überhaupt noch nicht gedacht, wie nah sie beide selbst dem Tod gewesen waren.

Von links näherten sich Schnappauf und Neudecker. Der Kommissar sah noch schlechter gelaunt aus als bei Beauforts letzten Begegnungen. Er baute sich gewichtig vor ihnen auf.

»Da haben wir ja alle Detektivspieler beisammen. Ich sollte Sie einsperren lassen. Sie sind ja gemeingefährlich. Haben Sie schon mal darüber nachgedacht, dass die Fotografin noch leben könnte, wenn Sie uns verständigt hätten?«

Anne und Frank dachten seit einer Stunde über kaum etwas anderes nach, und sie fühlten sich auch mitschuldig, aber der bärbeißige Beamte reizte Beaufort schlimmer als ein Torero den Stier. Er erhob sich, bereit zum Gefecht.

»Erstens wollte die Fotografin aber nicht mit Ihnen reden, und zweitens hätten Sie ja auch selbst darauf kommen können, dass sie eine wichtige Zeugin ist«, rechtfertigte er sich.

»Ich möchte wirklich mal wissen, wo Sie immer noch Ihre Arroganz hernehmen«, schnaubte Schnappauf.

»Genau das frage ich mich umgekehrt auch.«

Es fehlte nicht viel, und die verbale Auseinandersetzung wäre in eine handgreifliche übergegangen, da erschien der Notarzt aus dem Tropenhaus und steuerte auf die Gruppe zu. Er wandte sich an Anne.

»Sie haben doch vorhin die Reanimation durchgeführt?«

Sie nickte betroffen. »Ich habe doch keinen Fehler gemacht?«

»Im Gegenteil, das war eine ausgezeichnete Arbeit. Ich wünschte, alle Ersthelfer wären so gut ausgebildet wie Sie. Aber in diesem Fall waren wir leider chancenlos. Ich vermute multiples Organversagen aufgrund einer schweren Intoxikation.«

»Dann war das also wirklich ein Giftpfeil in ihrem Nacken?«

»Es sieht so aus. Aber Genaueres muss der Gerichtsmediziner herausfinden. Mir ist so ein Gift jedenfalls noch nie untergekommen.« Der Arzt schüttelte Anne die Hand, nickte den anderen zu und verschwand.

»Es könnte Kurare gewesen sein«, gab Charlotte Neudecker zu bedenken.

»Sie meinen dieses tödliche Pfeilgift der Amazonas-Indianer?«, fragte Beaufort erstaunt.

»Genau das meine ich.«

»Na, bestens«, brummte Schnappauf, »und ich soll jetzt wohl die Fahndung nach einem nackten Urwaldindianer ausschreiben, oder was? Sie beide haben doch zu viel Agatha Christie gelesen.«

»Wenn schon englischer Landhauskrimi, dann bevorzuge ich Dorothy L. Sayers.«

»Das interessiert mich einen Scheißdreck, was Sie lesen«, raunzte er Beaufort an. Und an Frau Neudecker gewandt fuhr Schnappauf fort: »Kurare ist doch völlig hirnrissig. Wo soll sich der Täter das denn besorgt haben? In der Apotheke vielleicht?«

»Nein, in der Martius-Sammlung. Das ist unsere pharmakognostische Lehrmittelsammlung.«

»Pharmadingswas?«

»Pharmakognosie ist die Lehre von der Erkennung und Bestimmung der als Arzneien verwendeten Drogen.«

»Mit Drogen kennen Sie sich natürlich aus. Typisch.«

»Unter Drogen versteht der Pharmazeut keine Rauschmittel, sondern Arzneirohstoffe aus Pflanzen und Tieren. Davon leitet sich auch der Begriff Drogerie ab. Da gehen Sie ja auch nicht hinein, weil Sie Rauschgift kaufen wollen. Auf alle Fälle hat der Erlanger Hofapotheker Ernst Wilhelm Martius vor bald zweihundert Jahren damit begonnen, eine solche pharmakognostische Sammlung für die Apothekerausbildung aufzubauen. Martius wurde 1756 in Weißenstadt im Fichtelgebirge geboren und machte seine Lehre in ...«

»Herrgott, hören Sie doch mit Ihrem gelehrten Geschwurbel auf«, bellte der Kommissar die Kuratorin an. »In dieser Pharmakoks-Sammlung gibt es tatsächlich Amazonas-Gift?«

»Ich denke schon, ja.«

»Soll ich Ihnen mal was sagen? Ich glaube Ihnen kein Wort.«

»Sie haben es uns auch nicht geglaubt, als wir Ihnen gesagt haben, dass Tom Schifferli ermordet wurde«, schaltete Beaufort sich ein, »und das hat sich als ziemlicher Fehler herausgestellt.«

Schnappauf rieb sich die Schläfen und atmete mehrmals hintereinander tief ein und aus. Offenbar sein persönliches Deeskalierungsprogramm. Als er sich wieder etwas beruhigt hatte, sagte er leise und drohend: »Wisst ihr, was ich an euch Intellektuellen nicht ausstehen kann? Ihr kennt euch vielleicht auf einem einzigen Gebiet gut aus. Doch ihr glaubt, dass ihr auf allen anderen Gebieten genauso mitgackern könnt. Aber das könnt ihr eben nicht! Und deshalb fahren wir jetzt alle in diese verdammte Drogensammlung, damit ich euch eine Lektion erteilen kann in puncto Dichtung und Wahrheit.«

»Oh, ein Goethe-Zitat aus Ihrem Munde. Wer hätte das gedacht.«

Der Kommissar sah Beaufort entnervt an: »Da! Sie tun es schon wieder. Sie geben schon wieder ungefragt Ihren gelehrten Senf dazu.«

*

Kurz darauf betrat die kleine Gruppe das Institut für Pharmazie und Lebensmittelchemie in der Schuhstraße, das nur wenige Gehminuten vom Schlossgarten entfernt lag. Es dauerte eine Weile, bis die Kuratorin den Hausmeister und der wiederum den Schlüssel zur Martius-Sammlung aufgetrieben hatte. Aber schließlich stiegen sie die Treppen ins oberste Stockwerk hinauf, wo der Hausmeister eine stickige, heiße Dachkammer öffnete.

»Ist ja mächtig was los in Ihrer Pharmakustik-Sammlung. Ich bin schwer beeindruckt«, sagte Schnappauf ironisch.

»Pharmakognostik«, verbesserte Dr. Neudecker, zog die Vorhänge auf und öffnete die Fenster, damit Luft hereinkam. »Diese Sammlung wird schon ewig nicht mehr in der Apothekerausbildung benutzt. Pharmazeuten müssen heute keine Arzneirohstoffe mehr kennen, sondern nur noch die Moleküle, aus denen sie bestehen. Aber die Martius-Sammlung ist noch von großem wissenschaftsgeschichtlichen und kulturhistorischen Wert.«

»Und auch ästhetisch ansprechend«, ergänzte Beaufort, der die schönen alten Apothekerschränke mit Hunderten von Schubladen und Tausenden von kleinen Standgläsern bewunderte, in denen sich diverse Arzneirohstoffe befanden. Die mussten aus der ganzen Welt stammen. Was sich dahinter wohl alles für Geschichten verbargen?

»Hier drinnen lagern rund zweitausendfünfhundert verschiedene Rohstoffe, aus denen man einst Medikamente gemacht hat. Die meisten Exponate sind älter als hundertfünfzig Jahre«, erklärte die Kuratorin.

»Dann werden die ja noch unheimlich wirksam sein nach der langen Zeit«, höhnte der Kommissar, trat an einen der Vitrinenschränke und spähte hinein. »Sehe ich da wirklich Muskatnüsse in dem Glas? Sie sammeln hier Gewürze und wollen mir weismachen, dass da Gift lagert?«

»Hier wird alles aufbewahrt, dem man früher eine therapeutische Wirkung zuschrieb. Von der damals wirklich exotischen Muskatnuss über die Alraunenwurzel bis hin zur Spanischen Fliege.«

»Spanische Fliege, haha. Die wirkte bestimmt nicht so wie Viagra, was?«

Beaufort bewunderte die geradezu sphinxhafte Ruhe Neudeckers. Ihn trieb Schnappauf schon wieder zur Weißglut. »Wie Sie meinen«, entgegnete er, »außer Ihnen dürfte hier wohl niemand mit der Wirkung von Potenzmitteln vertraut sein.«

Wenn Blicke töten könnten, würde der des Kommissars Beaufort unwiderruflich ins Jenseits befördert haben.

»Schluss jetzt mit dem Unfug. Wo ist denn nun Ihr sagenhafter Giftschrank?«

Dr. Neudecker beugte sich hinab und schloss eine Schublade auf, in der sich in Holzfächern tatsächlich allerlei Flakons mit toxischen Substanzen befanden. In altertümlicher, aber gut entzifferbarer Schrift lasen sie Etiketten wie Skorpionpulver, Bilsenkrautsamen, Tarantelgift, Brechnuss, Eibenblätter, Vipernküchlein, Pfaffenhütchensamen. Einzig das Fach mit der Aufschrift Kurare war leer.

9. Touché – Mittwoch, 20. Juli

Die Amsel auf dem Dach und die anderen Singvögel feierten das Licht des anbrechenden Tages, als gäbe es keinen Tod und keine Düsternis. Das erste Mal seit zehn Tagen ging die Sonne nicht über einem blauen, sondern über einem milchig weiß eingetrübten Himmel auf. Die Hitze aber war noch stärker geworden, hatte sich mit der in den Steinen der Stadt gespeicherten vermischt und zu einer schwer erträglichen Schwüle gewandelt. Die Luft war wie angedickte Bratensoße, und jeder, der sich ins Freie wagte, wurde in sie hineingetunkt. Es war ein Tag, an dem sich die Notaufnahmen der Kliniken auf eine höhere Anzahl von Herzinfarkten und Kreislaufkollapsen einstellten.

Anne und Frank erwachten früh in zerwühlten, verschwitzten Laken, die nicht das Resultat einer feurigen Liebesnacht, sondern quälender Gedanken, böser Träume und drückender Hitze waren.

»Hast du auch so schlecht geschlafen?«, fragte Anne und tastete nach seiner Hand. »Sowie ich die Augen zugemacht habe, war ich wieder in diesem Gewächshaus, und die Lianen haben sich um mich geschlungen. Einfach schrecklich.«

»Und ich habe mich von einer Seite auf die andere gewälzt und musste die halbe Nacht über einen Satz von Kierkegaard nachdenken: *Wir haben zu viel zu wissen bekommen und fangen zu wenig damit an.*«

»So etwas Ähnliches habe ich auch gedacht«, erwiderte Anne und stützte ihren Kopf auf den Ellbogen. »Natürlich waren meine Gedanken nicht so elegant formuliert wie deine. Ich hab mir dauernd gesagt: Wir müssen diesen verdammten Kerl endlich erwischen. Vielleicht hocken wir ja schon auf der Lösung und haben sie nur noch nicht erkannt.«

Beaufort strich Anne eine Haarsträhne aus dem Gesicht. »Ich werde heute alles, was wir bis jetzt an Spuren, Indizien und

Theorien haben, aufschreiben und aufmalen. Vielleicht komme ich weiter, wenn ich mir das Ganze bildhaft vor Augen halte.«

»Also ich kann besser nachdenken, wenn ich mich bewege. Und genau das werde ich jetzt tun.« Anne erhob sich und ging ins Ankleidezimmer, wo sie ein Regal mit ein paar Kleidungsstücken belegt hatte. Beaufort hörte sie dort rumoren.

»Du willst doch nicht bei dieser Bullenhitze joggen?«

»Nein, das ist selbst mir zu heiß heute«, kam ihre Antwort, und dann posierte Anne in der Tür in einem kanariengelben, knapp geschnittenen Bikini.

»Wow«, entfuhr es Beaufort. »Neu?«

»Hab ich gestern in Würzburg gekauft. Ich gehe jetzt ins Westbad schwimmen. Du kannst ja mitkommen.«

»Zu laut. Zu nass. Zu anstrengend. Zu heiß. Vier gute Gründe, um das Haus nicht zu verlassen.«

Als Anne gegangen war, duschte Frank lauwarm, kochte sich einen Milchkaffee – der Appetit war ihm seit dem Mord gestern Nachmittag ziemlich abhanden gekommen –, legte eine Platte von Mísia auf, da portugiesischer Fado haargenau zu seiner deprimierten Gemütsverfassung passte, und setzte sich an den Schreibtisch. Zuerst fischte er sich das Blatt von Neudecker heraus, auf dem geschrieben stand, wie sich die beiden Kuratoren die einzelnen Sammlungen aufgeteilt hatten. Außer der Geologischen Sammlung, in die man derzeit nicht hineinkam, hatte er alle Bereiche angeschaut, für die Tom Schifferli zuständig gewesen war. Er ging im Geiste noch einmal seine Visiten in den Sammlungen durch und machte sich Notizen zu jedem einzelnen Besuch. Allein das dauerte länger als eine Stunde.

Danach schrieb er eine Liste mit Verdächtigen. Wenn van der Veldts Alibi für Neudecker während des Blasrohrattentats stimmte und die Frauen nicht unter einer Decke steckten, dann waren beide aus dem Schneider. Aber dieses Alibi musste er erst noch überprüfen. Professor Gäbelein und der

Oberpräparator Ciseaux galten ihm beide weiterhin als verdächtig. Sie waren entweder beim Einbruch in der Anatomie vor Ort gewesen oder kannten sich dort gut aus. Libor Paschek aus der Informatik, den alten Professor Adler aus der Zoologie und Sixtus Degen von der Antikensammlung hielt Beaufort eher für unbedenklich. Doch wie stand es mit Professor Corrodi? Wer in großem Stile Bücher klaute, war womöglich noch zu anderen Taten fähig. Hatte Schifferli Corrodis Diebstähle ebenfalls herausbekommen und war als unliebsamer Zeuge beseitigt worden? Auch auf die Leiterin der Universitätsbibliothek und seinen Doktorvater musste er wohl oder übel einen kritischen Blick werfen – selbst wenn ihm das bei Harsdörffer immer noch absurd vorkam. Doch Unvoreingenommenheit war in diesem Fall zielführender als persönliche Bindung.

Außerdem gab es da noch die Abschrift von Schifferlis Terminen, die er zusammen mit Anne vor einer Woche aus dem elektronischen Terminkalender im Smartphone geholt hatte. Beaufort machte sich daran, die kryptischen Kürzel zu entziffern und schrieb die Namen dahinter, wenn er sie herausbekommen hatte. Es war wie bei einem Silbenrätsel. Wenn man erst mal bestimmte Teile erkannt hatte, wurde es zunehmend einfacher, auch die noch fehlenden herauszufinden. Selbst der für vergangenen Donnerstag eingetragene und nicht mehr wahrgenommene Termin KWmA ließ sich entschlüsseln und nach einem Anruf bei Professor Adler verifizieren. Schifferli hatte sich an diesem Abend mit dem Zoologen im *Kaiser Wilhelm* verabredet. Nur das B-B in B von Montag, dem 11. Juli und der 10-Uhr-Termin UA am Donnerstag, dem 7. Juli entzogen sich weiter einer Deutung. Eine Uraufführung um 10.00 Uhr morgens war ziemlich unwahrscheinlich, und eine Person mit dem Kürzel UA konnte er auch nicht ausmachen.

Anne kehrte zurück, hängte ihre nassen Badesachen zum Trocknen auf und kam mit einem Teller Kirschen an seinen Schreibtisch. Sie schob ihm eine in den Mund, ließ sich sein

Problem erklären und deutete auf Neudeckers Zettel mit den Sammlungen. »UA könnte doch Universitätsarchiv heißen.«

»Das ist eine Möglichkeit«, sagte Frank eifrig. »Ich rufe sie gleich mal an, ob sie etwas darüber weiß. Ist ja schließlich ihre Sammlung.«

Das Gespräch mit der Kuratorin dauerte nicht lang. Sie erklärte, dass sich jeder um die ihm zugeteilten Sammlungen selbstständig gekümmert hatte und dass das Universitätsarchiv ihre Domäne sei. Natürlich hatte es gemeinsame Besuche in allen Sammlungen gegeben, aber der letzte dort lag schon über ein halbes Jahr zurück. Sie konnte sich überhaupt nicht vorstellen, was Tom dort allein gewollt hatte. Denn ehrlich gesagt war das Universitätsarchiv die unspektakulärste aller Sammlungen, weil es dort keine Objekte, sondern nur angestaubte Akten gab. Keine, in die man einfach mal hineinging, um sie sich interessehalber anzuschauen, so wie die Antikensammlung oder den Botanischen Garten. Unmittelbar danach rief Beaufort im Universitätsarchiv an, um herauszufinden, ob Schifferli am 7. Juli dort gewesen war, und wenn ja, was er dort gesucht hatte. Doch er erhielt keine Auskunft.

»War doch klar, dass sie dir nichts sagen. Und schon gar nicht am Telefon. So gut müsstest du Archivare, die Akten verwalten, mittlerweile kennen.« Anne spuckte den letzten Kirschkern auf den Teller.

»Und was soll ich deiner maßgeblichen Meinung nach stattdessen tun?«

»War das ein Mann oder eine Frau am Telefon?«

»Ein Mann.«

»Dann bleibst du hier und denkst darüber nach, was der Dreifach-B-Termin bedeutet. Und ich fahre schnell rüber nach Erlangen, um mit meiner investigativen Fragetechnik, meinem Charme und meinem Dekolleté herauszufinden, was wir wissen wollen. Die Zeit reicht gerade noch. Ab elf habe ich meinen Schnitttermin im Studio.«

»Zieh deinen neuen Bikini an, und der Archivar lässt dich Papierflieger aus seinen Akten falten. Mensch, so einfach möchte ich das auch mal haben bei der Recherche.«

Anne beugte sich vor, gewährte Frank neben einem Abschiedskuss auch einen Blick in ihren Ausschnitt, sagte: »Wenn wir Frauen auf diese Art unsere Ziele erreichen, liegt das doch nicht an uns, sondern an euch Männern«, und zog davon.

*

Beaufort, der seine Beine bequem auf dem Schreibtisch ausgestreckt hatte, erwachte aus einem kurzen Schlummer. Die Türklingel vertrieb letzte Traumfetzen. Gorilla Schorsch hatte mit Sibylla Merian im gelben Bikini eine schwungvolle Samba im Dschungel getanzt. Als plötzlich ein maskierter Mann mit seinem Degen in der Hand aufgetaucht war und das seltsame Pärchen bedroht hatte, warfen Affe und Naturforscherin Bücher und Ananasse nach dem Eindringling. Wie der ungleiche Kampf ausging, erfuhr Beaufort leider nicht mehr. Er stieg die Treppe hinunter und öffnete seiner Haushälterin, die gekommen war, um ein wenig aufzuräumen. Während Frau Seidl die Betten machte und das Badezimmer putzte, schnappte sich Beaufort seinen Laptop und setzte sich mit einem Eistee unter den Sonnenschirm auf die Terrasse, um seine E-Mails zu lesen. Ekki hatte ihm noch gestern Abend mitgeteilt, dass heute Früh versteckte Kameras in der Universitätsbibliothek angebracht würden. Außerdem wollte er wissen, in welchem Restaurant sie heute ihren gemeinsamen Herrenabend verbringen wollten. Professor Harsdörffer schrieb ihm, dass gerade ein Zivilbeamter der Polizei Kameras in der Schatzkammer der Handschriftenabteilung und in einigen anderen Räumen installiert habe. Wie gewünscht habe niemand etwas davon mitbekommen, außer Frau Krüger-Fernandez, die er einweihen musste.

Und sein Kumpel bei den Fränkischen Bibliophilen ließ ihn wissen, dass Professor Corrodi auf das Lockvogelangebot eingegangen war, nachdem er sich anfangs etwas geziert hatte. Der Bamberger Sternenforscher habe ihm schließlich weismachen wollen, dass er einen befreundeten Sammler in Geldnöten vom Verkauf des *Surinam*-Buches überzeugen konnte, dieser aber 30.000 Euro verlange. Sie hatten sich schließlich auf 27.000 Euro in bar geeinigt. Corrodi wollte ihn am Donnerstagabend wieder kontaktieren, um einen Treffpunkt für die Übergabe des bibliophilen Prachtbandes zu vereinbaren. Das lief also alles nach Plan. Die Falle war gestellt. Jetzt musste sie nur noch zuschnappen.

Frau Seidl brachte ihm das Telefon auf die Terrasse. Anne war dran. Sie meldete sich aus dem Auto, und Beaufort wollte sich lieber nicht genau vorstellen, wie das aussah.

»War deine Mission erfolgreich?«

»So einigermaßen schon, aber es war ein harter Brocken Arbeit. Als Erstes bekam ich einen Vortrag darüber zu hören, dass das kein öffentliches Archiv ist, ich einen wissenschaftlichen Forschungsauftrag nachweisen muss, zahlreiche Dokumente aus Personenschutzgründen sowieso nicht einsehbar sind und ich mich überhaupt vorher hätte anmelden müssen.«

»Oh je. Und konntest du ihn knacken?«

»Ja, mit Verständnis für seine verantwortungsvolle Arbeit, Herabsetzung all der Ignoranten da draußen, die das nicht erkennen können, sowie weiblicher Schutzbedürftigkeit. Auf meine erotischen Reize sprang er überhaupt nicht an, weshalb ich schnell einen Blusenknopf wieder zugemacht habe. Er war mehr der väterliche Typ«, sagte sie zuckersüß und ließ unmittelbar darauf ein grobes »Du blöder Idiot!« folgen.

»Bitte?«

»Na, ist doch wahr! Hier ist Tempo 100 erlaubt, ich fahre schon 130, aber der Typ hinter mir hängt fast auf meiner Stoßstange«, schimpfte sie. »Doch da kannst du lange warten,

Freundchen! Wenn du an mir vorbei willst, musst du mich schon rechts überholen.«

»Anne, sei bitte vernünftig und mach keine Dummheiten, ja? Sag mir lieber schnell, was du herausbekommen hast, damit du wieder beide Hände ans Lenkrad tun kannst. Dann würde ich mich wohler fühlen.«

»Also gut. Tom Schifferli war tatsächlich im Archiv. Er hat sich die Promotions- und Habilitationsakten einiger Akademiker angeschaut, hauptsächlich wohl der Sammlungsleiter. Hat dem Archivar erklärt, dass er die eventuell für die Ausstellung gebrauchen könnte. Welche das im Einzelnen waren, konnte oder wollte er mir nicht sagen. Und einsehen durfte ich die Akten natürlich auch nicht. Soweit reichte mein Charme dann doch nicht.«

»Da schau her. Warum tut er das, ohne der Neudecker etwas davon zu sagen? Glaubst du, er war einer Promotionsfälschung auf der Spur? Was sagen denn diese Internettypen dazu, die die Doktorarbeiten auf Plagiate überprüfen? Die wolltest du doch kontaktieren.«

»Ich habe denen von den Aufdeckungsplattformen Vroni-Plag und Uniplag E-Mails geschickt, aber noch keine Antwort erhalten. Da muss ich noch mal nachhaken. Was ich dir übrigens noch sagen wollte: Dein Handy ist wieder da. Ich hatte noch ein bisschen Zeit und bin schnell rüber in den Botanischen Garten. Ein Mitarbeiter hat es mir gegeben. Es lag in einem Beet. Du musst es bei der Prügelei mit deinem Kumpel verloren haben.«

»Das ist ja super, danke. Apropos Handy. Wir hören jetzt besser auf, damit du heil in der Wallensteinstraße ankommst. Ruf mich heute Nachmittag an, wenn du im Studio fertig bist.«

»Mach ich. Aber erst muss ich noch diesem Raubritter der Schnellstraße eine Lektion erteilen.«

»Anne!«

Ein kehliges Lachen war die Antwort. »War nur ein Scherz. Ich bin doch schon längst ganz brav rechts rübergefahren.«

Beaufort ging in die Küche, um sich noch einen Eistee und ein Schinkenbrot zu holen. Jetzt hatte er doch Appetit bekommen. Er setzte sich wieder in seine Bibliothek, weil es ihm draußen zu schwül geworden war, und kaute nachdenklich. Was hatte Schifferli in den Promotionsakten gesucht? War er tatsächlich hinter einem Plagiator her? In letzter Zeit waren so einige erschwindelte Doktortitel in der Öffentlichkeit bekannt geworden. Das Universitätssystem konnte schwache Geister durchaus zum Betrug animieren, obwohl die meisten damit rechnen mussten, dass es früher oder später herauskam. Wer im Kampf um internationale Forschungsgelder erfolgreich sein wollte, war vielleicht schon mal versucht, Messreihen ein wenig zu seinen Gunsten zu verändern. Und wer jahrelang promovierte, beschleunigte die Qual vielleicht durch die hohe Kunst des Abschreibens, die von nicht gekennzeichneten Zitaten und dem Verschweigen wichtiger Quellen bis hin zum vollständigen Abkupfern ganzer Teile der Arbeit reichen konnte. Und dann gab es ja noch die Spezialisten, die sich die Doktorarbeit gegen Geld von einem Ghostwriter schreiben ließen oder sich den Titel an einer ausländischen Universität einfach kauften. Diese wenigen schwarzen Schafe beschädigten den guten Ruf der gesamten Wissenschaft jedenfalls erheblich. Selbst Beaufort hatte sich schon flapsige Sprüche zu seinem Doktortitel anhören müssen.

Er brauchte jetzt dringend ein Stück Schokolade. Beim Kramen in seiner Schreibtischschublade, in der er immer einen kleinen Vorrat an Süßigkeiten für alle Fälle bereithielt, fiel sein Blick auf Tom Schifferlis iPhone. Dessen Existenz hatte er erfolgreich verdrängt. Nur konnte er jetzt kaum noch zur Erlanger Polizei gehen, um es dort abzugeben. Schnappauf würde ihn in der Luft zerreißen. Er nahm das flache, glänzend schwarze Designobjekt in die Hand. Wie Telefone sahen die Dinger gar nicht mehr aus. Es waren ja auch längst keine bloßen Handys mehr, sondern richtige kleine Computer, mit denen man Musik hören, im Internet surfen, Fotos knipsen oder Filme drehen konnte. Was, wenn da noch mehr Interessantes drauf war als nur Schifferlis Adressbuch? Vielleicht hatte er im Universitätsarchiv heimlich Fotos von den Dokumenten geschossen? Oder belastende Dateien gespeichert? Oder gar seinen Mörder gefilmt? Womöglich war dies der Gegenstand, nach dem der Täter immer noch auf der Suche war? Bloß, wie sollte er als Smartphone-Depp an diese Informationen herankommen?

Beaufort öffnete eine andere Schublade seines Schreibtisches, zog eine Visitenkarte heraus und bestellte ein Taxi.

*

»Und wo soll's heute hingehen? Wieder nach Erlangen?« Carl Löblein hielt Frank Beaufort die Tür auf, wartete, bis sein Gast Platz genommen hatte, schloss sie wieder, ging hinten um den Wagen herum und stieg selbst ins Taxi ein.

»Ich hatte Ihnen ja schon am Telefon angedeutet, dass ich mal wieder technische Hilfe brauche. Und Ihre Diskretion. Deshalb fahren wir zuerst in den Stadtpark.«

Da die Erlanger Polizei spätestens seit den Einbrüchen in Schifferlis Wohnung und Büro ziemlich sicher nach dem Mobiltelefon des Kurators suchte, wollte er es wegen der Ortungsmöglichkeit auf keinen Fall in seiner Wohnung einschalten. Deshalb hatte er sich für einen öffentlichen Platz entschieden, an dem man sich unerkannt aufhalten und trotzdem ungestört miteinander reden konnte.

Während der Fahrt weihte Beaufort seinen Fahrer in das Nötigste ein. Auch, dass er das Handy nur kurz anmachen könne. Sollten sich wichtige Dokumente darin finden, bitte er ihn, die Dateien auf seinen mitgebrachten Laptop zu kopieren, sofern das technisch durchführbar sei.

»Also rein theoretisch wäre das praktisch schon möglich«, antwortete Carl in fränkischer Vorliebe für die Benutzung von Gegensatzpaaren und machte einen kurzen Abstecher in ein Computergeschäft, um ein geeignetes Überspielkabel zu besorgen.

Am Stadtpark angekommen, wählten sie eine ruhig gelegene Bank im Schatten der Bäume unweit des Neptunbrunnens, in der Hoffnung, dort ab und zu eine kühlende Brise zu erhaschen. Der Garten war an diesem heißen Vormittag wenig frequentiert. Nur ein paar spielende Kleinkinder, die von ihren Müttern ermahnt wurden, nicht so nah ans Wasser zu gehen, und ab und zu ein Rentner mit Rollator. Beaufort fuhr seinen Computer hoch. Dann nahm Löblein das iPhone in Empfang, schaltete es ein, loggte sich mit der 1810 ins System ein und wischte in einer atemberaubenden Geschwindigkeit mit seinen Fingern auf dem Display herum. Im Nu hatte er den Bilderordner geöffnet.

»Hier sind ein Haufen Fotos, die am 7. Juli abgespeichert wurden. Lauter abfotografierte Dokumente. Suchen Sie danach?« Er hielt ihm den Bildschirm hin.

»Könnte sein. Aber das ist viel zu klein. Das kann ich so nicht entziffern.«

Löblein spreizte Daumen und Zeigefinger auf dem Display, und schon vergrößerte sich das Foto und zeigte einen Ausschnitt, in dem Beaufort den Namen Mareike van der Veldt lesen konnte.

»Das sind die Fotos«, sagte er aufgeregt.

Der Taxifahrer schloss das iPhone via Kabel an den Laptop an, kopierte die Bilder hinüber und machte Schifferlis Handy gleich wieder komplett aus. Neugierig betrachtete Beaufort die Fotos auf seinem großen Bildschirm. Es waren die Promotions- oder Habilitationsakten sämtlicher Sammlungsleiter, auch jener, für die Charlotte Neudecker zuständig war, sowie die vom Kanzler und Präsidenten der Universität. Er begann, sämtliche Dokumente zu überfliegen, allerdings fiel ihm nichts Bemerkenswertes oder gar Sonderbares daran auf.

Frank hatte keine Ahnung, warum Schifferli sie abgelichtet hatte. Möglicherweise brauchte er sie doch nur für die Ausstellung, und sie hatten mit dem Geheimnis, dessentwegen er vermutlich sterben musste, nichts zu tun.

Carl bemerkte Beauforts enttäuschtes Gesicht. »Doch nichts gefunden?«

»Keine Ahnung. Mein Problem ist, dass ich gar nicht so genau weiß, wonach ich suche. Schalten Sie das iPhone doch bitte noch einmal an. Ich muss wissen, was da noch alles drauf ist.«

Im Schnelldurchgang sahen sie Fotos an, lasen Kurznachrichten und warfen einen Blick auf die gespeicherten Musiktitel – auch Schifferli war Jazzfan gewesen. Beaufort kam sich auf einmal indiskret vor; ihm war, als würde er im Nachtkästchen des Kurators wühlen. Das erste Mal verspürte er wirklich Scham über seinen Handydiebstahl. Er wollte Carl gerade bitten, das Gerät auszuschalten, als der ihn auf eine abgespeicherte Datei namens Gäbelein hinwies, die er entdeckt hatte. Darin befanden sich die Kopien einiger französischsprachiger Zeitungsartikel und die Tondatei eines Interviews, das Tom Schifferli mit Professor Müller, dem Vorgänger von Professor Gäbelein, im Juni geführt und mit dem iPhone aufgenommen hatte. Es war ein Gespräch über die Ausgrabungen in der Sesselfelsgrotte. Der Kurator fragte, wie das alles mit der Fundstelle begonnen habe, und der Historiker im Ruhestand gab ihm gern und bereitwillig Auskunft. Doch als Schifferli sich nach dessen Nachfolger und der Übergabe der Grabungsleitung erkundigte, machte Müller auf einmal zu und gab sich wortkarg. Es war eindeutig, dass er auf Gäbelein nicht gut zu sprechen war. Aber Tom in seiner unbeirrbar höflichen wie hartnäckigen Berner Art entlockte ihm schließlich doch eine hochinteressante Antwort: »Ich will ja über meinen Nachfolger nichts Schlechtes sagen«, vernahmen sie die schon etwas brüchige Altherrenstimme Müllers, »nur eines setzt mich nach all der langen Zeit noch immer in Erstaunen. Ich habe die Ausgrabungen in der Grotte sechs Jahre lang bis zu meiner Emeritierung geleitet. Da bekommt man eine starke Verbundenheit mit dem Ort und ein Gespür für die Möglichkeiten und das Potenzial dieser Fundstätte. Und keine drei Wochen, nachdem ich den Stab an Gäbelein übergeben habe, macht er diesen Sensationsfund des Neandertalerbabys. Ich sage Ihnen: Das stinkt zum Himmel. Aber beweisen kann ich natürlich nichts. Ich habe mich auch nie darum gekümmert; wollte nicht als Neidhammel dastehen, der nicht akzeptieren will, dass andere erfolgreicher sind. Ich habe eh schon zu viel gesagt. Verbuchen Sie es einfach als Geschwätz eines alten Mannes, der kaum noch unter Menschen kommt. Am besten, Sie vergessen einfach, was ich Ihnen gerade erzählt habe.«

»Das ist ja ein dickes Ding!« Beaufort sah Carl begeistert an. »So, wie ich den Kurator kennengelernt habe, wird er gerade das nicht getan haben.« Warum war er nicht schon früher darauf gekommen, das iPhone zu durchsuchen? Er brauchte dringend mal ein paar Nachhilfestunden in moderner Kommunikationstechnik. »Können Sie mir die Artikel auf meinen Rechner kopieren, damit ich sie besser lesen kann? Und das Interview bitte auch?«

Nachdem das erledigt war, schaltete Carl Schifferlis Handy wieder aus. Es war jetzt doch recht lange in Betrieb gewesen. Beaufort schaute sich suchend im Park um, als erwarte er jederzeit das Eintreffen mehrerer Polizeistreifen mit Blaulicht, Martinshorn und quietschenden Reifen auf Großfahndung nach dem Handydieb. Doch er sah nur einen kleinen Fratz auf der Wiese, der immer wieder sein Sonnenhütchen vom Kopf riss und provozierend zu seiner Mutter hochschaute. Also widmete er sich den drei Zeitungsausschnitten. Da er sich mit Fremdsprachen leicht tat und Französisch zu denen zählte, die er fließend beherrschte, bereitete ihm die Lektüre der siebzehn Jahre alten Artikel keinerlei Schwierigkeiten. Sie waren recht kurz und handelten alle von derselben Nachricht: In einer der Ausgrabungsstätten im französischen Laugerie-Haute waren einige noch nicht dokumentierte Fundstücke verschwunden, hauptsächlich menschliche Knochen aus der Steinzeit. Es war nicht klar, ob ein Dieb oder Wildtiere dafür verantwortlich seien. Infolgedessen würden die Sicherheitsvorkehrungen überprüft und eventuelle Mängel abgestellt, hieß es. Diese Informationen reichten aus, um Frank unter Strom zu setzen. Der Vorfall hatte sich zwei Jahre vor der Entdeckung des Erlanger Neandertalerbabys zugetragen. War es möglich, dass Gäbelein dabei seine Hand im Spiel gehabt hatte? Schließlich hatte ihm der Sammlungsleiter doch selbst erzählt, dass er in Frankreich geforscht habe? Fieberhaft klickte sich Beaufort durch die Akten, die Schifferli im Universitätsarchiv abfotografiert hatte, und las noch einmal genau die Dokumente, die Gäbelein betrafen. Da! In seinem Lebenslauf stand es schwarz auf weiß: Der Historiker hatte ein Forschungssemester in Laugerie-Haute verbracht, und zwar genau zu der Zeit, als dort die Neandertalerknochen auf so rätselhafte Weise verschwunden waren.

Beaufort sprang auf und legte einen spontanen Tanz hin, der dem eines Torjägers nach erfolgreichem Abschluss nicht unähnlich sah. Nur dass sich danach niemand von seiner Mannschaft siegestrunken auf ihn warf und in den Rasen drückte. Löblein jedenfalls blieb still auf der Parkbank sitzen und sah den motorischen Ausbrüchen seines Fahrgastes mit Erstaunen zwar, doch mit unbeweglicher Miene in bester Chauffeurmanier zu.

»Wir haben ihn. Wir haben den Mörder«, tat Beaufort triumphierend kund, als er sich wieder neben Carl auf die Parkbank plumpsen ließ und sich Luft zufächelte. »Gegen Gäbelein ist unser zurückgetretener Verteidigungsminister ja geradezu ein Waisenknabe. Mit simplem Abschreiben gibt der sich nicht ab. Der fädelt gleich einen Riesenbetrug ein. Sein

Sensationsfund ist eine Fälschung. Und der Erlanger Neandertaler ist ein Franzose. Tom Schifferli hat das herausgefunden. Wenn er das an die Öffentlichkeit gebracht hätte, wäre Gäbelein auf ganzer Linie erledigt gewesen. Zerstört. Vernichtet. Am Ende. Er musste ihn umbringen, wenn er das verhindern wollte. Verstehen Sie?«

»Ehrlich gesagt, nein. Ich fürchte, mir fehlen da ein paar wesentliche Informationen.«

»Das Büro, in dem wir am Samstag waren, ist das von Schifferli. Der Kurator muss Gäbelein dort am vergangenen Mittwochabend wegen des Betrugs zur Rede gestellt haben. Möglicherweise war es auch umgekehrt, und Gäbelein hat den Kurator aufgesucht, um ihm zuzureden, seine Entdeckung für sich zu behalten. Als das nichts fruchtete, muss der Professor den ahnungslosen Schifferli aus dem Fenster gestoßen haben, schließlich deutete im Büro nichts auf einen Kampf hin. Denn unter normalen Umständen hätte er sich gegen die Angriffe des zwanzig Jahre älteren Gäbelein ja zur Wehr setzen müssen. Nach der Tat besaß der Professor offenbar noch die Kaltblütigkeit, einen kurzen Abschiedsbrief auf dem Computer zu verfassen – im Fälschen hat er ja Erfahrung – und eilig zu verschwinden. Allerdings ohne die ihn belastenden Dokumente.«

»Warum hat er nicht gleich danach gesucht?«

»Wahrscheinlich, weil er möglichst schnell raus musste aus dem Büro. Er wusste ja nicht, ob irgendein Spaziergänger den Fenstersturz beobachtet und die Polizei gerufen hatte. Deshalb musste er die Suche auf später verschieben. Da er in der Kochstraße arbeitet, dürfte es Gäbelein nicht schwergefallen sein, sich heimlich einen Schlüssel zu Schifferlis Büro zu verschaffen. In die Privatwohnung musste er dagegen mit Gewalt eindringen. Wie er sich allerdings einen Schlüssel zu Neudeckers Büro besorgen konnte und warum er es überhaupt durchsucht hat, ist mir noch nicht ganz klar. Er muss gedacht haben, dass Schifferli das belastende Material bei seiner Kollegin versteckt

hat oder sie sogar in seine Entdeckung eingeweiht war. Wobei
– das kann nicht stimmen. Denn dann müsste er es ja auch auf
ihr Leben abgesehen haben. Wenn man bedenkt, wie nah wir
beide dem Kerl am Sonntag in der Anatomie schon waren. Fast
hätten wir ihn uns geschnappt.«

Carl Löblein lächelte still. Den Hinweis, dass der Professor
ja vielmehr Beaufort geschnappt und im Leichenkeller festgesetzt hatte, verkniff er sich. Stattdessen fragte er ihn, warum
der Leiter der Frühgeschichtlichen Sammlung sich dann nicht
gleich aus dem Staub gemacht hatte, sondern in der Nähe der
Anatomie stehen geblieben war.

»Gäbelein ist eben ziemlich kaltblütig. Ich nehme an, dass
Frau van der Veldt zufällig seinen Weg gekreuzt hat, sie ihm
aber ganz gelegen kam. So konnte er unauffällig auskund-
schaften, was in Neudeckers Büro weiter vor sich ging.«

»Aber wo hat er ihren Computer und das Blasrohr gelas-
sen?«

»Das würde ich auch gern wissen. Am liebsten möchte ich
ihn das selbst fragen. Aber ich verständige jetzt besser meinen
Freund Ekki, damit er sich um die Verhaftung kümmert.«

Beaufort telefonierte mit dem Sekretär des Justizsprechers,
der ihm mitteilte, dass Richter Ertl einen wichtigen Termin
mit dem Präsidenten des Oberlandesgerichts habe, auf keinen Fall gestört werden dürfe und erst am späten Nachmittag
zurückerwartet werde. Leicht verschnupft hinterließ Beaufort
ihm eine Nachricht und versuchte Anne zu erreichen, um ihr
die sensationellen Neuigkeiten mitzuteilen und mit ihr das
weitere Vorgehen abzusprechen. Doch die hatte im Tonstudio
keinen Empfang. Wenn sie O-Töne für ihr Radiofeature über
die Sammlungen schnitt, konnte das Stunden dauern. Und
Schnappauf wollte er nun auch nicht gerade den Triumph
verschaffen, den Mörder festzunehmen. Mal ganz abgesehen
davon, dass er noch irgendwie die Geschichte mit dem Handyklau regeln musste. Ihm blieb daher nichts anderes übrig, als

sich in Geduld zu üben, bis Ekki ihn anrufen würde. Schließlich lief ihnen der Professor ja nicht weg. Beaufort beobachtete einen kleinen Buben mit einem Schmetterlingsnetz, der am Blumenbeet auf Expedition ging. Moment mal! Was aber, wenn Gäbelein genau das doch tat? Hatte er nicht gesagt, er wolle in dieser Woche zu einer längeren Forschungsreise nach Afrika aufbrechen? War das nicht sogar heute oder morgen? Wenn der Professor erst mal abgereist war, würde es Wochen dauern, ehe er wieder zurückkäme. Er musste sofort nach Erlangen, um ihn aufzuhalten, wenn es dafür nicht schon zu spät war. Außerdem interessierte ihn brennend, wie Gäbelein reagieren würde, wenn er ihn mit seinen Beweisen konfrontierte. Natürlich war er vernünftig genug, ihn nicht allein aufzusuchen, und schon gar nicht unbewaffnet.

»Ich fürchte, der Mörder ist gerade dabei, uns zu entwischen. Wären Sie dazu bereit, Carl, ihn zusammen mit mir zur Rede zu stellen – sofern wir ihn noch antreffen? Wir müssten vorher nur einen kleinen Abstecher zu mir nach Hause machen. Ich will etwas zu unserem Schutz aus meinem Safe holen.«

Carl Löblein betrachtete ihn abwägend. »Sie gönnen diesem aufgeblasenen Kommissar die Lorbeeren nicht, stimmt's?«

»Stimmt genau.«

»Okay, ich bin dabei.«

*

Eine dunkle Wolkendecke hatte sich drohend über der Stadt zusammengeschoben. Die Schwüle war noch unerträglicher geworden, und nicht der Anflug eines Lüftchens sorgte für Linderung. Die Kleidung klebte den beiden Männern am Körper, sowie sie das klimatisierte Taxi verließen. Trotzdem zog Beaufort sein Jackett über, bevor sie auf das Philosophische Seminargebäude zugingen. Irgendwomit musste er die Pistole in seinem Hosenbund ja vor fremden Blicken schützen. Die Beretta war registriert, und er besaß einen Waffenschein dafür. Nicht, dass er befürchtete, sie benutzen zu müssen, aber es war ein beruhigendes Gefühl, sie hier mit dabeizuhaben. Die Waffe veränderte seinen Gang, stellte er fest. Seine Schritte wurden tatsächlich zielstrebiger, entschlossener. Sogar die Spatzenbande, die sich vor der Cafeteria lautstark um ein Stück Brezel stritt, flog aufgeregt ohne Beute auseinander, als Beaufort vorbeimarschierte.

In der Lobby kamen und gingen die Studenten. Ein Stockwerk tiefer, im Souterrain, war es dagegen menschenleer. Der Flur zwischen den beiden Sammlungen lag im Halbdunkel, die Luft war stickig. Vor der Tür mit dem vergilbten Schild und dem Trauerrand blieben sie kurz stehen. Ohne anzuklopfen betraten die beiden Männer die Ur- und Frühgeschichtliche Sammlung. Wie am Samstag war kein Mensch in den Ausstellungsräumen zu sehen. Doch diesmal stand die grüne Tür zu dem Raum offen, aus dem Professor Gäbelein vor vier Tagen getreten war. Sie hörten dort jemanden hantieren: Schubladen wurden auf- und wieder zugeschoben, Papier raschelte. Leise schlichen Beaufort und Löblein näher. Dort stand der Sammlungsleiter mit dem Rücken zu ihnen vor einem Schreibtisch und ließ gerade einen Stoß Schriftstücke in einer Aktentasche verschwinden. Der nicht sehr große Arbeitsraum war vollgestellt mit hohen Regalen, Metallschränken, Kisten voller Fundstücke, mehreren Tischen. Auf einer der Arbeitsflächen lagen zahlreiche Faustkeile im Halbkreis geordnet, die wohl gerade klassifiziert wurden, auf einer andern stapelten sich Papierstöße. Zwei der hochgelegenen, vergitterten Fenster waren weit geöffnet.

Beaufort räusperte sich, und Gäbelein fuhr ruckartig mit dem Kopf herum. Diese Geste, sein stechender Blick und sein magerer Hals erinnerten Frank an einen Strauß. Ein Vogel, vor dem man sich in Acht nehmen musste. Blitzschnell konnte der mit seinem Schnabel zupicken.

»Sieh an, Kollege Harsdörffers Musterschüler. Falls Sie Ihren neu entbrannten Wissensdurst in Archäologie löschen wollen, muss ich Sie leider enttäuschen. Die Sammlung ist geschlossen.«

»Das ist aber schade. Ich hätte sie meinem Bekannten hier so gern gezeigt.«

»Diese Besichtigung werden Sie wohl auf den Herbst verschieben müssen. Wir öffnen erst nach den Semesterferien wieder.«

»Ich dachte, das Semester endet erst übernächste Woche«, insistierte Beaufort.

»Die Ausstellung schließt zwei Wochen früher als die anderen, weil ich auf eine Forschungsreise gehe. Wenn Sie mich jetzt bitte entschuldigen wollen. Ich reise morgen in aller Frühe ab und habe noch einiges zu packen.« Der Professor wandte sich demonstrativ ab und steckte einen großen, braunen Umschlag in seine Tasche.

»Könnten wir nicht wenigstens schnell einen Blick auf den Erlanger Neandertaler werfen?«

Wieder schnellte Gäbeleins Kopf herum. »Habe ich mich so undeutlich ausgedrückt? Ich sagte: Es ist zu! Gehen Sie doch rüber in die Antikensammlung. Die scheint Ihnen ja auch sehr gut zu gefallen.«

»Wirklich schade, dass Sie keine Zeit für uns haben. Ihre Expertenmeinung hätte uns sehr interessiert. Wir sind nämlich davon überzeugt, dass das fränkische Neandertalerbaby ein französisches Findelkind ist.«

Das Gesicht des Professors, das sich eben noch vor Ärger über die aufdringlichen Besucher leicht gerötet hatte, wechselte schlagartig die Farbe. Es wurde fast so weiß wie sein Hemd. »Wie ... Was meinen Sie damit?«, stammelte er.

»Das wissen Sie doch ganz genau.« Beaufort spürte das beruhigend kühle Metall der Pistole an seiner Hüfte und fügte eine Spur zu theatralisch hinzu: »Ihr Spiel ist aus.«

257

Der Professor griff haltsuchend nach der Tischplatte. Einen Moment taumelte er, und es sah so aus, als würde er wie unter dem Keulenhieb eines Höhlenmenschen zusammenbrechen. »Sie haben mich angelogen«, sagte er mit gepresster Stimme, »Sie sind nie Doktorand bei Harsdörffer gewesen. Sie beide sind von der Polizei, nicht wahr?«

Beaufort und Löblein fixierten ihn und schwiegen. Sie taten nichts, um ihn von dieser irrigen Meinung abzubringen.

Gäbelein ließ sich kraftlos auf einen Stuhl sinken und blickte zu seinen Schuhspitzen hinab. »Irgendwann musste es ja auffliegen«, murmelte er leise. »Wie sind Sie mir auf die Schliche gekommen?«

Beaufort zog sich einen anderen Stuhl heran, setzte sich rittlings darauf und verschränkte seine Arme über der Rückenlehne. Eine Sitzhaltung, die er sich von Fernsehkommissaren beim Verhör abgeschaut hatte. »Bevor wir Ihnen das erklären, sind Sie dran. Am besten, Sie beginnen dort, wo alles anfing: in Frankreich vor siebzehn Jahren. Was genau haben Sie in Laugerie-Haute gemacht?«

Der Professor knetete seine Hände und rang mit sich. Nichts Arrogantes war jetzt mehr an seinem Benehmen. Stockend begann er zu sprechen. »Ich war dort ein halbes Jahr als wissenschaftlicher Assistent beschäftigt und habe Höhlenmalereien freigelegt. Ich hatte mich gerade an der TU Aachen habilitiert und wartete auf eine Berufung auf einen Lehrstuhl. Es war nicht leicht, in dieser Zeit eine Professorenstelle zu ergattern. Darum habe ich versucht, meine Chancen durch Auslandsforschungen zu verbessern. Ich hatte außerdem die Hoffnung, dass es vielleicht in Frankreich mit einer Professur klappen könnte, und wollte dort Kontakte knüpfen. Aber ich bin nicht der Typ, der sich leicht Liebkind macht, und die hochmütigen Franzosen ließen mich schnell spüren, dass meine Sprachkompetenz dafür nicht ausreichte. Was man leistete, interessierte die nicht, Hauptsache, man war in der Lage, es rhetorisch einwandfrei vorzutragen.«

»Und wie ist es Ihnen gelungen, in der Fundstätte etwas zu stehlen? Sie mussten doch bestimmt die Sicherheitsvorkehrungen austricksen?«

»Sicherheitsvorkehrungen? Lächerlich. Als Mitarbeiter hatte man beinahe ungehinderten Zugang zu allen Fundstätten und wurde so gut wie nicht kontrolliert. Es war ganz leicht, da etwas mitgehen zu lassen und rauszuschmuggeln. Die haben es geradezu herausgefordert. Wenn man nicht zu große Fundstücke auswählte, konnte man sie, am Körper versteckt, unbemerkt herausschaffen.«

»Und was haben Sie dort alles mitgenommen?«

»Hauptsächlich Knochen oder Bruchstücke davon. Aber auch Steine und prähistorische Schmuckgegenstände.«

»Hatten Sie damals schon den Plan für Ihren Betrug in der Sesselfelsgrotte gefasst?«

»Wie sollte das denn gehen? Da wusste ich ja noch gar nicht, dass ich an die Universität Erlangen-Nürnberg berufen werde.«

Eine heftige Windböe fegte durchs Fenster und wirbelte Staub und trockene Blätter herein.

»Warum haben Sie diese Gegenstände dann gestohlen?«

»Ich habe sie nicht gestohlen, ich habe sie befreit. Begreifen Sie das nicht? Ich habe mich nie als Dieb betrachtet. Diese Fundstätten in der Dordogne sind so immens groß und ertragreich, die Kollegen dort wissen das einzelne kleine Stück überhaupt nicht mehr zu schätzen. Die waren ja noch nicht mal in der Lage, alle meine Mitnahmen festzustellen. Da sieht man doch gleich, wie nachlässig die damit umgingen. Ich wollte meine Fundstücke davor bewahren, unbeachtet zu bleiben. Ich habe ihren Wert erkannt und sie an mich genommen, um ihnen die nötige Anerkennung zukommen zu lassen.«

Das klang für Beaufort ganz nach einer pathologisch gewordenen Sammelleidenschaft. Der Leiter der Sternwarte würde ganz gewiss ähnliche Argumente ins Feld führen, um seine

Bücherdiebstähle zu rechtfertigen. Der hatte wahrscheinlich anfangs auch nur genommen, um die einzig umfassende astronomische Kunstsammlung aufzubauen. Die Herren Gäbelein und Corrodi schienen beide vom Sammelwahn infiziert. Es wäre sicherlich interessant, die zwei bei Gelegenheit zu einem Gespräch zusammenzubringen. Vielleicht ließe sich das im Gefängnis ja sogar arrangieren.

»Und warum haben Sie die Babyknochen des Neandertalers in der Sesselfelsgrotte vergraben?«

»Als ich aus Frankreich zurückkam, arbeitete ich in Aachen erst mal als Privatdozent. Ich veröffentlichte Fachaufsätze und bewarb mich weiter auf jede vakante Professorenstelle. So viele sind es ja nicht in meinem Fachgebiet. Hier an der Friedrich-Alexander-Universität hat es dann nach zwei Jahren endlich geklappt. Ich hatte schon befürchtet, es wird nichts mehr. Sie können sich in unserem akademischen System in Deutschland wirklich in die Sackgasse manövrieren, obwohl Sie alles richtig machen. Wenn Sie keine Professur erhalten und Ihre Assistentenstelle nicht mehr verlängert werden darf, dann stehen Sie plötzlich mit Anfang vierzig auf der Straße. Dann sind Sie auch für die meisten Jobs in der freien Wirtschaft überqualifiziert, sodass Sie noch froh sein können, wenn man Sie als Taxifahrer nimmt. Eine echte Horrorvorstellung.«

»Na, na! Jetzt kommen Sie mal zum Thema zurück«, meldete sich Carl zu Wort, der die ganze Zeit über geschwiegen hatte. Als würde Zeus nebenan in der Antikensammlung seine Worte unterstützen, flammte ein Blitz auf, und unmittelbar darauf donnerte es heftig.

»Ich erhielt also den Lehrstuhl des legendären Professor Müller. Eine echte Koryphäe auf unserem Gebiet, und sehr beliebt. Dem weinten seine Mitarbeiter und Studenten so manche Träne nach. Mich ließen sie von Anfang an spüren, dass sie mich weder menschlich noch fachlich für einen geeigneten Nachfolger hielten. Das war eine extrem harte Zeit. Sie treten voller Enthusiasmus eine neue Stelle an und sind plötzlich von lauter Neidern und Missgünstlingen umgeben. Ich musste mir irgendwie Respekt verschaffen und sagte mir: Du kannst niemanden überholen, wenn du in seine Fußstapfen trittst.«

»Und dann haben Sie die Babyknochen aus Laugerie-Haute in der Grotte versteckt?«

»Ja, genau. Um sie am nächsten Tag unter Jubel und Beifall wieder auszugraben. Das war ein Triumph, das kann ich Ihnen gar nicht beschreiben.«

»Aber es war Betrug.«

»Der einzige, dessen ich mich je schuldig gemacht habe. Das müssen Sie mir glauben. Ich arbeite so hart wie sonst kaum ein Professor an dieser Universität. Und ich tue alles, was in meiner Macht steht, um diesem Fach die nötige Anerkennung zu verschaffen. Aber die großen Forschungsgelder gehen in die Werkstoffwissenschaften oder die Medizintechnik. Ur- und Frühgeschichte halten die doch für ein Orchideenfach. Dabei geht es hier um die Wurzeln der Menschheit.«

Bevor sich Gäbelein weiter in Rage reden und in Rechtfertigungen ergehen konnte, musste Beaufort die Gunst der Geständniseuphorie nutzen und ihn zu den Morden befragen. »Und weil das Bekanntwerden dieses Betrugs Ihr wissenschaftliches und gesellschaftliches Aus bedeutet hätte, haben Sie Tom Schifferli umgebracht.«

Der Professor starrte Beaufort entgeistert an. »Was hat Schifferli damit zu tun? Ich dachte, *Sie* haben meinen Fehltritt aufgedeckt? Sie wollen mir doch nicht etwa einen Mord anhängen?«

In diesem Moment öffnete der Himmel alle seine Schleusen.

*

Die Bedienung im Gostenhofer Gourmetrestaurant *Koch und Kellner* füllte drei Gläser mit dem Champagner der Witwe Pelletier und zog sich mit dem ruck, zuck leer gegessenen Amuse-Gueule-Teller wieder zurück. Die drei Freunde erhoben die Gläser.

»Ich möchte einen Toast aussprechen«, sagte der Justizsprecher.

»Da du den Champagner spendierst, können wir uns dagegen ja wohl kaum wehren«, scherzte Anne aufgekratzt.

»Mal nicht so keck da auf den billigen Plätzen«, konterte Ekki. »Du hast Glück, dass du als Frau bei unserem kulinarischen Herrenabend überhaupt zugelassen bist. Da könntest du schon ein bisschen mehr Dankbarkeit zeigen.« Anne schenkte ihm ihr unschuldigstes Konfirmandinnenlächeln.

»Jetzt mach mal hin. Mir wird langsam der Arm lahm«, schaltete Beaufort sich ein.

»Und ich habe Durst«, ergänzte Anne.

»Ihr beide könnt einem den letzten Nerv rauben.«

»War das jetzt dein Trinkspruch?«

»Ein Teil davon. Aber lasst mich doch mal ausreden. Ihr beide könnt einem wirklich den letzten Nerv rauben. Ihr seid vorlaut, besserwisserisch, beratungsresistent, rücksichtslos und durchtrieben. Und du, Frank, bist neuerdings auch noch kriminell, stiehlst, behinderst die Polizeiarbeit, verschaffst dir unbefugten Zutritt, bist gegen alle Vernunft waghalsig und unbedacht und erwartest auch noch, dass ich dich jederzeit wieder raushole, wenn du dich mal wieder in die Scheiße geritten hast.«

»Du hast eine Gabe, einem Komplimente zu machen, die ist wirklich umwerfend. Kein Wunder, dass sich mit dir Charmebolzen keine Frau länger einlassen will.«

»Sag das nicht. Ich war erst kürzlich mit einem Blumenstrauß unterwegs.«

»Wo? Auf dem Friedhof?«

Anne kicherte.

»Herrgott! Das tut doch überhaupt nichts zur Sache. Jetzt hast du mich ganz rausgebracht. Hatte ich schon erwähnt, dass du auch wahnsinnig vorlaut bist?«

»Ja, gleich als Erstes.«

»Da sieht man mal, wie recht ich damit hatte. Du lässt mich einfach nicht zum Loben kommen, weil du mir ständig ins Wort fällst.«

»Ach, das sollte ein Lob werden? So ohne Weiteres war das nicht zu erkennen. Es klang mehr nach dem Plädoyer eines Staatsanwalts.«

»Dir muss man ab und zu mal die ungeschminkte Wahrheit sagen, sonst wirst du noch größenwahnsinnig. Also, trinken wir auf Franks Spürnase, seine Kombinationsgabe, seine Hartnäckigkeit – und darauf, dass er heute einen Doppelmörder zur Strecke gebracht hat.«

Endlich stießen die drei Gläser gegeneinander.

»Ein gutes Tröpfchen«, stellte Anne fest. »Ist nur ein bisschen warm geworden vom vielen Quatschen.«

Beaufort bestrich sich ein Stück Walnussbrot mit Kräuterbutter. »Bist du nicht etwas voreilig mit dem Doppelmörder? Schließlich hat Gäbelein bislang nur den Wissenschaftsbetrug zugegeben. Die beiden Morde hat er vehement geleugnet.«

»Der wird schon noch gestehen. Wir sind ja erst am Anfang der Ermittlungen. Schnappauf und seine Leute werden ihn bald festnageln. Er hat ein Motiv, er hatte die Gelegenheit, und er hat kein Alibi für die Nacht, in der der Kurator starb. Bestimmt ist eine der DNA-Spuren auf der Leiche von ihm. Wenn wir ihm das nachweisen können, kommt er aus der Nummer nicht mehr raus.«

»Aber er wirkte ehrlich überrascht, als ich ihm die Morde vorhielt. Gäbelein schien mir reinen Tisch machen zu wollen. Nachdem er erst mal als Betrüger ertappt war, sprudelte es regelrecht aus ihm heraus. Lag vermutlich daran, dass er so

263

viele Jahre darüber hatte schweigen müssen. Klar, er erging sich auch in selbstgefälligen Rechtfertigungen für sein Tun, aber er war ziemlich ehrlich, was die Fakten anbetraf. Was, wenn er nicht der Mörder ist, sondern doch nur ein Betrüger?«

Die Antwort ließ etwas auf sich warten, denn die Kellnerin servierte die Vorspeise. Für Anne eine Kaltschale aus Melone, Flusskrebsen und Aquavit, für die beiden Männer gebratenen Kaninchenrücken mit Mohnpesto auf Sommergemüse.

»Magst du mal probieren?« Anne schob Frank einen Löffel in den Mund, und er revanchierte sich mit einer Gabel voll Fleisch.

»So, jetzt seid mal so nett und zerstreut meine Bedenken wegen Gäbelein«, sagte er, wieder an das Gespräch anknüpfend.

»Also den zweiten Mord hat er ganz bestimmt begangen«, stellte Anne fest, »und folglich auch den ersten. Die Fotografin muss den Professor in der Mordnacht im Haus gesehen und erkannt haben.«

»Und was macht dich so sicher?«

»Na, die zentrale Frage ist doch: Wieso taucht der Mörder mit dem Blasrohr ausgerechnet im Tropenhaus auf, um die arme Frau Weyrauch vor unseren Augen zu töten? Schließlich wusstest nur du, dass sie zu dieser Zeit dort sein würde. Du hast es außer mir niemandem gesagt, auch nicht Harsdörffer oder Degen. Aber hast du mir nicht erzählt, dass Gäbelein gerade in dem Moment in seine Sammlung ging, als du mit ihr telefoniert hast? Der muss etwas von deinem Gespräch aufgeschnappt und sich dann auf die Lauer gelegt haben.«

»Sehr scharfsinnig«, lobte Ekki. »Bist du jetzt überzeugt?«

»Das klingt schon ziemlich einleuchtend. Aber wenn mich jemand beim Telefonieren gehört hat, könnte das auch Frau Weyrauch am anderen Ende der Leitung passiert sein. Außerdem war diese ganze Aktion mit dem Blasrohr doch völlig theatralisch und riskant. Da gibt es eindeutig simplere Methoden, um jemanden loszuwerden.«

»Überhaupt nicht. Gäbelein hat bestimmt irgendwie geschnallt, dass die Fotografin ihn gesehen hat. Also musste er diese unliebsame Zeugin loswerden. Und als er das Büro von Frau Neudecker durchsucht hat, ist ihm der Plan mit dem Blasrohr eingefallen, auf dem ihre Fingerabdrücke drauf sind. Gift und Mordwerkzeug stammen aus genau den Sammlungen, die die Kuratorin betreut. Der wollte ihr den zweiten Mord ganz einfach in die Schuhe schieben. Du hast sie doch auch gleich als Erstes in Verdacht gehabt und bist zu ihr gerannt. Also ich finde das ziemlich genial.« Anne schaute in Franks befremdetes Gesicht. »Jetzt rein aus der Mörderperspektive betrachtet«, ergänzte sie. »Sein Problem war nur, dass er plötzlich improvisieren musste, weil du ihm in die Quere gekommen bist. Sonst hätte er es bestimmt so gedeichselt, dass die Neudecker kein Alibi hat.«

»Apropos, hat sie denn wirklich eines?« Beaufort sah Ekki an.

»Sie hat. Schnappauf hat mir heute Nachmittag gesagt, dass die Biologin aus dem Botanischen Garten Dr. Neudeckers Alibi bestätigt. Allerdings behauptet auch Gäbelein, für gestern Nachmittag ein Alibi zu haben. Er sagt, er hatte um 16.00 Uhr einen Besprechungstermin mit einer Studentin wegen einer Seminararbeit. Die konnte noch nicht erreicht werden. Aber ist ja wohl klar, dass er lügt. Er versucht eben, seinen Hals zu retten.«

»Wenn das stimmt, kann ich wohl nichts mehr einwenden, außer meinem Gefühl, dass das noch nicht des ganzen Rätsels Lösung ist. Gäbelein war heute so ehrlich erstaunt darüber, dass nicht ich, sondern Schifferli seinen Betrug mit dem Erlanger Neandertaler entdeckt hat.«

Ekki legte sein Besteck beiseite und tunkte noch den letzten Rest der Soße auf seinem Teller mit einem Stückchen Weißbrot auf. »Dann wird er wohl ein begabter Lügner sein.«

»Aber dass der arrogante Kommissar jetzt doch einen Teil des Ruhmes abgreift, ärgert mich schon.«

»Das war der Deal, den ich mit Schnappauf ausgehandelt habe, um deinen Arsch zu retten. Schon vergessen? Er verzichtet auf eine Anzeige wegen des Diebstahls von Schifferlis Handy und was da sonst noch alles an Strafrechtsparagrafen dranhängt, dafür ziehst du dich stillschweigend zurück. Ab jetzt ist sowieso Polizeiarbeit gefragt. Da kannst du eh nichts mehr ausrichten. So übel ist der Kerl übrigens gar nicht. Schnappauf hat mir gegenüber sogar zugegeben, dass er die Zusammenhänge mit Gäbeleins Wissenschaftsbetrug auch dann nicht geschnallt hätte, wenn er das iPhone von Anfang an gehabt hätte. Du könntest dich ruhig mal dazu herablassen, auch etwas Nettes über ihn zu sagen.«

Beaufort dachte nach. »Also, wenn er seinen Strickkrawatten-Retrolook noch ein paar Jahre lang durchhält, wird er bestimmt noch Mode-Avantgarde.«

»Bist du heute wieder großzügig mit deinen Komplimenten. Da sag noch einmal was gegen mich.«

Während die drei Freunde sich den Hauptgang aus bretonischem Seeteufel mit Croissantflan, Zitronenemulsion und Thymianschaum samt einer Flasche Condrieu schmecken ließen, entwarfen sie ihren Schlachtplan für den nächsten Tag. Schließlich wollten sie dabei sein, wenn Professor Corrodi als Bücherdieb überführt wurde. Ekki hatte Beauforts Informationen an einen Freund beim Betrugsdezernat Mittelfranken weitergegeben. Er hieß Gerald Hagen und leitete die Operation. Natürlich war es ihnen nicht erlaubt, die provisorische Einsatzzentrale zu betreten, doch man hatte vereinbart, dass sie sich in einem Büro im Erlanger Kollegienhaus bereithalten sollten. Immerhin war es möglich, dass Frank als Buchexperte noch wichtige Tipps für das Gelingen des Einsatzes würde geben können. Deshalb war seine Anwesenheit vor Ort gewünscht.

Im weiteren Verlauf des Abends entdeckte Beaufort auf einem Gang zur Toilette im anderen Teil des gut besuchten Restaurants Annes Kollegen Dirk, den er nicht sonderlich gut leiden konnte. Der langhaarige Journalist saß dort an einem Tisch zusammen mit einem schmalen, graubärtigen Mann, den der bibliophile Beaufort sofort als wichtigsten fränkischen Verleger erkannte. Die beiden tranken den gleichen Champagner wie Anne, Ekki und er und prosteten sich gerade zu. Offenbar waren auch sie in Feierlaune. Neben dem Sektkübel lag ein Papier samt Füllfederhalter auf dem Tisch, das wie ein unterschriebener Vertrag aussah. Hatte Annes Kollege nicht vorgehabt, einen Roman zu schreiben?, fragte er sich in der Kabine, als sich seine Blase wohltuend entleerte. Na dann hatte der für sein Geschreibsel wohl endlich einen Verlag gefunden. Er würde dessen Elaborate bestimmt nicht lesen.

10. Reprise – Donnerstag, 21. Juli

Der Sturzregen gestern hatte nur vorübergehend für Abkühlung gesorgt. Heute war der Himmel zwar wolkenlos, doch die Sonne stach regelrecht, und es wurde schon wieder schwül. Gerald Hagen, ein schlanker Typ mit Stirnglatze und einem sympathischen Lächeln, brachte Anne, Ekki und Frank in einem leeren Seminarraum im zweiten Stockwerk des Kollegienhauses unter, der zur Universitätsstraße hin lag. Den hatte er über den Unipräsidenten requiriert, der in die ganze Sache eingeweiht worden war und sich hocherfreut gezeigt hatte, dass die Aufklärung der Bücherdiebstähle in greifbarer Nähe lag.

Die drei standen am Fenster und sahen hinaus. Direkt unter ihnen befand sich der kleine Dozentenparkplatz. Auf der gegenüberliegenden Straßenseite erblickten sie durch die Bäume hindurch rechts die schöne alte und links die nicht so schöne neue Universitätsbibliothek. Ein steter Fluss junger Studenten bewegte sich auf dem Bildungs-Ameisenpfad zwischen UB und Kollegienhaus oder radelte die Universitätsstraße entlang.

»Da geht Hagen«, sagte Anne und deutete auf den Einsatzleiter, der die Straße überquerte und in dem dort parkenden Lieferwagen einer Wäscherei verschwand.

»Das ist die mobile Einsatzzentrale«, erläuterte Ekki. »Ich habe mir die schon mal im Polizeipräsidium anschauen dürfen. Alles voller Monitore und technischem Überwachungsgerät. Dort laufen sämtliche Bilder zusammen, die die versteckten Kameras in der Bibliothek aufnehmen.«

»Und wie viele Leute sind da drin?«, wollte Beaufort wissen.

»Nur Hagen und ein Techniker.«

»Ich dachte, die sind zu acht. Wo sind denn die anderen?«

»Zwei Zivilbeamte sind in der UB postiert, zwei weitere hier im Kollegienhaus und zwei beschatten Professor Corrodi. Sie haben den Auftrag, so diskret wie möglich vorzugehen und jegliche öffentliche Aufmerksamkeit zu vermeiden.«

Frank sah auf seine Taschenuhr. »Um 14.15 Uhr beginnt seine Vorlesung. Also in knapp einer Stunde. Da werden wir wohl noch ein Weilchen warten müssen.«

Kurz darauf klingelte das Telefon des Justizsprechers. »Es ist Gerald«, sagte er mit Blick auf die Nummer und ging ran. Das Gespräch war schnell beendet. Die Journalistin und der Amateurdetektiv schauten ihn erwartungsvoll an.

»Der Professor ist unterwegs. Die beiden Bamberger Kollegen, die den Mann seit gestern beschatten, haben sich drangehängt. Bislang keine besonderen Beobachtungen.«

»Und was macht der Foliant von Sibylla Merian?«

»Liegt noch unberührt in der Schatzkammer. Da ist eine versteckte Kamera drauf gerichtet. Na, hoffentlich geht dein toller Plan auch auf.«

Beaufort runzelte die Stirn. »Das hoffe ich auch. Alles andere würde mich, ehrlich gesagt, wundern. Hauptsache, Harsdörffer benimmt sich drüben nicht so auffällig, dass der Dieb Lunte riecht. Der hat nämlich eine mittlere Krise bekommen, als er hörte, welches wertvolle Buch unser Lockvogel sein wird.«

Das Warten in der Hitze gestaltete sich ziemlich zermürbend. Wenn das hier nur kein Fehlschlag würde, dachte jeder insgeheim. Anne ging ungeduldig auf und ab und verließ schließlich den Raum, um mit drei gekühlten Mineralwasserflaschen aus dem Getränkeautomaten zurückzukehren. Doch das brachte nur kurzzeitig Ablenkung und Erfrischung. Wenigstens gab Hagen immer wieder Zwischenstände durch: Corrodi war auf die Autobahn aufgefahren. Er passierte Buttenheim. Er näherte sich Forchheim.

Wieder klingelte Ekkis Apparat. Sofort war er dran. Anne und Frank studierten seine Mimik und konnten erst

Anspannung, dann Erleichterung ablesen. Er nahm den Hörer kurz vom Ohr, um zu berichten.

»Ein Mann hat die Schatzkammer betreten. Er hat das Objekt zielstrebig herausgenommen und in Zeitungspapier eingeschlagen. Danach hat er den Raum verlassen, das Buch in einem Putzwagen versteckt und ist wieder verschwunden. Das Ganze hat keine zwei Minuten gedauert. Es befindet sich in einem der beiden großen Müllbeutel.«

»Lass das bloß nicht Franks Doktorvater erfahren, der schmeißt sonst noch die ganze Nummer«, bemerkte Anne trocken. Sie wusste durch Frank nur zu gut, wie heikel Bibliophile im Umgang mit Büchern waren.

»Frag Hagen, wie der Dieb aussieht«, drängelte Beaufort.

Ekki wiederholte laut die Auskunft, die er bekam: »Ein junger Typ mit Tätowierungen und Piercings.«

»Mike Meier! Wie ich es mir gedacht habe«, triumphierte Beaufort.

Zehn Minuten später meldete der Einsatzleiter, dass Professor Corrodi soeben den Frankenschnellweg an der Ausfahrt Erlangen-Nord verlassen hatte. Das wertvolle *Surinam*-Buch lag weiterhin in dem blauen Müllsack. Aufgeregt spähten die drei aus dem Fenster. Dann sahen sie den dunkelgrünen Rolls Royce elegant die Universitätsstraße entlanggleiten und vor dem Schlagbaum unter ihnen stoppen. Der Professor, ausgestattet mit weißem Anzug und Panamahut, stieg aus, betätigte einen Schlüssel, öffnete die Schranke und setzte sich wieder ans Steuer, um auf den Hof zu fahren.

»Mit Chauffeur kommt so eine Edelkarosse aber wesentlich besser«, bemerkte Anne. »Ist doch irgendwie stillos, selbst am Steuer zu sitzen und dann auch noch Schlagbäume öffnen zu müssen.«

Beaufort stimmte zu, während Ekki wieder ans Handy ging.

»Dieser Meier hat die Müllsäcke völlig unbehelligt aus der alten UB hinausgeschafft und zu den Müllcontainern gebracht. Jetzt ist er mit dem Paket hierher unterwegs.«

Tatsächlich erspähte Frank den schlaksigen Studenten, der mit einem Rucksack auf dem Rücken aus dem Haupteingang der neuen UB trat und den Weg zu ihnen herüber ins Kollegienhaus einschlug. Einige Meter dahinter folgte ihm ein etwa vierzigjähriger Mann. Das musste einer der Polizisten sein.

Ekki war noch immer am Apparat. »Die Beamten hier im Haus haben gemeldet, dass der Professor durch den Haupteingang reingekommen und sogleich auf dem Herren-WC verschwunden ist.«

»Meinst du, das ist der Treffpunkt?«, raunte Anne.

Frank zuckte die Achseln: »Möglich.« Er war jetzt wirklich aufgeregt und wäre zu gern unten mit dabei gewesen. Aber das verbot sich natürlich, zumal beide Komplizen ihn kannten.

»Dieser Meier ist in dieselbe Toilette gegangen«, meldete Ekki.

»Ich sag's ja: Das ist der Ort der Übergabe.«

Beaufort schaute seinen Freund gespannt an. »Was tut sich da unten?«

»Ich weiß nicht. Die Leitung ist unterbrochen.«

»Wahrscheinlich sind sie gerade beim Zugriff. Geh du doch mal runter und gucken, Anne.«

»Untersteh dich«, sagte der Justizsprecher gebieterisch. »Wir halten uns genau an Hagens Anweisungen. Ist das klar?«

»Mensch Ekki, jetzt kehr doch nicht so den Staatsbeamten hervor«, maulte Frank.

»Aber genau das bin ich nun mal.«

Anne, die sich fast die Nase an der Scheibe plattgedrückt hatte, rief: »Gerade bringen sie den Studenten raus.«

Die beiden Männer eilten ans Fenster. Vor ihren Augen wurde Mike Meier, die Hände auf dem Rücken gefesselt, von dem Beamten abgeführt, der ihm vorhin gefolgt war. Seinen

Rucksack hatte er nicht mehr bei sich. Sowie sie den Schlagbaum passiert hatten, fuhr ein dunkler Wagen vor. Der sich ein wenig sträubende Student wurde unsanft hineingestupst, sein Bewacher stieg mit ihm ein, und schon brauste die Limousine wieder davon. Die ganze Aktion war so schnell vor sich gegangen, dass sie kaum jemandem aufgefallen war.

Kurz darauf sahen sie, wie der Einsatzleiter den Lieferwagen verließ, herüberkam und im Kollegienhaus verschwand. Drei Minuten später erschien Professor Corrodi in Begleitung einer Frau und eines Mannes auf der Bildfläche. Der Leiter der Sternwarte war nicht gefesselt und trottete brav zwischen den beiden Polizisten her. Zu dritt überquerten sie die Straße, stiegen in einen dort parkenden, silberfarbenen BMW mit Bamberger Kennzeichen und fuhren ebenfalls davon.

»Überführt in flagranti«, kommentierte Ekki und klatschte Frank und Anne ab, so wie es siegreiche Sportler taten.

»Und wer sagt den Studenten, dass Corrodis Vorlesung heute ausfällt?«

»Die werden es schon irgendwann merken und dann hoffentlich was Nettes anfangen mit ihrer Freistunde«, fand Anne.

Es klopfte, und Gerald Hagen trat ein, Meiers schwarzen Rucksack in der Hand.

»Alles gut verlaufen?«, erkundigte sich Ekki.

Der Einsatzleiter hob den Daumen. »Optimal. Die Übergabe erfolgte auf der Herrentoilette. Meine Mitarbeiter haben nacheinander zugegriffen, jeweils in dem Moment, als die Zielobjekte das WC wieder verließen. Zuerst den Bücherdieb, dann den Hehler mit dem Rucksack. Die Falle war wirklich ausgezeichnet gestellt von Ihnen. Gratuliere.« Er schüttelte Beaufort die Hand.

»Und wie geht es jetzt weiter?«

»Getrennte Verhöre und Durchsuchung der Wohnungen der beiden Verdächtigen. Erfahrungsgemäß findet sich da meist ein Teil der gestohlenen Beute – oder doch zumindest ein Hinweis darauf. Oder andere Beweise. Aber würden Sie bitte einen Blick auf das Buch werfen, ob es das richtige ist, und alles in Ordnung damit.«

Er reichte Beaufort den Rucksack, der ihn öffnete, ihm vorsichtig ein schweres, in Zeitungspapier eingeschlagenes Paket entnahm und auf den Tisch legte. Sorgfältig packte er aus. Zum Vorschein kam ein großer, in Leder gebundener Foliant. Er zog ein sauberes Stofftaschentuch aus der Hose, wickelte es um seine Hand und schlug behutsam die erste Seite auf. *Metamorphosis Insectorum Surinamensium*, stand auf dem Titelblatt.

»Die Verwandlung der Insekten von Surinam«, übersetzte Ekki, »scheint ja ein echter Reißer zu sein.«

Doch Beaufort hörte ihn offenbar nicht. Er nahm überhaupt nichts mehr um sich herum wahr. Kaum hatte er den Gegenstand berührt, war sein Geist auf eine weite Reise durch Raum und Zeit gegangen. Achtsam blätterte er prachtvolle farbige Stiche auf, die die exotische Tier- und Pflanzenwelt der Tropen zeigten. Raupen, Puppen und Eulenfalter auf einem Guajavezweig. Kokon, Raupe und Liebesboten-Schmetterling auf einer Wundermalve. Pfeilschwanz und Waldwerber auf einer Pflanze mit roten Pfefferschoten. Ein betender Mönch, über sein Brevier gebeugt, konnte nicht andächtiger sein.

Der Einsatzleiter räusperte sich, und der Justizsprecher scharrte mit den Hufen. Anne trat neben Frank, legte sanft ihre Hand auf seine Schulter und betrachtete das Bild, in das ihr Freund versunken war. Eine intensiv rot blühende Ananaspflanze, auf deren mit Stacheln bewehrten langen, grünen Blättern braune Käfer und Kakerlaken krabbelten.

»Wunderschön«, sagte sie beeindruckt.

»Ich kann gar nicht in Worte fassen, welche Faszination für einen Sammler von so einem Objekt ausgeht. Es hat eine richtige Aura. Das ist das schönste und bedeutendste Naturkundebuch der Barockzeit«, erklärte Beaufort, jetzt auch die beiden Männer miteinbeziehend. »Es enthält sechzig von

273

Maria Sibylla Merian handkolorierte Kupferstiche, die das Insekten- und Pflanzenleben Surinams zeigen. 1699 hat die Naturforscherin, die lange in Nürnberg lebte, zusammen mit ihrer erwachsenen Tochter die abenteuerliche und lebensgefährliche Reise nach Südamerika gemacht und dort zwei Jahre lang Flora und Fauna untersucht und skizziert.«

»Gibt's das auch als E-Book?«

Beaufort sah Ekki strafend an. »Banause! Der Verlust an Sinnlichkeit von diesem Original zur Abbildung auf dem Bildschirm entspricht in etwa dem von Champagnergenuss zum bloßen Anschauen einer Sektflasche.«

»Stimmt es wirklich, dass das Buch 27.000 Euro wert ist?«, wollte Hagen wissen.

»Für eine Erstausgabe in diesem hervorragenden Zustand ist das sogar fast ein Schnäppchen, würde ich sagen.«

»Dann sollten wir das Buch schnellstens zurückbringen, bevor ihm noch etwas zustößt. Könnten Sie das übernehmen? In Ihren Händen ist es am sichersten aufgehoben. Ich muss noch den Abbau der mobilen Zentrale beaufsichtigen.« Der Einsatzleiter verabschiedete sich.

Mit einem Seufzer des Entsagens schlug Beaufort das Buch bedächtig wieder in Zeitungspapier ein. Gemeinsam begaben sie sich hinunter. Draußen vor dem Hauptportal blieben sie in der Sonne stehen.

Ekki sah auf die Uhr. »Ich muss zurück ins Gericht. Die Arbeit wartet.«

»Tja, Augen auf bei der Berufswahl.«

»Das musst du Faulenzer mir gerade sagen.«

»Wer arbeitet, hat keine Zeit, Geld zu verdienen. Alte Millionärsweisheit.«

»Ich wusste doch, dass ich irgendetwas falsch mache«, lachte Ekki, umarmte erst Anne, dann Frank und zog los. Nach zehn Metern drehte er sich noch einmal um: »Und vergiss nicht, das Buch auch wirklich zurückzugeben, du Bibliomane.«

»Keine Sorge. Das würde ich meinem Doktorvater nie antun.«

Drüben in der Handschriftenabteilung gab es ein ziemliches Hallo, Glückwünsche und Dankesbekundungen. Frank und Anne mussten alles haarklein berichten, und Professor Harsdörffer schlug vor Begeisterung über seinen ehemaligen Eleven mehrfach die Hände zusammen, um dann wortreich seine Sicht der Dinge zu Mike Meier und den Bücherdiebstählen zum Besten zu geben. Selbst die Bibliotheksdirektorin war für ihre Verhältnisse regelrecht ausgelassen – sie lächelte. Und sie lud die Runde zur Feier des Tages auf einen Likör in ihr Jugendstilbüro ein. Dort erreichte Beaufort auch der Anruf der Sekretärin des Präsidenten. Professor Roth wünschte ihn und Anne um 20.00 Uhr in seinem Amtszimmer zu sehen.

*

Der Präsident erhob sich mit einem strahlenden Lächeln hinter seinem Schreibtisch und ging seinen Gästen entgegen. Gunnar Roth, der tatsächlich etwas von George Clooney an sich hatte, wie Anne fand, verströmte trotz der Hitze einen Hauch maritimer Frische. Heute trug er einen Navy-Blazer aus dunkelblauem Serge mit goldenen Knöpfen, eine helle Chinohose, ein blauweiß-gestreiftes Maßhemd von Harvie & Hudson und dazu eine mit Windsorknoten gebundene blaue Krawatte mit roten Punkten. Er küsste Anne galant die Hand, um danach Beauforts ausgestreckte Rechte ausgiebig und herzlich zu schütteln.

»Lieber Dr. Beaufort, Sie und Ihre charmante Begleitung haben sich ganz außerordentlich um das Wohl der Friedrich-Alexander-Universität Erlangen-Nürnberg verdient gemacht.«

»Das ist doch nicht der Rede wert.«

»Seien Sie nicht so bescheiden. Das war großartige Arbeit. Ich werde bei der nächsten Sitzung vorschlagen, dass Sie die

Ehrennadel der Universität als Auszeichnung erhalten. Aber bitte, setzen Sie sich doch.«

Professor Roth wies auf die Sitzecke, schob Anne einen Ledersessel unter, nötigte ihnen einen alten schottischen Singlemaltwhisky auf, erhob sein Glas, dankte Beaufort mit einem wohlformulierten Trinkspruch, an dem sich Ekki ein Beispiel hätte nehmen können, und beendete ihn mit einem britannophilen »Cheers«. Das Zeug rann Frank brennend die Speiseröhre hinunter und schmeckte halt nach Whisky – er machte sich nicht viel aus Spirituosen. Seine Liebe und Kennerschaft galten dem Wein.

»Ich hatte vor einer Stunde ein kurzes Telefonat mit Herrn Hagen vom Betrugsdezernat, der heute Mittag wirklich einen äußerst diskreten Job verrichtet hat. Er versicherte mir, dass vonseiten der Polizei nichts an die Öffentlichkeit dringen wird. Und er teilte mir Neuigkeiten mit, die Sie beide interessieren dürften.«

»Hat Professor Corrodi gestanden?«

»Nein, das nicht. Corrodi verweigert die Aussage. Dafür war aber sein junger Gehilfe umso redseliger. Er verriet der Polizei das Versteck in der Bamberger Sternwarte, in dem das Diebesgut lagert, bis es an die Abnehmer weitergegeben wird.«

»Wissen Sie, wo genau es ist?«, fragte Anne.

»Sie kennen das Anwesen?«

Die Journalistin nickte. »Ich mache gerade ein Hörfunkfeature über die Universitätssammlungen und war erst kürzlich dort.«

»Wann wird denn Ihre Sendung ausgestrahlt? Die werde ich mir unbedingt anhören.«

»Am Montagabend auf Bayern 2.«

»Sprechen Sie selbst? Sie haben so eine bezaubernde Stimme.«

»Danke. Sie machen aber auch eine gute Figur bei Ihren Interviews und Fernsehauftritten. Aber das wissen Sie sicherlich selbst.«

»Ein Lob aus so berufenem Munde wiegt natürlich gleich doppelt. Wie schade, dass Sie mich noch nie interviewt haben. Wir sollten das unbedingt bald nachholen.«

Hallo? Was sollte das denn? Während der Präsident in Annes Gunst stieg, sank er umgekehrt proportional in der von Beaufort. Was bildete sich dieser Möchtegern-Clooney eigentlich ein? Bewunderung für Anne war in Ordnung, Flirten in seinem Beisein aber nicht. Und überhaupt: Der echte Filmstar hätte die gepunktete Krawatte weggelassen und war sowieso einen Kopf größer.

»Das Versteck soll sich in einem verborgenen Kellerraum am Fuße eines der Observatoriumstürme befinden«, setzte Roth die ursprüngliche Unterhaltung fort. »Und die gute Nachricht: Die Dürer-Radierung war noch dort und konnte unbeschadet sichergestellt werden.«

»Das ist ja großartig«, bemerkte Anne.

»Sie wird morgen früh von Bamberg direkt ins Stadtmuseum gebracht, damit sie rechtzeitig zum Presserundgang um 11.00 Uhr an ihrem Platz hängt. Kein Journalist wird also etwas bemerken.« Der Präsident strahlte Beaufort an. »Dass das so glimpflich ausgegangen ist, haben wir nur Ihrer bibliophilen Spürnase zu verdanken. Jetzt wird die Öffentlichkeit frühestens zu Prozessbeginn in einigen Monaten von den Diebstählen in der UB erfahren. Bis dahin haben wir die meisten fehlenden Bücher wiederbeschafft und die Sicherheitsvorkehrungen optimiert. Es besteht also keine Gefahr mehr, dass unsere Sammlung womöglich in die Alte Pinakothek nach München abgegeben werden müsste.«

»Das hätte Harsdörffer auch das Herz gebrochen.«

»Sein Ruf als glühender fränkischer Patriot ist mir zu Ohren gekommen.« Roth lächelte. »Ich hoffe doch sehr, dass Sie beide morgen Abend bei der Eröffnung der *Ausgepackt*-Ausstellung mit dabei sein werden? Auch wenn wir über Ihren Triumph leider Stillschweigen bewahren müssen.«

Anne und Frank erklärten, dass sie sich den Termin schon längst freigehalten hätten. Der Präsident nippte an seinem Glas, betrachtete versonnen die bernsteinfarbene Flüssigkeit darin und sagte nach einer längeren Pause in einer etwas gedämpfteren Tonlage: »Und dann muss ich Sie noch schelten, weil Sie sich nicht an meine Anweisungen gehalten und gegen meinen erklärten Willen weitere Nachforschungen im Todesfall des Kurators angestellt haben. Ein absolut unvernünftiges Verhalten. Sie beide haben ja hautnah miterlebt, wie Frau Weyrauch im Tropenhaus ermordet wurde. Wenn der Attentäter nicht ein so guter Schütze gewesen wäre, hätte es leicht einen von Ihnen beiden treffen können.« Er schaute Beaufort geradewegs in die Augen, der von dem plötzlichen Tonwechsel betroffen war, aber dem Blick standhielt. »Und Sie müssen sich natürlich fragen lassen, ob Sie diesen zweiten Todesfall nicht erst durch Ihr Eingreifen provoziert haben.«

»Ich habe mir diese Frage selbst schon gestellt, glauben Sie mir.« Der Präsident hatte zielsicher einen wunden Punkt bei Beaufort berührt. »Und ich bin zu dem Ergebnis gekommen, dass Tom Schifferlis Mörder Roswitha Weyrauch so oder so umgebracht hätte. Ihre einzige Rettung wäre es meines Erachtens gewesen, wenn sie ihr Wissen über den Täter rechtzeitig preisgegeben hätte. Aber dazu war ihre Angst vor dem Mann anscheinend zu groß«, rechtfertigte er sich.

»Nennen Sie ruhig seinen Namen: Professor Gäbelein. Sie haben ihn ja schließlich zur Strecke gebracht.«

»Wie kommen Sie darauf?«, fragte Beaufort perplex. Er hatte eben von Ekki erfahren, dass der Professor die beiden Morde weiter vehement abstritt. Die Öffentlichkeit sollte deshalb erst über die Festnahme informiert werden, wenn man ihm die Taten nachweisen konnte oder er ein Geständnis abgelegt hatte. Gäbelein war mittlerweile dem Haftrichter vorgeführt worden, und der hatte Haftbefehl gegen ihn erlassen. Gunnar Roth konnte also weder wissen, dass der Akademiker im Untersuchungsgefängnis saß, noch, dass Beaufort etwas mit seiner Festnahme zu tun hatte.

»Jetzt tun Sie nicht so unschuldig. Ich sagte Ihnen doch bei unserem letzten Treffen, dass der Polizeipräsident ein guter Freund von mir ist. Ich bin vollkommen im Bilde – auch über Ihren maßgeblichen Anteil daran. Dafür gebührt Ihnen natürlich ebenfalls großer Dank vonseiten der Universität. Denn je eher der Mörder präsentiert wird, desto schneller kommen wir wieder aus den Schlagzeilen heraus. Und das wird ja hoffentlich bald der Fall sein.«

»Noch hat der Professor nicht gestanden«, wehrte Beaufort ab. Er, Anne und Carl waren von Ekki zu größter Geheimhaltung verpflichtet worden, weshalb die Reporterin zu ihrem Leidwesen noch nicht im Radio darüber berichten durfte. Aber nach kaum einem Tag sickerte der ganze Sachverhalt bereits an höchster Stelle durch. Da würde es ja nicht mehr lange dauern, bis noch andere Leute von der Sache Wind bekamen.

»Das wird er noch tun. Die Beweislage sei ziemlich erdrückend, sagt der Polizeipräsident. Haben Sie beide übrigens herausgefunden, wonach Professor Gäbelein gesucht hat, als er in die Büros der Kuratoren eingebrochen ist?«

»Wahrscheinlich nach Tom Schifferlis Handy«, erklärte Anne. »Dort waren die Beweise für seine Schuld schließlich gespeichert.«

»Und war da sonst noch etwas Aufschlussreiches enthalten?«

»Woher sollen wir das wissen?« Beaufort war fest entschlossen, wenigstens über seinen Handydiebstahl zu schweigen, wie es mit Ekki und Schnappauf vereinbart worden war. »Es wird sowieso Zeit für uns.« Er erhob sich, und Anne und Roth folgten seinem Beispiel. »Wir haben Ihre Zeit schon über Gebühr in Anspruch genommen. Besten Dank für den Whisky.«

*

»Warum hattest du es denn plötzlich so eilig mit dem Aufbruch?«, fragte Anne. »Er war doch ganz schnuckelig, unser Promi-Präsident. Und so gutaussehend. Also mir hat er gefallen.« Sie gingen die Treppe im Schloss hinunter.

»Vielleicht ja gerade deshalb.« Beaufort äffte Roth nach: »Sie haben ja eine soooooo charmante Stimme. Warum treffen wir uns nicht mal zu einem Interview?« Er schnaubte verächtlich. »Der Kerl hat dich angebaggert, obwohl ich daneben saß. Der scheint ja nicht lange zu fackeln, wenn sich eine Gelegenheit bietet.«

Vor lauter Entrüstung passte er bei der vorletzten Treppenstufe nicht auf und geriet ins Straucheln. Mit einer Reflexbewegung hielt Anne ihn fest und zog ihn an sich, damit er nicht hinfiel. Sie standen eng umschlungen am Fuße der Treppe und sahen sich fast auf Augenhöhe an. Anne war groß und schlank und nicht viel kleiner als Frank, wenn sie, wie heute, hochhackige Schuhe trug. Sie lächelte verliebt und gab ihm einen Kuss.

»Ich mag es, wenn du ein bisschen eifersüchtig bist. Obwohl du doch wissen müsstest, dass ich nie etwas mit einem kleineren Mann anfangen würde.«

»Auch nicht mit einem Präsidenten?«

»Bin ich Carla Bruni?«

Frank lächelte schief. »Ich weiß ja nicht, ob mich das wirklich beruhigt, wenn ich nur bei den großen Kerlen aufpassen muss.«

»Und beim echten George Clooney natürlich auch – ganz egal, ob der nun größer oder kleiner ist als ich.«

»Oh, das geht in Ordnung. Ich meine, ich würde Scarlett Johansson ja auch nicht von der Bettkante schubsen.«

Anne schüttelte angriffslustig ihre dunklen Haare. »Moment, seit wann stehst du auf Blondinen?«

»Seitdem du auf graumeliert abfährst. Aber da kann ich dich beruhigen. Das wird bei mir von ganz allein darauf hinauslaufen. Du musst nur ein paar Jahre Geduld mitbringen.«

Sie gingen aus dem Gebäude und dann Hand in Hand in den Schlossgarten, der wegen eines Konzerts in der Orangerie heute Abend noch nicht abgesperrt war. Nach einer Weile des einvernehmlichen Schlenderns und Schweigens fragte Beaufort unvermittelt: »Glaubst du wirklich, dass der Mörder auf der Suche nach Schifferlis iPhone war?«

»Wonach sollte er sonst gesucht haben?«

»Ich weiß es nicht. Ich versuche nur, mich in ihn hineinzuversetzen. Wenn ich so brisante Geheimnisse entdeckt hätte, für die jemand, wie wir jetzt wissen, sogar einen Mord begeht, würde ich die dann in meinem Telefon verstecken? Nicht lieber doch woanders? Ich meine, so ein Handy kann man schließlich auch verlieren. Oder es kann einem gestohlen werden. Immerhin sind diese Dinger teuer und heiß begehrt.«

»Aber die Hinweise auf Gäbeleins Betrügereien steckten doch nun mal in seinem Smartphone.«

»Bloß hat mir Tom Schifferli von zwei Akademikern geschrieben, denen er auf die Schliche gekommen ist.«

»Ja, Gäbelein und Corrodi. Wo ist dein Problem?«

»Was ist, wenn er gar nichts von Corrodi wusste? Er wirkte immerhin erstaunt, als ich das mit den Diebstählen in der UB andeutete.«

»Du meinst, es könnte noch einen Dritten geben?«

»Möglich wär's doch.«

Anne blieb aufgewühlt stehen. »Das würde ja bedeuten, dass der Mörder noch frei herumläuft.«

»Wenn Gäbelein es nicht war: ja. Das bekommen wir aber nur heraus, wenn wir endlich Schifferlis Versteck finden – vorausgesetzt, das gibt es wirklich.«

»Oder es sind doch noch Informationen in seinem iPhone verborgen. Am liebsten würde ich alle Dokumente daraus noch mal in Ruhe überprüfen.«

»Dazu ist es zu spät. Schnappauf hat das Handy jetzt – schon vergessen? Du kannst ihm den Tipp ja gerne geben, aber ob er sich dafür interessiert, wage ich nach meinen Erfahrungen mit ihm zu bezweifeln. Besser, wir konzentrieren uns auf die andere Spur. Wo kann Schifferli sonst noch belastende Dokumente und Fotos oder Dateien davon verborgen haben?«

»Vielleicht auf einem USB-Stick? So ein Stick ist ja nicht größer als ein Radiergummi. Aber der lässt sich praktisch überall verstecken. Sag mal, ist das nicht die Neudecker da vorn?« Anne deutete auf eine schwerbepackte Frau im Sommerkleid, die ihnen entgegenkam. Sie trug einen Stapel großer blauer Bücher in ihren Armen.

»Guten Abend, Frau Neudecker. Womit schleppen Sie sich denn da ab?«

»Oh, hallo.« Die Kuratorin stoppte. »Das ist der Katalog zur Ausstellung. Druckfrisch. Er ist gerade noch rechtzeitig geliefert worden. Ich bringe dem Präsidenten schnell einige Exemplare. Darf ich Ihnen auch eines schenken?«

Beaufort nahm das schwere Buch dankend entgegen und blätterte höflich darin. »Schaffen Sie es denn noch rechtzeitig? Ist alles ›ausgepackt‹?«

»Gott sei Dank, ja. Bis auf ein paar Kleinigkeiten ist die Ausstellung jetzt fertig aufgebaut. Die Handwerker haben gerade erst Feierabend gemacht. Zwischendrin hatte ich das Gefühl, dass ich es nie schaffen würde. Ich wollte den Präsidenten schon bitten, alles zu verschieben. Aber dann habe ich gedacht, dass ich es für Tom tun muss, zu seinem Gedächtnis. Er hätte es so gewollt. Sie beide kommen doch morgen Abend auch zur Vernissage?«

»Aber natürlich«, bestätigte Anne. »Obwohl ich schon morgen Vormittag beim Presserundgang mit dabei sein werde. Im Anschluss bräuchte ich noch ein Interview von Ihnen. Ist das möglich?«

»Kein Problem.«

Beaufort hörte plötzlich auf zu blättern und starrte auf ein Foto, das ein dickes, in braunes Leder gebundenes Buch zeigte.

»Gefällt Ihnen der Katalog?«, wollte die Kuratorin wissen.

»Was ist das?« Er sah Dr. Neudecker entgeistert an. Ihre Frage schien gar nicht zu ihm durchgedrungen zu sein.

Charlotte Neudecker warf einen Blick auf Seite 230. »Das ist eine Daktyliothek aus der Antikensammlung. Ein mit Leder bezogener Holzkasten, der wie ein Buch aussieht und ins Regal gestellt wird. Aber auf der Rückseite am Buchschnitt sind lauter geheime Schubladen eingebaut. Darin werden Gemmen aufbewahrt. Das sind kleine antike Steinschnitte in Siegelform oder ihre Abgüsse.«

»Das ist tatsächlich kein Buch?«

»Nein, aber es ist mindestens so spannend und informativ wie eines. Lessing und Goethe etwa besaßen solche Gemmensammlungen, um die antike Kunst zu studieren.«

»Dieses Ding stand doch auf Schifferlis Schreibtisch?«

»Ich denke schon. Tom hat auch den Text zu diesem Exponat geschrieben«, sagte sie mit einem Blick auf das Kürzel am Ende der Seite.

Beaufort packte Frau Neudecker am Arm, als wollte er sie wachrütteln. »Wo ist das Buch jetzt?«, fragte er eindringlich.

»In der Ausstellung im Stadtmuseum. Wieso?«

Anne und Frank sahen sich stumm an, eilten wie auf Kommando wortlos davon und ließen die konsternierte Kuratorin einfach stehen.

*

Die Sonne war gerade untergegangen, als die beiden außer Atem vor dem Erlanger Stadtmuseum ankamen. Das schmucke, vier Etagen hohe Sandsteingebäude aus der Barockzeit war vor Jahren mit einem angrenzenden Bürgerhaus aus demselben Jahrhundert vereinigt und generalsaniert worden.

Seitdem bot dieser Museumskomplex rund tausend Quadratmeter Ausstellungsfläche für die Geschichte der Stadt und für Sonderschauen. Anne und Frank standen unter dem Eingangsportal am Martin-Luther-Platz und kamen nicht hinein. Das große schwere Eichentor mit der geschnitzten stilisierten Sonne war verschlossen.

»Es ist zu«, stellte Beaufort fest, nachdem er dreimal die Klinke gedrückt und sich gegen das Tor gestemmt hatte.

»Das war ja auch nicht anders zu erwarten um diese Zeit. Warum haben wir nicht Dr. Neudecker mitgenommen? Die hat bestimmt einen Schlüssel.«

»Weil ich ihr immer noch nicht richtig traue. Bloß weil sie ein Alibi für den Mord im Botanischen Garten hat, heißt das ja nicht, dass sie mit der ganzen Angelegenheit nichts zu tun hat. Lass es uns mal von hinten versuchen.«

Sie gingen links am Museum entlang, bogen rechts in die Neue Straße ein, folgten dem Gebäudekomplex und schwenkten dann in eine schmale Gasse, in der einige Autos unter Bäumen parkten. Da gab es zwar ein stählernes Tor, doch war auch das verschlossen. Also marschierten sie weiter zum Altstädter Kirchplatz und standen am Ende wieder vor dem Haupteingang mit den beiden Säulen und dem steinernen Balkon in vier Metern Höhe über ihnen. Das Museum und die anderen direkt angrenzenden Häuser bildeten ein schwer einnehmbares Karree.

»Und jetzt? Sollen wir bei einem der Hausbesitzer klingeln und fragen, ob er uns mal eben durchlässt, weil wir gerne ins Museum einbrechen möchten? Oder machst du einen auf Romeo und kletterst die Fassade hoch?«

»Es hat wenig Sinn, den Balkon zu erklimmen, wenn meine Julia schon neben mir steht.« Er zwinkerte ihr zu. »Komm, wir versuchen's noch mal, vielleicht haben wir ja einen Zugang übersehen.«

Als sie abermals in der gegenüberliegenden Gasse angekommen waren, standen die Flügel des Eisentores auf einmal offen. Die beiden spähten vorsichtig in den gepflasterten Innenhof hinein und sahen den roten Lieferwagen einer Gebäudereinigungsfirma vor sich, der offenbar gleich hinausfahren wollte, denn die Fahrertür war geöffnet. Jemand machte sich hinten am Auto zu schaffen. Schnell schlüpften Anne und Frank durchs Tor und suchten rechts hinter den Müllcontainern Deckung. Durch den Spalt zwischen blauem Altpapier- und schwarzem Restmüllbehälter beobachteten sie, wie ein Mann im Arbeitskittel eine Bohnermaschine auf die Ladefläche wuchtete. Dann schloss er die Hecktüren und wartete. Er blickte fortwährend zur Hintertür des Stadtmuseums, die offen stand.

»Beeil dich mal ein bisschen«, rief er hinüber.

»Wenn du mir mit den schweren Müllsäcken hilfst, geht's schneller«, entgegnete eine weibliche Stimme von drinnen.

Der Mann ging über den Hof und verschwand im Museum.

»Jetzt«, sagte Anne, hielt den Schulterriemen ihrer großen Handtasche fest und zog Frank mit sich fort. Die beiden liefen an der Hauswand entlang. Am Hinterausgang stoppten sie kurz und linsten in den hell gefliesten Vorraum mit Treppenhaus, in dem ein großer, grauer Müllsack an der Wand lehnte. Ein paar Meter vor ihnen befand sich eine weitere halboffene Tür, die ins Gebäude hineinführte. Von dort näherten sich Schritte und Stimmen. Beaufort wollte schon den Rückzug antreten, da deutete Anne zur Treppe, die nach unten führte. Er nickte, und blitzschnell huschten sie Richtung Keller. Sie versteckten sich unter der Treppe und hielten den Atem an.

»Mensch, ist das Zeugs schwer«, schnaufte der Kittelträger über ihnen.

»Sag ich doch«, bestätigte die Stimme der Frau.

»Was ist denn da drin?«

»Der ganze Dreck von den Handwerkern. Das meiste ist Holz und Glas. Die haben noch bis vorhin die neue Ausstellung aufgebaut.«

Die Stimmen entfernten sich. Anne und Frank schlichen den Treppenabsatz hoch. Durch die Außentür sahen sie einen Ausschnitt des Lieferwagens. Bei den Müllcontainern rumpelte es, die Putzleute waren offenbar dort zugange. Schnell stahlen sich die Eindringlinge durch die andere Tür hinein ins Museum und flitzten links einen langen Flur entlang, dessen alter Dielenboden verräterisch knarrte. An seinem Ende passierten sie einen Durchgang und drückten sich gleich dahinter fest an die Wand. Sie lauschten angestrengt, doch hauptsächlich nahmen sie ihren eigenen Herzschlag wahr. Dann hörten sie, wie jemand in den Flur zurückkam und mit einem Knopfdruck sämtliche Lichter löschte. Danach wurde die Tür zum Treppenhaus zugesperrt, die Tür des Hinterausgangs fiel ins Schloss, der Motor wurde gestartet, und der Lieferwagen tuckerte davon.

Erleichtert atmete Beaufort auf und suchte Annes Hand. Sie kicherte erregt, als er sie berührte.

»Nachts allein mit dir im Museum – wie aufregend!«, flüsterte sie.

Sie drückte seine Hand ganz fest, und er erwiderte den Druck. Die beiden standen noch einen Moment ganz still an der Museumswand und sagten kein Wort. »Ganz schön schummerig hier drinnen«, raunte Anne. Die Dämmerung war hereingebrochen und tauchte den Raum ins Halbdunkel. Er war offenbar Teil der Sonderausstellung, bestand aus hohen vergitterten vollgestopften Archivregalen und sollte wohl die drangvolle Enge eines Depots darstellen. Sie gingen näher heran und erkannten, dass hier die Objekte absichtlich durcheinander angeordnet waren. Da befand sich eine Wachsmoulage neben einem ausgestopften Eichhörnchen, ein PC-Monitor neben einem Satz Blockflöten, ein Tischfernrohr neben einem Kopfjägerschwert, ein Griffelkasten neben einer Filmspule.

»Sieht aus wie eine fürstliche Wunderkammer mit modernen Mitteln«, stellte Beaufort flüsternd fest und legte seinen Arm um Annes Schulter. »Die großen Sammler früher haben auch alles für sie Kuriose, Wertvolle und Aufhebenswerte in einem einzigen Raum zusammengetan und ausgestellt, um ein Abbild dieser Welt und ihrer zahlreichen Erscheinungen zu schaffen. Aber letztendlich ist wohl bis heute jede Sammlung ein Versuch, der chaotischen Welt mit einer wie auch immer ordnenden Hand etwas entgegenzusetzen. Ich nehme mich da mit meiner Buch- und Kunstsammlung nicht aus.«

Die Journalistin legte die Stirn in Falten. »Interessante Bekenntnisse. Aber hast du vergessen, weshalb wir hier sind? Besser, wir suchen jetzt mal dieses falsche Buch.«

»Natürlich. Entschuldige. Diese Objekte hier faszinieren mich einfach so.«

Sie betraten den nächsten Raum: die große Eingangshalle. Hier stand ein Empfangskomitee aus wuchtigeren Ausstellungsstücken von A wie Antike bis Z wie Zoologie zur Begrüßung der Ausstellungsbesucher bereit. Die Konturen begannen im Dämmerlicht zu verwischen, und die Schatten wurden dunkler. Weiß schimmerten die Gipsstatuen des »Thermenboxers« und des »Betenden Knaben«, schwarz glänzte das Fell des Gorillas Schorsch, der drohend von seinem weißen Sockel herabzublicken schien.

»Ein bisschen unheimlich ist das aber schon hier.« Anne beäugte den Affen misstrauisch. »Fragst du dich auch manchmal, was die Ausstellungsstücke in einem Museum wohl tun, wenn sie allein sind?«

»Keine Sorge. Sollte Schorsch zum Leben erwachen, finden wir hier genügend Waffen, um uns zu verteidigen.«

»Du nimmst mich nicht ernst, scheint mir.« Sie trat zu Beaufort an das freistehende rote Regal, in dem lauter Kuriosa aus der Wunderkammer des adeligen Hochschulgründers präsentiert wurden. »Dabei bist *du* doch der Typ, der im Dunkeln Schiss kriegt.«

»Ich habe keine Angst vor der Dunkelheit, sondern vor Kellerräumen, in denen ich mich eingeschlossen fühle«, bemerkte er leicht säuerlich.

Anne gab ihm einen flüchtigen Kuss. »Komm, lass uns weitersuchen.«

Sie durchstreiften die Ausstellungsräume und sahen viele alte Bekannte wieder. Darunter die Dämonenmaske aus Borneo, die hundertjährige Ananas und den ausgestopften Fischadler – doch die Daktyliothek fanden sie nicht. Erst als sie wieder im Foyer angelangt waren, entdeckte Anne in einer dunklen Ecke in der Nähe der Treppe, gar nicht weit weg vom Gorilla, drei moderne, weiß gestrichene Holzkuben, auf denen Objekte aus der Antikensammlung standen: die Preisamphora, eine Marmorbüste von Kaiser Augustus und unter einem Glassturz das Buch, das keines war. Endlich! Gemeinsam wuchteten sie den schweren Glasbehälter hoch und stellten ihn vorsichtig neben der Säule auf dem Boden ab. Der braune Lederband enthielt tatsächlich am hinteren Buchschnitt lauter flache Schubladen.

»Wie habe ich das nur übersehen können«, sagte Beaufort und zog eine nach der anderen auf. Mit jedem Hineinschauen stieg ihre Spannung, doch immer lagen darin nur flache Steinschnitte und Gipsmedaillen. Als er sich dem unteren Drittel näherte und ein weiteres Schublädchen öffnete, glitzerte ganz hinten etwas silbern. Da lag neben einer zweihundert Jahre alten Gemme ein moderner elektronischer Datenträger, der keine zwei Jahre alt sein konnte. Anne nahm den flachen, halbfingerlangen USB-Stick heraus. Hier also hatte der Kurator sein Geheimnis versteckt, für das er vermutlich getötet worden war. Es hatte vor ihm auf seinem Schreibtisch gestanden, damit er jederzeit herankommen konnte, doch für alle anderen war es unsichtbar gewesen.

»Lass uns gleich nachschauen, ja? Ich habe mein Notebook dabei.« Anne zog ihren Computer aus der Tasche.

»Sollen wir nicht lieber sehen, dass wir hier wieder rauskommen?«

»Und was ist, wenn wir dabei den Alarm auslösen und die Polizei uns schnappt? Dann werden wir das Rätsel vielleicht nie lösen.« Sie setzte sich auf die Treppe, legte den Rechner auf ihre Knie und fuhr ihn hoch. Dann dockte sie Tom Schifferlis Datenstab an ihren PC an. Auf dem Bildschirm ploppte ein Fenster auf und zeigte eine lange Reihe von digitalen Aktenordnern.

»Oh je, da werden wir wohl doch etwas suchen müssen«, stellte Anne ernüchtert fest.

Beaufort ließ sich neben ihr nieder, gemeinsam gingen sie die Beschriftungen der Ordner durch: Anatomie, Antike, Astronomie, Botanik, Ethnografie, Frühgeschichte, Geowissenschaft, Informatik, Janus, Katalog, Martius, Medizin, Moulage ...

»Klick da mal rein«, entschied Beaufort und deutete auf Janus.

»Warum?«

»Weil das keine Sammlung bezeichnet. Außerdem hatte der römische Gott Janus bekanntlich zwei Gesichter. Und nach so jemandem suchen wir doch, oder nicht?«

Anne klickte den Ordner an, in dem sich eine ganze Reihe weiterer Dateien und Unterordner befand. Einer stach den beiden sofort ins Auge: Birthler-Behörde.

»B-B in B. Das ist es!«, rief Anne begeistert. »Schifferli war am Montag vor einer Woche nicht in Bamberg, er war in der Birthler-Behörde in Berlin.«

»Mitten im Vorbereitungsstress für diese Ausstellung fährt er, ohne jemandem etwas zu verraten, den weiten Weg von Erlangen nach Berlin und am selben Tag wieder zurück, um die Stasiunterlagenbehörde zu besuchen? Was wollte er dort? Als Schweizer seines Alters dürfte er ja weder als Opfer noch als Täter infrage kommen. Glaubst du, einer der Mitarbeiter in den Sammlungen ist ein ehemaliger IM, und Schifferli hat es herausbekommen?«

»Dann wäre Janus jedenfalls die passende Beschriftung. Kommt einer der Sammlungsleiter eigentlich aus den neuen Bundesländern?«

»Gäbelein ist ziemlich sicher Berliner. Und Degen klang auch nach Norddeutschland. Bei den anderen ist mir nichts aufgefallen, aber das muss ja nichts heißen. Schauen wir doch einfach in die Dateien.«

So einfach war das allerdings nicht. Schifferli hatte offenbar nicht nur im Universitätsarchiv, sondern auch in der Birthler-Behörde heimlich Dokumente abfotografiert. Es war mühselig, sie alle zu lesen. Doch Anne und Frank steckten ihre Köpfe zusammen und begannen, das Konvolut zu studieren. Die ganze Akte handelte von einem Mann namens Harald Reger, der 1958 in Greifswald geboren wurde. Dieser Mann war in der DDR nicht nur Inoffizieller Mitarbeiter der Staatssicherheit gewesen, sondern anscheinend ein so hervorragender Spitzel, dass der Geheimdienst auf ihn aufmerksam wurde und ihn für seine Zwecke rekrutierte. Er wurde als Spion ausgebildet und in die BRD eingeschleust, um an der Universität Verbindungsmann zur zweiten Generation der RAF-Terroristen zu werden.

Beaufort setzte sich aufrecht hin und massierte seinen Nacken, der vom schiefen Sitzen ganz steif geworden war, während seine Freundin weiterlas. Mittlerweile war es fast ganz dunkel geworden, nur der Bildschirm beleuchtete ihre unmittelbare Umgebung noch ein wenig. Ein paar Meter vor sich nahm er undeutlich die groben Umrisse des Gorillas wahr. Auch Beaufort fand es jetzt doch ein wenig beklemmend hier. Es war ganz still bis auf das leise Summen der Lüftung im Computer. Ab und zu hörte man von der Straße her ein Auto vorbeifahren oder gedämpfte Gesprächsfetzen von Passanten, die am Museum vorbei durch die laue Sommernacht flanierten. Das alte Fachwerk knackte nach der Tageshitze.

»Hier steht es schwarz auf weiß«, sagte Anne unerwartet aufgeregt. »Harald Reger wurde im März 1982 mit einem West-Lebenslauf versehen und als Student an die Universität Heidelberg entsandt, wo er Kontakt zu militanten linksradikalen Studenten suchen sollte, was ihm auch gelang. Er versorgte die Sympathisanten der Rote-Armee-Fraktion mit Waffen und Sprengstoff und wurde der Ideengeber für mindestens zwei tödliche Attentate auf US-amerikanische Einrichtungen.«

»Steht da irgendwo sein neuer Name?«

Anne ließ die Dokumente über ihren Bildschirm rollen. Frank wurde ganz kribbelig vor Anspannung. Wieder knarrte eine Eichenbohle. Plötzlich stoppte die Journalistin ihre Suche schlagartig.

»Hier muss es sein.« Sie fuhr ruhelos Zeile für Zeile mit dem Finger über den Bildschirm. »Das Pseudonym, mit dem Harald Reger in die Bundesrepublik eingeschleust wurde, lautet ...«

»Gunnar Roth«, ergänzte eine ihnen vertraute Stimme.

*

Anne und Frank blickten schreckensstarr auf die Gestalt, die neben Schorsch zum Vorschein kam und eine Handfeuerwaffe auf sie richtete.

»Pech für Sie, dass mir Frau Neudecker von Ihrem merkwürdigen Verhalten im Schlossgarten erzählt hat. Sie war auch so ahnungslos, mir die Abbildung dieses Buchimitats im Katalog zu zeigen. Natürlich habe auch ich es sofort wiedererkannt und dieselben Schlüsse daraus gezogen wie Sie. Wenn Sie jetzt so freundlich wären, die Hände zu heben.«

Gunnar Roth alias Harald Reger sprach noch immer in dem höflich eleganten Plauderton, den er vorhin beim Whisky in seinem Büro angeschlagen hatte, doch sein kalter Unterton machte ihnen unmissverständlich klar, dass er es tödlich ernst meinte. Ihre Hände stiegen auf Kopfhöhe.

»*Sie* haben Tom Schifferli also auf dem Gewissen?«, versuchte Frank ein Gespräch mit dem Mörder anzuknüpfen, um Zeit zu gewinnen.

»Und Sie haben zu viele James-Bond-Filme gesehen, Beaufort. Da verwickelt der Held den Schurken auch immer so lange in eine Konversation, bis er einen Ausweg findet. Doch ich würde mir an Ihrer Stelle keine Hoffnung machen. Zum einen durchschaue ich Ihren Schachzug, zum anderen habe ich eine Waffe, von der ich auch bedenkenlos Gebrauch machen werde. Und Sie beide geben dort ein so wundervoll beleuchtetes Ziel ab.« Seine Zähne blitzten im Dämmerschein weiß auf. Vermutlich lächelte er. »Aber ich will kein Spielverderber sein. Da Sie es durchaus wünschen, bitte, plaudern wir ein wenig. Ich habe so selten Gelegenheit, über diesen Teil meiner beruflichen Karriere zu sprechen. Dabei hat die das Zeug zur Breaking News. Was halten Sie etwa von der Headline: *Ex-DDR-Spion beriet die Kanzler Schröder und Merkel?*«

»Mich interessiert mehr die Schlagzeile: *Ex-DDR-Spion tötet Ausstellungsmacher.*«

Der Präsident wechselte Standbein und Spielbein, ohne den Revolver auch nur um einen Zentimeter von seinem Ziel fortzubewegen. »Ja, die hat ebenfalls etwas, wenn sie auch längst nicht an die erste herankommt. Wen kümmert schon das Leben dieses Schweizers? Er war wirklich ein typisches Exemplar seiner Nation: gründlich und langsam. Hat diese Archivarseele doch tatsächlich meine wahre Identität herausgebracht. Dafür muss man ihm schon Respekt zollen. Doch was tut dieser Tölpel mit dem Wissen? Er hält es zurück, um zunächst seine Ausstellung zu eröffnen. Mich wollte er erst ein paar Tage danach hochgehen lassen. Er befürchtete nämlich – nicht ganz zu Unrecht –, dass sich sonst alle mediale Aufmerksamkeit auf meine Person richten und sich kein Journalist mehr für diese Ausstellung hier interessieren würde. Unter uns gesagt, werden sich weder die Journaille noch das

Publikum für diesen Krempel hier groß erwärmen. Was nützt mir schließlich eine Ananas im Glas, wenn ich sie nicht essen kann?«

»Also mich interessiert es sehr. Und ich berichte auch darüber im BR«, stieß Anne beherzt hervor.

»Nun, ich fürchte, die Zeit dazu werden Sie leider nicht mehr haben. Es sei denn, Ihre Sendung ist schon fertig. Dann kann sie posthum ausgestrahlt werden. Einfach zu schade, dass wir unsere junge, vielversprechende Bekanntschaft nicht mehr werden vertiefen können.« Der Präsident spannte den Hahn seines Revolvers. Beaufort roch Annes Angstschweiß – oder war es sein eigener?

»Wie sind Sie auf Schifferlis Spur gekommen?«, warf er hastig ein, um den Fokus von Anne abzulenken.

»Er hat einfach nicht damit gerechnet, dass mir meine alten Geheimdienstkollegen von seinem Besuch im Berliner Archiv erzählen könnten. Ich war zugegebenermaßen selbst erstaunt, welche Strukturen da noch existieren. Bedauerlicherweise war er verstockt, dieser Schweizer, und wollte mir meine Akte partout nicht zurückgeben. Da habe ich ihn ein wenig aus dem Fenster gehalten, um ihm einen kühlen Kopf zu verschaffen. Leider bin ich etwas aus der Übung in diesen Dingen, und so rutschte er mir durch die Finger, ehe er mir sein kleines Geheimnis anvertrauen konnte. Was musste er auch so zappeln.«

Beaufort überlegte fieberhaft, was er tun konnte. Doch der Präsident stand zu weit weg, als dass er sich überraschend auf ihn hätte stürzen können. Trotzdem verlagerte er ein wenig das Gewicht, was die Holzstufe, auf der er saß, knarzen ließ. Roth erhob gestelzt seinen linken Zeigefinger und wedelte mahnend damit herum.

»Oh, oh! Schön still sitzen bleiben, sonst muss ich unseren kleinen Gedankenaustausch sofort beenden. Und das wäre doch schade.«

»Dann waren Sie es auch, der in die Büros von Schifferli und Neudecker eingedrungen ist, um dort nach der Akte zu suchen?«

»Wer sollte es sonst gewesen sein? Ein bisschen mehr Esprit dürfen Sie schon an den Tag legen, Sie sind doch sonst so ein heller Kopf. Ich war übrigens not amused über Ihr Auftauchen am Sonntag vor der Anatomie. Da warte ich die ganze Zeit darauf, dass Frau Neudecker endlich mal eine Pause macht, damit ich mich auf die Suche nach meiner Akte begeben kann, und als sie dann endlich verschwindet, funken Sie mir dazwischen. Wenn ich geahnt hätte, dass Sie sich zu einer solchen Nervensäge entwickeln würden, hätte ich Sie gleich am Sonntag eliminiert. Warum habe ich Sie nicht einfach im Leichenkeller im Formalinbecken ersäuft? Dann hätte die Wissenschaft einen Körper mehr und ich jetzt ein Problem weniger.«

»Aber wie sind Sie in die Büros und die Martius-Sammlung überhaupt hineingekommen?«, schaltete Anne sich wieder ein, damit Roth nicht auf die Idee kam, Frank jetzt sofort zu töten.

»Schon vergessen, Frau Kamlin, ich bin der Präsident. Ich kann mir praktisch für jeden Raum dieser Universität einen Schlüssel besorgen, wenn ich es will. Außerdem habe ich eine Geheimdienstausbildung. Da lernt man, verschlossene Türen zu öffnen. Oder was denken Sie, wie ich hier hereingekommen bin?«

»Doch woher wussten Sie überhaupt von unserem Treffen mit Roswitha Weyrauch?«

»Ich habe ihr Diensthandy angezapft. So war ich immer über ihre Schritte im Bilde.« Er nahm den Revolver von der rechten in die linke Hand, weil ihm der Arm langsam lahm wurde. Auch Annes und Franks Hände waren ein ganzes Stück hinabgesunken. »War es nicht spektakulär, mein Blasrohrattentat im Urwald? Einen geeigneteren Ort hätte sich diese verhuschte Fotografin wirklich nicht aussuchen können. Sie hatten vorhin übrigens recht in meinem Büro: Es war schon alles für ihr Ableben vorbereitet. Ich musste sie als Zeugin langsam loswerden und wollte den Mord dann Frau Neudecker in die Schuhe schieben. Durch Ihr impertinentes Eingreifen habe ich zwar etwas improvisieren müssen, aber es hat ja doch noch ganz gut funktioniert. Ewig schade, dass ich in der kurzen Zeit nur einen Giftpfeil präparieren konnte. Ich hätte Ihnen liebend gern auch einen verpasst. Aber die Fotografin ging nun mal vor.«

»Wie haben Sie überhaupt erfahren, dass Frau Weyrauch Sie im Seminargebäude gesehen hat? Wenn Sie es gleich in der Mordnacht bemerkt hätten, wäre die Fotografin doch schon länger tot.«

»Endlich mal eine Frage, die Ihrem intellektuellen Niveau gerecht wird, Beaufort. Ich habe sie tatsächlich nicht bemerkt, aber ob Sie es glauben oder nicht: Sie kam zu mir. Und zwar am Samstag – es ist allgemein bekannt, dass ich dann immer in meinem Büro bin, um dort ungestört meine Bestseller zu schreiben. Diese verschüchterte Frau, die immer so guckt wie ein geprügelter Hund, hat doch tatsächlich die Stirn gehabt, mich an diesem heiligen Tag, an dem das nicht mal meine Familie wagen darf, zu stören und mich anzuflehen, ihre Stelle nicht zu streichen. Sie habe eine kranke Mutter zu versorgen und dergleichen Trivialitäten mehr. Aber ich lasse nicht mit mir handeln. Wir müssen an unserer Universität Kosten senken und umstrukturieren. Als ihr Betteln nichts fruchtete, versuchte sie eine klägliche Drohung, von der ich kein Wort verstand. Ich habe sie hochkant hinausgeworfen. Erst als ich mir über ihren seltsamen Auftritt Gedanken machte, die Lage ihres Labors berücksichtigte und ihre Arbeitsstundenabrechnung konsultierte, wurde mir klar, dass sie in jener Nacht noch dort gewesen war.«

Abermals wechselte der Präsident die Revolverhand. Jetzt hielt er die Waffe wieder in der Rechten und schob die Linke zur Entspannung in die Hosentasche. Die Goldknöpfe seines Blazers glitzerten im schwachen Licht des Bildschirms. Wenn Anne und Frank nicht bald etwas einfiel, um ihn außer Gefecht zu setzen, sah es wirklich ganz finster aus. Es war zwar ein Glück, dass Roth-Reger so eitel und mitteilungsbedürftig war, aber ewig würde er nicht mehr weiterreden, zumal das Wichtigste bereits erzählt war. Falls Beaufort es auf ein Handgemenge ankommen lassen wollte, musste er es tun, wenn der Präsident abermals die Schusshand gewechselt hatte. Er war Rechtshänder – das wusste er, seitdem er ihn am Montag mit dem Füllfederhalter hatte schreiben sehen – und mit links hoffentlich ein schlechterer Schütze. Nur, wie sollte er Anne von dieser Minimalchance in Kenntnis setzen?

»Wie ist Ihnen Tom Schifferli eigentlich auf die Schliche gekommen? Immerhin sind Sie in fünfundzwanzig Jahren nicht enttarnt worden.« Wieder war Anne wegen Franks Schweigen in die Bresche gesprungen, um den Dialog nicht verebben zu lassen.

»Leider ist Herr Schifferli etwas zu früh von uns gegangen – oder sollte ich besser sagen: gefallen –, als dass er es noch groß hätte erklären können. Mein Manko ist meine erfundene West-Vita. Ich nehme an, dass Schifferli bei der gefälschten Geburtsurkunde oder den Schulzeugnissen etwas aufgefallen sein muss, als er die Akten im Universitätsarchiv einsah. Er hat nämlich als Historiker früher schon über den DDR-Geheimdienst und die Staatssicherheit gearbeitet. An meinen Promotions- und Habilitationsurkunden kann es jedenfalls nicht gelegen haben. Im Gegensatz zu gewissen Politikern habe ich mir meine akademischen Grade alle mit Fleiß, Wissen, Genie und vor allem ehrlich erworben. Und zwar mit summa cum laude. Als die DDR 1990 endgültig zusammenbrach, habe ich mein Westleben einfach weitergeführt – und das, wie Sie ja wissen, sehr erfolgreich. Von den kriminellen Abwegen der Herren Corrodi und Gäbelein hatte ich übrigens

keine Ahnung.« Und leicht bewundernd fügte Roth hinzu:
»Einen solchen Betrug hätte ich diesem Erbsenzähler Gäbelein gar nicht zugetraut. Da sehen Sie es mal wieder: Man
kann doch heutzutage keinem Menschen mehr trauen – nicht
mal einem Professor.«

Der Präsident lachte herzhaft über seinen Scherz. Frank
und Anne, die ihre Hände längst hatten sinken lassen, sahen
sich mit einem gequälten Blick an. Der Mann war nicht nur
absolut kaltblütig, er genoss diese Situation anscheinend auch
noch. Beiden war absolut klar, dass der falsche Roth zu den
bereits verübten Morden zwei weitere hinzufügen musste,
wenn er seinen Hals retten wollte. Beaufort versuchte, durch
Augenrollen nach links Anne die Sache mit dem Revolver-
wechsel klarzumachen, doch sie schaute ihn nur verständnis-
los und voller Angst an.

»Und brav die Äuglein zu mir, meine Turteltauben. Haben
Sie eigentlich Kinder? Nein? Dabei sind Sie so ein schönes
Paar. Das ist doch wieder mal typisch: Das Prekariat wirft
einen degenerierten Bankert nach dem anderen, und die Akademiker verschieben ihre Fortpflanzung, bis die Wechseljahre
kommen. Für Sie beide ist es dafür aber leider zu spät, fürchte
ich. Es wird Zeit, dass wir unseren Plausch beenden, denn ich
muss kurz in mich gehen, um eine plausible Erklärung für Ihr
plötzliches Ableben zu finden.«

Der Präsident legte affektiert eine Hand an die Stirn, die
Denkerpose mimend.

»Lassen Sie Anne gehen! Solange Sie mich als Geisel
haben, wird sie nichts gegen Sie unternehmen, und Sie können beruhigt fliehen.«

»Ach Gottchen, wie ritterlich. Jetzt kommt die Mitleidstour –
die klägliche Waffe des Gegners, um die eigene Standhaftigkeit
zu untergraben. Nein, mein Lieber, Sie beide haben unbedingt
Räuber und Gendarm spielen müssen, deshalb werden Sie jetzt
auch die Konsequenzen tragen. Außerdem haben Sie nichts

begriffen, Beaufort. Ich habe nicht vor zu fliehen. Wo sollte ich denn auch hin? Ich habe eine reizende Frau, zwei wohlgeratene Kinder, eine tolle Karriere – ich mag mein wunderbares Leben. Und ich entferne gnadenlos diejenigen daraus, die es mir zerstören wollen.«

Fieberhaft blickten sich Anne und Frank nach einem Fluchtweg um, doch nach ein paar Metern war da nichts als Dunkelheit. Womöglich war gerade das ihr Schutz? Sie mussten für völlige Finsternis sorgen, um sich in ihr verbergen zu können. Wenn der Präsident sie nicht sah, konnte er sie auch schlechter treffen.

»Elegant wäre es ja, Sie bei einem Autounfall ums Leben kommen zu lassen, aber ich befürchte, Sie könnten mir noch entwischen auf dem Weg. Dann doch lieber gleich hier kurzen Prozess machen. Nur, wohin mit Ihren Leichen? Ich könnte Sie im Dechsendorfer Weiher versenken. In dieser Algenbrühe wird man Sie lange nicht finden. Ich könnte aber auch versuchen, Ihren Tod Frau Neudecker in die Schuhe zu schieben. Gäbelein fällt ja leider flach, weil der schon hinter Gittern sitzt. Aber nein, keine Experimente. Ich lasse Sie doch besser auf Nimmerwiedersehen verschwinden. Nur sollte ich Sie nicht hier mitten im Foyer liquidieren – das macht so auffällige Blutflecken. Wir suchen uns am besten ein abgeschiedenes Kellereck. Na, dann mal los. Wenn Sie die Güte hätten, sich zu erheben. Und das Notebook, liebe Frau Kamlin, nehmen Sie bitte mit.«

Roth wechselte den Revolver wieder in die linke Hand, und Beaufort versuchte Anne ein Zeichen zu geben, indem er seinen Oberschenkel fest gegen ihren presste. Der Präsident trat auffordernd einen Schritt näher. Anne nahm den Rechner von ihren Knien. In dem Moment, als sich beide von der Treppe erhoben, schleuderte sie das Notebook dem Mörder entgegen. Sie traf ihn an der Brust, ein Schuss löste sich, gleichzeitig riss Frank Anne mit sich fort. Der Computer fiel krachend zu Boden, und es wurde schlagartig dunkel. Die beiden rannten, hinter den Säulen Deckung suchend, Richtung rotes Regal, während mehrere Schüsse in ihre Richtung abgegeben wurden. Sie hörten sie kaum – die Waffe musste einen Schalldämpfer haben –, doch sahen sie die Mündungsfeuer aufleuchten. Glas splitterte, etwas Großes, Schweres stürzte polternd um. Auch der Präsident bewegte sich in der dunklen Halle vorwärts. Anne und Frank duckten sich hinter die Regalwand, eng beieinander, reglos, den Atem anhaltend, lauschend.

Die Stille hatte etwas Unheilvolles. Wo steckte Roth jetzt? Wenigstens wussten die beiden ganz genau, wo sie sich befanden. Sie waren etwa gleich weit von der Treppe zur Rechten und dem Hauptausgang zur Linken entfernt. Da der aber verschlossen war, saßen sie ziemlich in der Falle. Denn um hier herauszukommen, mussten sie sich einmal quer durchs Foyer arbeiten. Dort schlossen sich weitere Räume und der Flur zum Hinterausgang und zu den Büros an. Vielleicht konnten sie da durch eines der Fenster fliehen. Weiter hinten knackte eine Dielenbohle. Stand dort der Schütze auf dem Posten und schnitt ihnen den Weg ab?

Frank drückte seinen Mund ganz fest auf Annes Ohr und hauchte: »Ruf auf gar keinen Fall die Polizei an. Wenn Roth uns hört oder das Display vom Telefon aufleuchtet, sind wir tot.«

Anne nickte, presste ihren Mund an sein Ohr und hielt die Hände schützend davor. »Der einzige Weg hier raus ist zurück zur Treppe und dann hoch in den ersten Stock. Von dort können wir uns zum anderen Treppenhaus durchschlagen und den Notausgang nehmen.«

»Er wird uns hören. Aber er kann nicht mehr viel Munition in seiner Waffe haben. Wir müssen ihn dazu bringen, die abzufeuern«, flüsterte er, »am besten, wir werfen etwas in eine andere Richtung. Nur was? Hier ist nichts.«

Wieder knackte der Boden, jetzt noch weiter rechts.

»Nimm doch dein Handy. Und versuch, eines der Fenster zu treffen. Vielleicht löst du den Alarm aus.«

»Gute Idee.« Beaufort streichelte über Annes Kopf und berührte mit seinen Lippen zärtlich ihre Schläfe. Sie drückte ihm stumm die Hand. Dann erhoben sich die beiden lautlos. Er zog vorsichtig sein Mobiltelefon aus dem Sakko, holte weit aus und schleuderte es in die Dunkelheit. Mit einem lauten Knall traf es auf den Fensterrahmen und krachte auf den Boden. Gleichzeitig fielen Schüsse, und die beiden hasteten in entgegengesetzter Richtung zur Treppe zurück. Jetzt ging es nicht mehr darum, leise, sondern schnell zu sein. Sie hatten gerade den halben Weg durch knirschende Scherben zurückgelegt, als plötzlich das Deckenlicht anging. Roth stand am anderen Ende der Halle an der Wand beim Lichtschalter, nutzte den Überraschungsmoment und spurtete mit einer Affengeschwindigkeit los. Als Frank mit Anne im Schlepptau, die wegen der hochhackigen Schuhe nicht so flott war, den Fuß der Treppe erreicht hatte, war der Präsident schon mehr als halb durch den Raum. Die beiden hetzten die Stufen hinauf, doch Roth folgte dicht dahinter. Kurz nach der 180-Grad-Kehre der alten Holztreppe erwischte er die Journalistin am Rockzipfel und riss sie zurück. Beaufort war schon fast oben angelangt, als er ihren Schrei hinter sich hörte. Er sah, wie Anne sich wehrte, aber von Roth erbarmungslos über die Brüstung gedrückt wurde. Beaufort riss ein Ölbild mit dem Porträt des Markgrafen Friedrich von der Wand, doch ehe er den Mörder erreicht hatte, hämmerte der mit seinem offenbar leergeschossenen Revolver brutal auf Annes Kopf und warf sie mit einem Ruck über das Geländer. Noch bevor Annes Körper drei Meter tiefer aufschlug, ging der schwere Holzrahmen auf Roths Rücken nieder und zerbrach. Durch die Wucht des Schlages verloren beide Männer das Gleichgewicht, stürzten einige Stufen hinunter und landeten auf dem Treppenplateau in der Mitte. Dort rappelten sie

sich schnell wieder hoch. Beaufort wollte sich eben erneut auf
Roth stürzen, als er seinen Blick auffing, der schräg hinter ihm
etwas an der Wand fixierte. Über dem Wappen des Markgrafen
hingen zwei aufwendig gravierte Schmuckdegen aus dessen
Rüstkammer. Im selben Moment griffen die beiden Männer
nach den Waffen und zogen gleichzeitig die Klingen heraus.

Der kleinere, kompaktere Präsident ging sofort zum
Angriff über, den Beaufort gerade noch parieren konnte. Dabei
vertauschten sich ihre Positionen. Roth stand jetzt dort, wo es
hinaufging, Beaufort dort, wo es hinabging. Wieder kreuzten
sie ein paarmal ihre Klingenspitzen, aber auf der schmalen
Treppe war Beaufort eindeutig im Nachteil. Um seine Größe
und längere Reichweite besser ausspielen zu können, brauchte
er mehr Platz und Bewegungsfreiheit. Deshalb suchte er
sein Heil vorerst in der Flucht und rannte die Treppenstufen
hinunter, verfolgt von seinem Gegner. Zwischen der gefalle-
nen Augustusbüste und der zerbrochenen Daktyliothek – nur
die Panathenäische Preisamphora stand noch unversehrt auf
ihrem Sockel – lag inmitten von Holztrümmern, Glasscher-
ben und zerstreuten Gemmen Annes lebloser, merkwürdig
verdrehter Körper, das Gesicht blutüberströmt. Eine Woge heißen Hasses überschwemmte Beaufort. Er würde das Schwein
töten, und wenn es das Letzte war, was er in seinem Leben tat.
Abrupt drehte er sich um und startete einen Überraschungs-
angriff, den Roth nur durch eine reflexhafte Battuta, einen
kurzen kräftigen Schlag gegen seine Klinge, ablenken konnte,
sodass Beauforts Degenspitze seinen Hals nur um Zentimeter
verfehlte. Aber beinahe sofort setzte der Präsident zum Gegenangriff an, dem Beaufort nur durch ein Ausweichen nach seitwärts entging, wo er hinter der Gipsfigur des »Betenden Knaben« Deckung fand. Über und neben der nicht allzu hohen
Statue, die ihre Arme flehentlich gen Himmel reckte, ließen
sie jetzt ihre Klingen aufeinanderstoßen. Bei einem Angriff
auf Roths ungedeckte Seite traf Beaufort aber nicht dessen

Blöße, sondern den Arm des Jünglings, sodass eine Gipswolke aufstäubte, Bröckchen absprangen und er eine tiefe Kerbe bekam.

Hier, wo überall Exponate standen, war es noch immer zu eng für Beauforts Fechtstil. Er musste sich größeren Freiraum verschaffen und in die Mitte der Eingangshalle gelangen. Dabei wollte er nur zu Anne. Nichts sehnlicher als das. Sehen, ob sie noch lebte, ob sie, schwer verletzt, seine Hilfe brauchte. Doch dazu musste er zuerst den Präsidenten ausschalten. Wenn er gegen Roth, der ein guter Fechter war, bestehen wollte, galt es, seinen Rachedurst zu zügeln und strategisch vorzugehen. Langsam trat er den Weg in die Foyermitte an, wich Schritt für Schritt zurück, während er die Degenstöße seines Gegners parierte und ihn auf Distanz hielt. Bei diesem Rückzug stieß er aus Versehen gegen eine weitere Stele, die polternd hinter ihm umfiel. Beinahe wäre er dabei gestürzt, doch schnell brachte er sich wieder in die Balance. Bei dem zerbrochenen Exponat handelte es sich um den Commodore 64, stellte Beaufort aus den Augenwinkeln fest. Der ließ sich bestimmt leichter wiederbeschaffen als die zerstörte Daktyliothek oder die beiden Degen, die nie für ein Gefecht gedacht waren.

Gerade noch rechtzeitig sprang Beaufort einen Satz nach hinten und lenkte Roths Klinge mit seinem Degen seitwärts ab. Das war haarscharf gewesen. Beinahe hätte er die Attacke zu spät bemerkt. Er durfte sich nicht von seinem eigenen Gedanken- und Gefühlsbombardement ablenken lassen, sondern musste sich ganz auf den Feind fokussieren. Hier hatte er endlich den Raum für seine Defensivtaktik. Den Gegner kommen lassen, ihn auf Abstand halten, seine Angriffe parieren, ihn zu vorschnellen Reaktionen verleiten und im unerwarteten Moment zum Gegenangriff vorstoßen. Eine Zeit lang wogte der Kampf so hin und her. Nur das metallische Klirren der aneinanderschlagenden Klingen war zu hören, die schnellen Bewegungen der Füße auf den Holzbohlen und das stoßweise

Atmen und Keuchen der Kombattanten. Mit seiner Linken wischte sich Beaufort über die Stirn, weil ihn Schweißtropfen in der Sicht behinderten. Roth und er waren technisch gesehen etwa gleichrangige Fechter, doch verfügte der Präsident offenbar über die größere Fitness. Frank spürte, wie es mit seiner Kondition bergab ging, die Bewegungen schwerfälliger wurden. Seine Taktik war gut, doch hatte er nicht mehr genügend Ausdauer, er musste seinen finalen Angriff bald starten, sonst sanken seine Chancen rapide.

Roth schien die Schwäche seines Gegners erkannt zu haben, denn er höhnte: »Was denn, Beaufort, Sie werden doch nicht jetzt schon schlapp machen, wo wir uns gerade so schön warm gefochten haben.« Wie zum Beweis seiner körperlichen Leistungsfähigkeit drang er mit schnellen Schritten vor. Beaufort hatte Mühe, ihn mit seinen Klingenschlägen auf Abstand zu halten. »Gut, dass Ihre Freundin dieses erbärmliche Schauspiel nicht mehr mit ansehen muss. Ich frage mich, woran sie letztendlich verschieden ist: an einer Schädelfraktur durch meinen Schlag mit dem Revolver oder an einem Genickbruch beim Aufprall.«

»Du Schwein!«, brüllte Beaufort in unbändiger Wut und hieb auf seinen Gegner ein, sodass der immer weiter zurückweichen musste. Er trieb ihn direkt auf den Gorilla zu. Schon war Roth der Rückweg versperrt, und Beaufort warf seinen Oberkörper nach vorn, um ihn mit einem letzten Ausfallschritt aufzuspießen. Doch in diesem Moment rutschte er auf einem der Trümmerstücke des Commodore-Rechners aus, verlor das Gleichgewicht, verfehlte den sich wegdrehenden Präsidenten knapp und stürzte der Länge nach hin, während sein Degen zitternd in der Brust von Schorsch stecken blieb. Er war geschlagen. Und er wusste es. Noch ehe er sich auf die Seite drehen konnte, um Schwung zum Wiederaufstehen zu holen, war der Mörder mit dem Degen über ihm. Er sah dessen handgefertigte Londoner Schuhe, die ein paar Kratzer abbekommen hatten, ganz nah vor sich. Darüber erhob sich aus seiner Froschperspektive geradezu riesenhaft sein Gegner. Leider stand der zu weit entfernt, um ihm die Beine wegzuziehen.

»Aber Beaufort, das macht doch keinen Sinn«, sagte Roth spöttisch, wenn auch schwer atmend, »einen ausgestopften Affen kann man nicht noch einmal töten.«

»Der ist nicht ausgestopft, der ist modelliert«, versetzte Beaufort trotzig.

»Was sind Sie nur für ein Besserwisser. Dabei hätten Sie doch besser wissen müssen, dass Sie diesen Kampf verlieren würden.«

»*Wer kämpft, kann verlieren. Wer nicht kämpft, hat schon verloren.*«

»Schon wieder ein Zitat?«

»Brecht, das sollten Sie aber kennen. War der nicht Pflichtlektüre in der DDR?«

Roth-Reger lachte laut und dröhnend. Ein groteskes Theaterlachen, das Frank Gänsehaut machte.

»Immer das letzte Wort, wie?«, höhnte der Präsident. »Dann bleibt mir nur die letzte Tat.« Er kam einen Schritt näher, den Degen drohend auf Beauforts Herz gerichtet. »Leider werde ich ein Loch in Ihr Maßhemd stechen müssen. Es ist eine Sünde.« Er zog den Waffenarm weit zurück, um im nächsten Moment zuzustoßen.

»Achtung, hinter Ihnen!«, schrie Beaufort voller Todesangst.

»Der älteste Trick der Welt. Sie glauben doch nicht etwa, dass ich darauf hereinfalle? Wie erbärmlich, Beaufort, jetzt enttäuschen Sie mich wirk...«

Der Präsident vollendete seinen Satz nicht mehr, da in diesem Moment eine altgriechische Vase auf seinem Kopf zerschellte und ihn bewusstlos niederstreckte. Ein heftiger Regen antiker Tonscherben prasselte auf Frank herab. Als er völlig verblüfft aufblickte, stand dort Anne, noch immer die Henkel der Amphore in der Hand. Mit ihrem wirren Haar und dem Blut, das an der linken Gesichtshälfte heruntertropfte, sah sie so furchterregend aus wie eine griechische Rachegöttin.

Beaufort rappelte sich hoch. »Scheiße, ich dachte wirklich, du bist tot.« Seine Stimme kam ihm fremd vor. Die letzten Worte schluchzte er beinahe.

»Und du wärst es fast gewesen«, sagte sie zitternd. Sie humpelte auf Beaufort zu und warf sich ihm heulend in die Arme. Beide sanken in die Knie und hielten sich ganz fest und weinten und lachten und küssten sich und schmeckten Blut und Tränen.

Frank nahm Anne bei den Schultern, um sie zu betrachten, und sagte zärtlich: »Du siehst schrecklich aus.«

»Ist wahrscheinlich nur eine Platzwunde und eine Gehirnerschütterung.« Anne verzog schmerzhaft ihr Gesicht. »Aber ich glaube, mein Sprunggelenk ist gebrochen.«

»Wo ist dein Handy? Dann rufe ich einen Krankenwagen und die Polizei. Meines ist hinüber.«

Sie deutete zur Treppe, wo ihre Tasche auf einer der unteren Stufen lag.

Beaufort erhob sich und sah auf den schachmatten Roth inmitten der roten Scherben hinab. »Ausgerechnet Professor Degens Preisamphora ist zu Bruch gegangen. Hoffentlich bist du gut versichert.«

»So teuer kann das nicht werden. Die war schließlich schon gekittet.«

11. Victoire – Samstag, 30. Juli

»Bitte vorsichtig mit dem Heimtrainer. Nicht, dass Sie damit anstoßen. Der hat eine empfindliche Elektronik.«

Die beiden Männer im Blaumann, die das schwere Trimmrad in eines der Zimmer wuchteten, verdrehten genervt die Augen.

»Ist das die Kiste mit der Eismaschine, die Sie da tragen? Die kommt in die Küche zu Frau Seidl.«

Die Stimme des Herrn war über Ihnen. Sie war weiblich und streng. Und diese Macht sah alles.

»Nein, das ist der Karton mit den Noten. Der gehört nicht in mein Arbeitszimmer, sondern hierher zum Klavier.«

Beaufort beruhigte den Möbelpacker mit einer besänftigenden Handbewegung, von der er hoffte, dass sie von oben nicht zu sehen war, nahm dem Mann den Karton ab und trug ihn die großzügige Wendeltreppe hinauf in die Bibliothek. Dort saß Anne im Ohrensessel, den Gipsfuß auf einen gepolsterten Hocker gebettet, und strahlte ihn an, um im nächsten Augenblick wieder stirnrunzelnd nach unten zu blicken und weitere Anweisungen zu rufen. Frank hatte seiner Freundin diesen strategisch günstigsten Platz herrichten müssen, von dem aus sie den Eingang und Teile der Lobby des unteren Stockwerks gut im Blick hatte. Er lächelte ihr zu, schob den Karton fürs Erste unter den Steinway, wischte sich die staubigen Hände an seiner Jeans ab, trat zu ihr und berührte begütigend ihre Wange. Anne schmiegte sich in die zärtliche Gebärde und blickte unschuldig zu ihm auf.

»Ich finde, du übertreibst ein wenig«, sagte er mit einem Stimm-Cocktail aus zwei Drittel Beruhigung, einem Drittel Belustigung und einigen Spritzern Groll. »Entspann dich. Wir haben alles im Griff und stellen deine Sachen genau dort auf, wo wir es vorher ausgemacht haben.«

»Ich bin noch gar nicht eingezogen, und schon bereust du es«, antwortete sie empfindlich. »Darf ich dich daran erinnern, dass du unbedingt wolltest, dass wir zusammenziehen – je schneller, desto besser.«

»Und ich freu mich darüber. Von ganzem Herzen. Wirklich.«

»Es ist aber auch zu ärgerlich, wenn man beim eigenen Umzug nicht mit anpacken kann.«

»Du musst halt geduldig sein, bis du deinen Fuß wieder belasten darfst. Die Wunde am Kopf ist doch auch schon gut verheilt. Und die Narbe sieht kein Mensch unter deinen Haaren.« Er gab ihr einen Kuss und drehte sich um, weil er zurück zu den Möbelpackern wollte.

»Schüttelst du mir noch das Kissen im Rücken auf?«

Beaufort tat es geduldig, nannte sie seine Prinzessin auf der Erbse, herzte sie noch einmal und war schon halb die Treppe hinuntergegangen, als Annes Stimme ihn erneut zurückhielt.

»Kannst du mir noch was zu trinken bringen? Ich habe vielleicht einen Durst«, säuselte sie.

Beaufort ging also abermals die Stufen hoch und holte ihr ein Glas Mineralwasser vom Esstisch.

»Nein, bitte etwas Kaltes. Mir ist so heiß.«

»Ehrlich gesagt, gefällt es mir viel besser, wenn du mich pflegst«, gestand er.

»Das kann ich mir vorstellen. Aber da kann man nichts machen. Es ist allgemein bekannt, dass Ärzte und Krankenschwestern die unleidlichsten Patienten sind. Da musst du jetzt halt durch.«

Beaufort lächelte zuckersüß, als habe er es mit einer verwirrten Kranken aus der Psychiatrie zu tun, die mit Worten und Argumenten nicht mehr erreicht werden kann, sondern nur noch mit überzogener Mimik.

»Du brauchst nicht so ironisch zu gucken. Immerhin habe ich dir das Leben gerettet, da kann ich doch ein wenig

Dankbarkeit erwarten. Ohne mich wärst du jetzt aufgespießt wie ein Schmetterling in der Zoologischen Sammlung.«

Sie hatten beide dem Tod ins Auge geblickt, und der Schrecken darüber saß sehr tief. Das hatten sie sich in den ersten intensiven Tagen danach, in denen sie sich kaum für einen Gang zur Toilette oder zum Briefkasten voneinander trennen konnten, auch eingestanden. Nur hatten sie unterschiedliche Strategien entwickelt, um die Geschehnisse zu verarbeiten. Während Anne über die ganze Angelegenheit Witze riss und ihre Bestürzung wegzulachen versuchte, gab Frank seinem Beschützerinstinkt nach. Am liebsten hätte er Anne wie ein wertvolles Objekt komplett in Watte gepackt. Doch beide suchten sie über das gewöhnliche Maß hinaus die Nähe zueinander und mussten sich des Geliebten andauernd mit zärtlichen Berührungen versichern. Vielleicht hatte das auch zu Annes plötzlichem Umschwung in der Zusammenziehfrage geführt.

»Apropos Sammlung«, fügte sie hinzu. »Da ich hier nun auch Platz für mich brauche, wirst du wohl dein exzessives Büchersammeln etwas einschränken müssen. Im Übrigen glaube ich, dass das auch keine sehr viel intelligentere Angelegenheit ist als das Sammeln von Meißener Porzellan oder Überraschungsei-Figürchen.«

»Keine Chance. Ich werde weiterhin wertvolle Bücher zusammentragen und Platz dafür brauchen. Walter Benjamin, dessen Werke du hier in den seltenen Erstausgaben findest und die ich, nebenbei bemerkt, auch alle gelesen habe, womit bewiesen wäre, dass das Sammeln von Büchern eben doch schlauer macht als das Sammeln von Überraschungseiern, also Benjamin hat geschrieben, dass ein echter Sammler im Grunde niemals eine vollständige Sammlung erreichen wird, denn selbst wenn nur ein einziges Stück fehlt, ist alles Versammelte eben Stückwerk.«

»Du Bildungsbestie«, sagte Anne, und es klang nicht nach Bewunderung. »Pass nur auf, dass es dir nicht so ergeht wie deinem Benjamin und du über den Büchern die wirklich wichtigen Dinge im Leben vergisst.«

»Wie meinst du das?«

»Walter Benjamin hatte einmal Gäste zu sich nach Hause eingeladen, als ein heftiges Gewitter niederging. Dabei fiel in der Wohnung für mehrere Minuten der Strom aus, und es wurde dunkel. Als das Licht flackernd wieder anging, bemerkte jeder im Raum, dass seine Frau Dora gerade vom Schoß seines besten Freundes huschte. Nur Benjamin nicht. Denn der hatte die ganze Zeit über versucht, seine Bibliothek im Auge zu behalten.« Anne sah Frank triumphierend an. »Da kannst du jetzt mal still drüber nachdenken.«

Er verschränkte überlegen seine Arme vor der Brust. »Das habe ich längst, denn natürlich kenne auch ich diese Benjamin-Anekdote.«

»Und?«

»In so einer Situation würde ich zuerst dich auf meinen Schoß ziehen und dann die Bücher im Auge behalten.«

»Sammler«, sagte Anne zärtlich, »so richtig werde ich euch wohl niemals verstehen, trotz meiner Erlanger Recherchen.« Doch dann legte sie unerwartet wieder die Stirn in Furchen und rief einem Möbelpacker zu: »Nein, diese Kiste kommt hoch ins Ankleidezimmer und nicht ins Schlafzimmer!«

Beaufort verzog leicht enerviert das Gesicht. »Weißt du, mein Schatz, eigentlich sollte es ja eine Überraschung für später werden. Aber ich denke, du machst schon jetzt einen kleinen Ausflug aufs Land. Du fährst in einem klimatisierten Auto zu einem schattigen Biergarten, lässt es dir dort gut gehen und uns in Ruhe hier arbeiten. Was hältst du davon?«, fragte er diplomatisch.

Anne fächelte sich mit einer Illustrierten Luft zu. »Klingt verlockend, aber wer soll mich fahren? Schließlich hast du keinen Führerschein. Und mein Golf ist zu klein. Da kann ich das Bein nicht richtig ausstrecken.«

Frank verbeugte sich dienstbeflissen. »Es wird für alles gesorgt werden. Ich muss nur kurz telefonieren.«

Nachdem Frau Seidl der neuen Bewohnerin, die sie als Bayern-1-Stammhörerin verehrte und als »genau die Richtige« für ihren Chef ansah, um endlich eine Familie zu gründen, beim Zusammensuchen ihrer Sachen für den kleinen Ausflug geholfen hatte und nachdem Beaufort und seine Haushälterin die humpelnde Anne auf ihren Krücken gemeinsam erst die Wendeltreppe hinab und dann den Fahrstuhl hinunter bis vor die Haustür begleitet hatten, erschien ein junger, dunkelhäutiger Mann hinter dem großen Möbelwagen und lächelte höflich.

»Darf ich vorstellen: Das ist Carl Löblein, unser neuer Chauffeur.«

Der Taxifahrer und Anne reichten sich die Hände, was gar nicht so einfach war, wenn man einen Fuß in der Luft halten musste und auf zwei Gehhilfen gestützt war.

»Du wirst Carl mögen. Er hat zahlreiche Talente, und er hat mir schon sehr geholfen.«

»Frank hat mir wirklich schon viel von Ihnen erzählt«, bestätigte sie. »Wo steht denn Ihr Taxi?«

»Wenn Sie mir bitte folgen wollen, Frau Kamlin.«

Carl auf der einen und Beaufort auf der anderen Seite, jederzeit bereit, eine helfende Hand zu reichen, falls nötig, begleiteten Anne um den Möbelwagen herum, wo ein blitzblankpolierter dunkelgrüner Rolls Royce bereitstand, dessen Fondtür Löblein manierlich öffnete.

»Wow, das ist allerdings eine Überraschung.« In ihrer Stimme schwang so etwas wie Hochachtung mit. »Aber kann es sein, dass mir das Auto bekannt vorkommt?«

»Nun, Professor Corrodi hat für den Wagen in der nächsten Zeit keine Verwendung, dafür aber hohe Anwaltskosten. Es war ein Handel im gegenseitigen Interesse.«

Als Anne glücklich in der Edelkarosse platziert, ihr gebrochener Fuß weich gebettet, sie mit einem eisgekühlten

Ananassaft aus der Bordbar und der passenden Musik von Stan Getz und Joao Gilberto versorgt war, gab sie Frank einen Kuss. »Du bist ein Schatz«, flüsterte sie.

»Wenn du in ein paar Stunden zurück bist, wird alles perfekt an seinem Platz sein.«

Wie aufs Stichwort drehte Anne sich um und sah hinaus zu dem Lkw, aus dem gerade eine genagelte Holzkiste getragen wurde.

»Oh, bitte, seien Sie damit ganz vorsichtig«, rief Anne dem Möbelpacker zu, »Das ist zerbrechlich. Da ist meine Glassammlung drin.«

»Du hast eine Sammlung?« Beaufort war fassungslos.

»Die stand im Keller. Das ist Glas von Kosta Boda, der ältesten schwedischen Glashütte. Jetzt guck nicht so! Als Halbschwedin hat man das eben. Außerdem sind das Kindheitserinnerungen«, rechtfertigte sie sich.

»Ich habe doch schon immer gewusst, dass wir beide ganz wunderbar zueinander passen.«

Kleines Fechtglossar

En garde = das Kommando »Fechtstellung« zu Beginn oder bei der Fortsetzung eines Gefechts

Allez = das Kommando »Los« zu Beginn oder nach der Unterbrechung eines Gefechts

Attaque = Angriff; offensive Aktion, bei der der Gegner durch eine Vorwärtsbewegung und gleichzeitige Streckung des Waffenarmes bedroht wird

Parade = Abwehrreaktion, die einen Treffer des angreifenden Fechters verhindert

Riposte = Gegenstoß, nachdem der gegnerische Angriff durch eine Parade erfolgreich abgewehrt wurde

Mal parée = ein Angriff, der ungenügend abgewehrt wurde

Arret-Stoß = Aufhaltstoß in einen zu kurz vorgetragenen Angriff hinein

Double = Doppeltreffer

Touché = Treffer

Reprise = Wiederaufnahme eines Angriffs

Victoire = Sieg, gewonnenes Gefecht

Nachwort

Mit Ausnahme des Blasrohrs gibt es sämtliche in diesem Roman beschriebenen Objekte und Sammlungen wirklich. Es sind ganz wunderbare Orte wissenschaftlichen und universitären Bewahrens und Forschens – lehrreich, informativ, anregend und voller Atmosphäre. Die Bekanntschaft mit den vielfältigen Sammlungen der Friedrich-Alexander-Universität Erlangen-Nürnberg verdanke ich einem guten Bekannten, der mir inzwischen zum Freund geworden ist. Ende des Jahres 2006 machte mich Udo Andraschke darauf aufmerksam, dass er zusammen mit seiner Kollegin Marion Maria Ruisinger in Erlangen eine Ausstellung vorbereite, in der die teilweise kaum bekannten wissenschaftlichen Sammlungen präsentiert werden sollten. Unter dem Titel »Ausgepackt. Die Sammlungen der Universität Erlangen-Nürnberg« war diese beeindruckende Schau vom 20. Mai bis zum 29. Juli 2007 im Stadtmuseum Erlangen zu sehen. Das Plakat zur Ausstellung zeigte tatsächlich den berühmten Gorilla Schorsch, der sich aus einem Karton befreite. Wer diese Ausstellung nicht gesehen hat, kann sich im Internet unter www.ausgepackt.uni-erlangen.de ein Bild davon machen. Auch sind zwei lesenswerte Kataloge dazu erschienen. Der Kurator Udo Andraschke zeigte mir damals einige der faszinierenden Sammlungen und überzeugte mich so davon, im Vorfeld der Ausstellung einen längeren Bericht darüber für den *Bayerischen Rundfunk* zu machen. Unter dem Titel »Weggeschmissen wird nichts. Von der Sammelleidenschaft einer Universität« verfasste ich ein einstündiges Hörfunkfeature, das am 13. Mai 2007 auf Bayern 2 ausgestrahlt wurde.

Doch einzelne auratische Objekte und ihre Geschichten tauchten seitdem immer wieder in meinem Gedächtnis auf. Die Bilder gärten in mir. Auch die Motive fürs Sammeln interessierten mich weiterhin. Und irgendwann wusste ich, dass ich mich diesen Sammlungen und ihrer einmaligen Atmosphäre noch einmal erzählerisch widmen musste.

Mein größter Dank gilt dem Ideengeber, Türenöffner und konstruktiv kritischen Begleiter Udo Andraschke, der nach erfolgreicher Ausstellungstätigkeit in Berlin mittlerweile Kustos der Erlanger Universitätssammlungen geworden ist und ohne den dieses Buch vermutlich niemals entstanden wäre. Ich habe es ihm gelohnt, indem ich den Kurator im Roman gleich als Erstes umbringe. So sind wir Autoren: lassen gnadenlos jemanden über die Klinge springen, wenn es der Dramatik dient.

An dieser Stelle sei erwähnt, dass sämtliche Schauplätze des Romans zwar in der Realität in Erlangen, Nürnberg, Bamberg und Würzburg so vorkommen, sämtliche handelnden Figuren aber rein fiktiv sind. Das gilt insbesondere für die Sammlungsleiter und Funktionsträger der Universität, die ich als zuvorkommende, begeisterte und kluge Persönlichkeiten erlebt habe, denen ich im wahren Leben niemals kriminelle Energien unterstellen würde. Aber dies ist nun mal ein Kriminalroman. Diesem Diktat fiel auch der Erlanger Neandertaler zum Opfer. Den gibt es wirklich, doch war er niemals Gegenstand eines Betrugs.

Herzlich bedankt seien alle Mitarbeiter der Universität, die mir 2007 und/oder 2011/12 Einblick in ihre Sammlungen gewährt haben. Das sind Dr. Christina Hofmann-Randall und Bibliotheksdirektorin Konstanze Söllner von der Universitätsbibliothek, Dr. Walter Welß und Prof. Dr. Werner Nezadal von den Botanischen Sammlungen, Prof. Dr. Jörn Wilms und Prof. Dr. Ulrich Heber von der Astronomischen Sammlung, Anthony Simpson von der Anatomischen Sammlung, Dr. Christian Zürcher und Prof. Dr. Thorsten Uthmeier von der Ur- und Frühgeschichtlichen Sammlung, Dr. Martin Boss von der Antikensammlung, Dr. Franz Wolf von der

Informatiksammlung, Prof. Karl Knobloch von der Martius-Pharmakognosie-Sammlung, PD Dr. Karl Herrmann von der Zoologischen Sammlung sowie Thomas Engelhardt, der Leiter des Erlanger Stadtmuseums.

Insgesamt gibt es über zwanzig Sammlungen an der Friedrich-Alexander-Universität. Längst nicht alle kommen in diesem Roman vor. Regelmäßige Öffnungszeiten haben nur der Botanische Garten, der Aromagarten und die Antikensammlung, in vielen anderen sind Führungen möglich, einige wenige dienen ausschließlich der Lehre und der Forschung und sind deshalb nur der Wissenschaft zugänglich. In den vergangenen Jahren hat sich in den Sammlungen viel getan, manche wurden in ihrer Bedeutung wiederentdeckt, andere bekamen ein neues Zuhause oder werden noch umziehen. Unter www.sammlungen.uni-erlangen.de finden sich weiterführende Informationen.

Einblicke in den Fechtsport verdanke ich Claudius Molz, dem 1. Vorstand der Fechtabteilung in der Sportgemeinschaft Siemens Erlangen.

Für kritische Lektüre, konstruktive Anmerkungen und kreative Gespräche danke ich Britta Kruse, Ullie Nikola, Friedrich Popp, Udo Andraschke, Norbert Treuheit und Dr. Felicitas Igel.

Dank auch an meine Kollegen beim *Bayerischen Rundfunk* im Studio Franken, die mich immer wieder vertreten haben, wenn ich mich zum Schreiben zurückzog, und an meine Vorgesetzten, dass sie mir diese Freiräume ermöglicht haben.

Meiner Frau Britta, die mich in den vergangenen zwei Jahren mit Beaufort, Anne und Ekki teilen musste, danke ich für ihre Unterstützung, Rücksichtnahme und Geduld.

Dirk Kruse
Nürnberg, im Oktober 2012

Der erste Fall für Frank Beaufort

Dirk Kruse
Tod im Augustinerhof
Frank Beauforts erster Fall
Klappenbroschur, 336 Seiten
ISBN 978-3-89716-817-6

In Nürnbergs umstrittenster Immobilie, dem Augustinerhof, wird ein grausam zur Schau gestellter Toter gefunden. Es ist H. Pelzig, der sich auf fragwürdige Weise für den Erhalt der Altstadt eingesetzt hat. Ist er skrupellosen Immobilienspekulanten zum Opfer gefallen oder wurde er wegen zwielichtiger Geschäfte seines Vereins ermordet? Der bibliophile Millionenerbe Frank Beaufort ist ein wichtiger Zeuge und macht sich trotz aller Warnungen der Polizei an seine eigenen Ermittlungen.

»Dirk Kruse vereint die Tugenden des klassischen Whodunnit-Krimis – viel Geist, wenig Brutalität – mit dem diskreten Charme eines unterhaltsamen Kulturessays.«
Florian Felix Weyh, Deutschlandfunk

»Dirk Kruse ... hat einen Krimi geschrieben, der nicht nur wirklich spannend ist, sondern auch auf angenehm unaufdringliche Art Neues über Nürnberg vermittelt.«
Abendzeitung

Blutige Vergangenheit

Dirk Kruse
Requiem
Frank Beauforts zweiter Fall
Klappenbroschur, 344 Seiten
ISBN 978-3-89716-200-6

Gentlemandetektiv Frank Beaufort macht Jagd auf einen Serienmörder. Zusammen mit der hübschen und ehrgeizigen Journalistin Anne Kamlin ermittelt er auf äußerst gefährlichem Terrain – dem ehemaligen Reichsparteitagsgelände in Nürnberg. Dort, wo die Nationalsozialisten einst riesige Prunkbauten errichteten, tötet ein Unbekannter Neonazis und stellt die Opfer grotesk zur Schau: Die Ermordeten sind in Hakenkreuzfahnen gewickelt und tragen SS-Runen in die Haut geritzt. Beauforts Nachforschungen zwischen Kolosseum und Zeppelintribüne, Messe und Frankenstadion bringen ihn in Lebensgefahr.
Schon bald wird deutlich: Die Vergangenheit ist noch lange nicht vorbei.

»Frank Beaufort ist ein Gelegenheitsdetektiv mit Eleganz-Repertoire.«   *NDR Kultur*

»Spannend bis zur letzten Seite ...«
Nürnberger Nachrichten